거룩한 두려움
The Awe of God

거룩한 두려움

지은이 | 존 비비어
옮긴이 | 정성묵
초판 발행 | 2023. 5. 31
4쇄 발행 | 2024. 5. 30
등록번호 | 제1988-000080호
등록된 곳 | 서울특별시 용산구 서빙고로65길 38
발행처 | 사단법인 두란노서원
영업부 | 02)2078-3333 FAX | 080-749-3705
출판부 | 02)2078-3330

책값은 뒤표지에 있습니다.
ISBN 978-89-531-4469-9 03230

독자의 의견을 기다립니다.
tpress@duranno.com www.duranno.com

두란노서원은 바울 사도가 3차 전도 여행 때 에베소에서 성령 받은 제자들을 따로 세워 하나님의 말씀으로 양육하던 장소입니다. 사도행전 19장 8-20절의 정신에 따라 첫째 목회자를 돕는 사역과 평신도를 훈련시키는 사역, 둘째 세계선교™와 문서선교단행본·잡지 사역, 셋째 예수문화 및 경배와 찬양 사역, 그리고 가정·상담 사역 등을 감당하고 있습니다. 1980년 12월 22일에 창립된 두란노서원은 주님 오실 때까지 이 사역들을 계속할 것입니다.

거룩한 두려움

The
Awe
of
God

하나님을 경외하는 마음 훈련

존 비비어 지음
정성묵 옮김

두란노

※ 일러두기
이 책에 실린 성경 말씀은 《성경전서 개역개정판》(대한성서공회)을 기본으로 사용했다. 《메시지》(복있는사람)나 《성경전서 새번역》(대한성서공회)을 사용할 경우에는 성구마다 "메시지", "새번역"이라고 별도 표기했다. AMPC(The Amplified Bible, Classic Edition), GNT(Good News Translation), NKJV(New King James Version), NLT(New Living Translation) 역본을 사용할 경우 이 책의 옮긴이가 직접 번역하고 별도 표기했다.

나의 훌륭한 아내이자 가장 친한 친구,

소중한 사랑, 리사 비비어에게.

여호와를 경외하는 여자는 칭찬을 받을 것이라.
잠언 31장 30절

올해로 우리 부부가 결혼한 지 어언 40년이 되었습니다.

해가 갈수록 아내와 함께하는 삶이 더 좋습니다.

아내가 내게 준 기쁨은 어떤 말로도 다 표현할 수 없습니다.

아내의 사랑과 지원이 아니었다면 지금의 나는 없었습니다.

아내는 지혜롭고, 재미있고, 유쾌하며,

또 강하고, 담대하고, 멋진 여자입니다.

여보, 영원히 사랑하오.

contents

이 책을 여행하는 법. 경외도 습관이다 · 10

서문. 영광스럽고 경이로우며 즐거운 두려움이 있다 · 15

Ⅰ. 위대하신 하나님 앞에 서다

Day 1. 하나님이 주시는 생명의 열쇠 · 23

Day 2. 가까워지게 하는 두려움 VS 멀어지게 하는 두려움 · 31

Day 3. 무엇이 거룩한 두려움인가 · 40

Day 4. 하나님의 임재에 떤다는 것 · 49

Day 5. 자신을 경외하는 곳에 자신을 나타내시다 · 57

Day 6. 위대하신 그분을 '볼' 때 역사가 시작되다 · 65

Day 7. 하나님의 영광을 의식하는 일상 · 73

II.
그분 앞에서
진짜 내가 드러나다

Day 8. 온 세상보다 더 사랑받는 존재 · 83
Day 9. 불경한 태도, 그분의 임재와 공존할 수 없다 · 92
Day 10. 내 숨은 마음까지 다 보시는 분 · 101
Day 11. 내 삶은 하나님이 기뻐하실 만한가 · 110
Day 12. 위선이라는 자기기만에 빠지지 않으려면 · 118
Day 13. 보이는 내가 아니라 '실제 나'를 가꾸기 · 126
Day 14. 영원을 위한 오늘의 기회와 선택들 · 135

III.
거룩함, 그 거부할 수 없는
아름다움에 눈뜨다

Day 15. '사람의 인정과 사랑'에서 해방되다 · 145
Day 16. 율법주의와 불법의 도랑에서 보호받다 · 153
Day 17. 악의 덫을 피하다 · 162
Day 18. 오래도록 생명력을 지키다 · 170
Day 19. 거룩한 두려움으로 나를 깨끗하게 · 179
Day 20. 거룩함을 추구하라, 내면에서부터 · 188
Day 21. 내 능력이 아닌 은혜의 능력으로 · 196

IV. 하나님 말씀을 두려워하는 훈련

Day 22. 하나님 말씀에 떤다는 것 · **207**
Day 23. 즉시 순종하기 · **216**
Day 24. 이해가 되지 않아도 순종하기 · **225**
Day 25. 유익이 분명히 보이지 않아도 순종하기 · **233**
Day 26. 고통스러워도 순종하기 · **242**
Day 27. 온전히 순종하기 · **251**
Day 28. 민감한 양심을 지키라 · **260**

V. 거룩한 두려움을 품을수록 깊어지는 친밀함

Day 29. 친밀함이 싹트는 출발점 · **271**
Day 30. 가짜 친밀함에 속지 말 것 · **280**
Day 31. 순종 없이는 그분을 알 수 없다 · **289**
Day 32. 하나님이 비밀을 털어놓으신다 · **297**
Day 33. 하나님 일에 쓰임받다 · **306**
Day 34. 하나님께 신뢰를 받다 · **314**
Day 35. 종에서 친구로 · **324**

VI.   사랑하는 하나님을
경외하리라, 영원토록

Day 36.   하나님의 약속, 믿음으로 쟁취하며 · 335

Day 37.   다른 모든 두려움에서 해방되다 · 344

Day 38.   후손에게 풍성하게 흘러가다 · 353

Day 39.   마르지 않는 참지혜를 얻다 · 362

Day 40.   재물과 영광을 누리다 · 372

Day 41.   믿음의 경주를 잘 마치다 · 381

Day 42.   하나님의 보배를 내 보배로 삼은 인생 · 390

부록 1.   보너스 콘텐츠 링크 · 405

부록 2.   우리가 믿는 하나님은 · 406

주 · 417

경외도 습관이다

친애하는 독자들에게.

이 책은 단순한 메시지가 아니다. 믿고 실천하기만 하면 당신을 영원히 바꿔 놓을 수 있는 인생 지침이다. 내가 이것을 자신하는 이유는 이 진리들이 나는 물론이고 수많은 사람의 삶을 바꿔 놓았기 때문이다. 나는 부부 관계, 가정, 사역을 비롯해 어떤 영역에서든 조언을 해 달라는 요청을 받을 때마다 이 책에 소개한 내용을 알려 주었다.

워낙 중요한 내용이라 어떤 식으로 소개할지 오랜 시간 고민하고 묵상하며 기도했다. 결국 산더미처럼 쌓인 할 일과 빠른 속도로 대변되는 현대인들의 삶을 고려해 한 번에 하나씩 깊이 숙고해 소화하게끔 진리들을 한 입 크기로 잘게 나누자고 결정했다.

어쩌면 이 책을 큐티QT 책이라고 생각할 수도 있다. 하지만 조금 다르다. 큐티 책은 매일 각기 다른 주제를 다루는데, 그 주제들이 반드시 하나의 간결하고 전체적인 메시지로 통합되지는 않는다. 이 책은 큐티 책처럼 보이지만 매일의 주제는 전날 주제에 더해져 소설 등에서 흔히 볼 수 있는 일관된 이야기를 형성한다. 이 책의 장점은 어떻게 읽을지 스스로 결정할 수 있다는 것이다. 원한다면 하루 이 틀에 다 읽을 수도 있다. 하지만 가능한 한 6주하루에 한 장씩나 3주아 침과 저녁에 각각 한 장씩에 걸쳐서 읽기를 강력히 권한다(이런 의도로, '장'을 'Day'로 표기했으며, 본문에서는 두 표현을 섞어서 썼다).

각 장의 끝부분에 그 장에 담긴 내용의 효과를 더욱 키우기 위 한 다섯 가지 도구를 실었다. 우리는 이 부분을 '내 것으로 삼기—5P 훈련'으로 부를 것이며, 거기에는 다섯 가지 P가 포함된다.

P1. Passage 성경 구절

해당 장 본문 메시지 가운데 중요한 성경 구절 혹은 본문에서 다루지 않았지 만 본문의 내용을 뒷받침해 줄 수 있는 성경 구절을 소개할 것이다. 이 구절 들을 암송할 것을 강력히 추천한다.

P2. Point 요점

해당 장의 핵심 개념이다. 이 요점을 다시 보면 본문을 이해하는 효과가 배가 되며, 나중에 해당 장을 복습할 때도 내용을 빠르게 상기시켜 줄 것이다.

P3. Ponder 숙고

매우 중요한 과정이다. 시편 기자는 이렇게 말한다. "내가 주의 법도들을 작은 소리로 읊조리며(묵상하며, NKJV) 주의 길들에 주의하며."시 119:15 하나님의 말씀이 우리의 현재 상황에 어떻게 적용되는지 깊이 숙고해야 한다. 성경은 우리가 그렇게 할 때 우리의 길이 형통하고 우리가 큰 성공을 거둘 것이라고 말한다.수 1:8; 시 1편; 딤전 4:15

P4. Prayer 기도

해당 장에 나온 가르침을 반영한 기도다. 기도할 때 하나님이 우리의 음성을 들으시며 우리는 그분의 말씀에 따라 변화된다.

P5. Profession 선언

성경은 '삶과 죽음'이 우리가 하는 말의 힘에 달려 있다고 말한다.잠 18:21 하나님이 우리에 대해 선포하시는 것을 말하면 우리의 영, 혼, 육이 우리를 향한 그분의 뜻에 일치된다. 이것은 가장 온전한 삶을 살기 위한 검증된 길이다.

다시 말하지만, 하나님의 진리가 당신의 마음과 정신에 깊이 파고들도록 시간을 충분히 내서 이 책을 정독하기를 바란다. 몇 주간 매일매일 이 진리들을 묵상하면서 시간을 보내면 그 진리들이 마음 속에 새겨지고 삶에 뿌리를 내릴 것이다. 아울러 노트를 옆에 놓고서 '내 것으로 삼기―5P 훈련'을 꼭 하기를 바란다. 매일 당신의 생각과 기도를 거기에 적으라. 그렇게 하면 성령이 당신에게 무엇을 밝혀 주셨는지 나중에 다시 확인할 수 있다.

몇 가지를 더 추천하고 싶다. 첫째, 스마트폰이나 시계를 꺼내, 한 장을 읽고 '내 것으로 삼기―5P 훈련'을 하고 노트에 적을 것을 적기까지 총 시간이 얼마나 걸리는지 재 보라. 급하게 하지 말라. 이것은 경주가 아니다. 타이머를 사용하는 것은 몇 장을 진행한 뒤에 평균적인 시간을 계산하여 다음 장들을 어떻게 읽을지 계획을 짜기 위함이다.

둘째, 습관을 들이려 마음을 먹고, 매일 정해진 시간에는 다른 일이 끼어들지 않도록 하라. 하나님이 지난 40년간 내 안에서 행하신 일을 이 책을 통해 당신 안에서도 행해 주시기를 간절히 소망한다.

셋째, 언제나 여럿이서 함께 책을 공부할 때 가장 큰 유익을 얻을 수 있다. 이 책을 함께 읽을 가까운 친구들을 섭외하라. 성령과 단둘이 한 장을 마친 뒤에 성령이 보여 주신 것을 친구들에게 나누라. 이 활동을 주기적으로 하라.

그룹으로 모이는 독자들을 위해 멤버들과 함께 매주 할 수 있도록 영상과 스터디 가이드를 갖춘 '하나님에 대한 경외' 성경 공부 커리큘럼을 개발했다.[1] 이 커리큘럼은 하나님의 말씀에 관해 토론하기 위한 더 많은 도구를 제공한다. 성경은 이렇게 말한다. "그때에 여호와를 경외하는 자들이 피차에 말하매 여호와께서 그것을 분명히 들으시고 여호와를 경외하는 자와 그 이름을 존중히 여기는 자를 위하여 여호와 앞에 있는 기념책에 기록하셨느니라."말 3:16

마지막으로, 각 장에 나온 핵심 진리들을 중점적으로 다룬 42개의 짧은 영상을 준비했다. 부록 1에서 QR 코드를 스캔하면 이 영상을 볼 수 있다. 소그룹용 영상 커리큘럼을 비롯한 보너스 콘텐츠들에 대한 정보도 확인할 수 있다.

이 책을 읽는 동안 당신이 하나님과 점점 더 친밀해지기를 바란다. 그리고 1장으로 곧바로 넘어가지 말고 서문을 꼭 읽기를 바란다. 서문을 읽을 때 앞으로 우리가 논할 내용에 당신의 마음이 열리게 될 것이다. 이 책에 나온 훈련들을 마치고 나서 하나님에 대한 거룩한 두려움을 통해 당신의 믿음과 삶이 어떻게 변했는지 내게 들려주면 고맙겠다.

진심을 담아,
존 비비어

추신. 혹시 몰라 다시 말하지만 서문을 건너뛰지 말라.
서문에서 이 메시지를 깊이 탐구하고 거룩한 두려움을 지니고 싶은
강한 열정을 얻게 될 것이다.

영광스럽고 경이로우며
즐거운 두려움이 있다

두려움. 예로부터 사람들은 이것을 없애기 위해 끊임없이 노력했다. 많은 사람이 우리의 삶에서 작동하는 두려움의 영향력을 제거하고자 연구하고 또 싸워 왔다. "우리가 두려워해야 할 것은 오직 두려움 자체뿐이다"라는 프랭클린 D. 루스벨트의 유명한 말도 있다. 세상의 수많은 강단에서 두려움을 극복할 방법을 찾아야 한다는 외침이 들려온다. 그리고 실제로 그렇게 하기 위한 방법을 알려 주는 자기계발서도 무수히 나왔다. 1980년대 말 이후 도처에서 사람들이 굵은 글씨로 "두려워하지 마"No Fear라고 새긴 옷을 입었다. 삶에서 두려움을 제거하려는 인간의 노력은 실로 눈물겹다.

이 노력은 합당하고 고귀하며 현명해 보인다. 많은 경우에 실제로 그렇지만, 과연 두려움이 다 나쁜 걸까? 우리는 두려움을 없애는 일에 왜 그토록 집착하는가? 나는 우리가 모든 두려움을 하나의 큰 범주로 뭉뚱그리고서 '해로운 것'이라 명명한 탓이라고 생각한다. 두려움은 무조건 나쁘다는 가정은 과연 타당한 것인가?

물론 실제로 '파괴적인' 두려움이 있다는 사실을 인정해야만 한다. 겉으로는 합당한 것처럼 보이지만 실제로는 파괴적인 두려움이 있다. 모든 돈과 재산을 잃을까 두려워하면 그것에 집착한 나머지 구두쇠가 된다. 다른 모든 것보다도 돈과 재산을 숭배하며 그것을 축재하게 된다. 배우자를 잃을까 두려워하면 상대에게 너무 집착하거나 상대의 모든 행동을 의심하게 될 수 있다. 어떤 경우든 분노로 이어지고 나아가 관계를 망치게 된다. 중요한 정보를 놓칠까 두려워하면 포모증후군 새로운 모험과 경험을 추구하게 될 수 있지만 바쁜 일정 속에서 자칫 건강한 공동체, 진정한 연결, 아름다운 평강을 잃어버릴 수 있다. 자녀의 안전에 대해 두려워하면 지나친 통제로 자녀를 숨 막히게 하거나 지나치게 오냐오냐 길러서 자녀의 성장을 저해할 수 있다. 나열하자면 끝이 없다.

반면, '건설적인' 두려움은 유익한 지혜를 낳는다. 천 길 낭떠러지 아래로 떨어질까 두려워하면 혹시라도 발을 헛디뎌 떨어지지 않도록 가장자리로는 너무 가까이 다가가지 않는 지혜를 발휘하게 된다. 회색 곰의 힘을 두려워하면 어미 곰의 새끼들을 위협하지 않는 지혜를 얻는다. 3도 화상을 두려워하면 뜨거운 오븐에서 팬을 꺼낼 때 꼭 장갑을 끼는 지혜를 발휘한다.

하지만 이렇게 유익한 건설적인 두려움도 왜곡되어 우리로 하여금 마음껏 살지 못하게 만드는 결과를 낳을 수 있다. 낙하에 대한 공포가 지나치면 비행기를 타지 못하게 된다. 회색 곰에 대한 공포가 너무 심하면 숲속에서 산책하는 즐거움을 놓친다. 화상에 대한 공포가 지나치면 오븐을 켜서 멋진 요리를 하는 즐거움을 놓친다.

우리가 던져야 할 진짜 질문은 "우리는 무엇을 가장 두려워해야 하는가?"이다. 이것이 파괴적인 두려움을 어떻게 없앨지 혹은 건설적인 두려움을 어떻게 관리할지에 초점을 맞추는 것보다 훨씬 좋은 질문이다. 이것이 지혜로운 질문이다. 이 질문에 제대로 답을 하면 다른 모든 두려움을 올바른 시각으로 봄으로써 우리의 삶이 좋아진다. 현재의 삶만이 아니라 우리의 영원한 운명이 달라질 수 있다. 이 질문은 선하고 만족스러운 삶으로 가는 길을 비추어 준다. 성경에는 두려움에 관해 많은 말씀이 있는데 그 모든 말씀의 기초는 하나님을 두려워하는 것이 지혜의 시작이라는 것이다.잠 1:7 그 지혜는 그냥 지혜가 아니라 하나님의 지혜. '하나님에 대한 두려움'이 '하나님의 지혜'로 가는 출발점이다.

자, 이제 생각해 보자. 두려움이 올바른 대상으로 향할 때 그것이 하나의 '덕목'이 된다면? 하나님에 대한 두려움이 그분과의 진정한 관계로 나아가는 역설적인 길이라면? 이 거룩한 두려움이 예수님의 제자들이 수 세기 동안 경험했던 온전한 삶으로 가는 길을 열어 준다면? 이 두려움이 다른 모든 두려움을 몰아낸다면? 창업에 대한 두려움, 정부의 의도에 대한 두려움, 자녀에게 일어날 일에 대한 두려움, 건강 염려증 환자의 두려움, 정신병이나 우울증을 낳는 두려움……. 하나님에 대한 거룩한 두려움이 이런 온갖 두려움을 몰아낸다면?

우리의 여행을 본격적으로 시작하기 전에 다음 네 가지 사실을 숙지하기를 바란다.

1. 우리는 인간이다. 그래서 우리는 두려워한다.
2. 하나님에 대한 경외^{awe}와 두려움^{fear}은 많은 사람이 상상하는 것보다 훨씬 깊고 아름다우며 친밀한 것이다.
3. 하나님에 대한 두려움은 모든 파괴적인 두려움을 집어삼킨다.
4. 하나님에 대한 두려움은 모든 선한 것$^{좋은 것}$의 출발점이다.

성경에 "두려워하지 말라"라는 말이 약 365번이나 등장한다는 점을 강조하는 이들이 있다. 물론 맞는 말이다. 그런데 이로 인해 차라리 우리가 두려움을 아예 모르는 것이 하나님의 뜻이라는 결론을 내리기 쉽다. 하지만 이런 구절은 '파괴적인' 두려움에 관해 말하는 것이다. 게다가 성경에는 "하나님을 두려워하라"라고 명령하는 구절도 거의 200개나 된다. 안타깝게도 자신의 삶에서 모든 두려움을, 즉 하나님에 대한 두려움까지 제거하려고 하다가 우리 신앙에서 차지하는 이 중요한 측면을 탐구하지도 시도하지도 않아 그 유익을 거두지 못하는 이들이 너무도 많다.

하나님에 대한 두려움은 우리가 상상하는 것보다 훨씬 더 영광스럽고 경이로우며 심지어 즐겁기까지 하다. 이 책에서 두려움의 올바른 대상, 무엇보다도 하나님을 향한 두려움이 어떻게 상상을 초월하는 삶으로 가는 문을 열어 주는지 보여 주고자 한다. 그런 두려움을 얻을 때 삶이 우리에게 무엇을 던지든 그것을 담대하게 다룰 수 있게 된다. 찰스 스펄전은 "하나님에 대한 두려움은 다른 모든 두려움을 죽인다. 그 두려움은 강한 사자처럼 다른 모든 두려움을 쫓아낸다"라고 했다.[1]

아무쪼록 당신이 이 책을 읽고 이 덕목을 얻기를 바란다. 종교적인 외관을 벗어던지고, 견고한 땅 위에 설 때 찾아오는 복을 발견하기를 바란다. '악'은 두려워하지 말라. 대신 '하나님에 대한 두려움'이라는, 자주 오해받는 이 덕목은 반드시 지니라. 당신의 삶이 더없이 아름답게 피어나게 될 것이다.

우리 하나님이 얼마나 놀랍고 엄청난 분이신지를 탐구하면서 여행을 시작해 보자. 우리는 이런 위대하신 하나님에 대한 두려움을 '하나님에 대한 경외'라 부른다!

The
Awe
of
God

Ⅰ. 위대하신
하나님 앞에
서다

하나님에 대한 두려움은 ……
지극히 사랑하시는 사람에게만 주시는
그분의 보배요, 엄선된 보석이다.
존 번연

모든 생명의 열쇠가 되는 숨은 덕목이 있다면? 이 덕목은 우리 존재의 목적을 이루게 하고 우리 창조주의 임재와 보호와 섭리를 끌어당긴다. 이 덕목은 모든 고귀한 성품의 뿌리요, 모든 행복의 기초이며, 인생의 모든 조화롭지 못한 상황을 변화시킨다. 이 덕목을 굳게 부여잡으면 오래 살고 건강을 누리고 성공과 안전이 보장되며 부족함이 사라지고 고결한 유산을 남길 수 있다.

너무 듣기 좋은 소리라서 믿기 힘든가? '내가 지금 소설책을 읽고 있나?' 혹시 이런 생각이 드는가? 소설이 아니다. 방금 내가 한 말은 전부 다 사실이다.

내가 이런 현실을 말하면 대부분의 사람은 조소하고 반박한다. "세상에 그런 게 어딨어!" 하지만 앞서 말한 모든 약속은 인류 역사상 가장 지혜로웠던 사람 중 한 명이 쓴 것이다. 더군다나 그는 창조주가 주신 영감에 따라 글을 썼으며, 창조주의 말씀은 절대 틀릴 리가 없다.

하지만 솔로몬은 이 세상을 떠나기 전, 자신이 기술했던 이 행복의 길에서 이탈했다. 그의 마음이 지혜의 근원이신 분을 떠났기 때문이다. 그리하여 그는 '좋은 삶'이라는 길에서 벗어나 헤매게 되었다.

잠시 그의 이야기를 들어 보라. 소년 시절 솔로몬은 이 덕목을 배우고 받아들였다. 덕분에 그는 고귀한 성품과 예리한 통찰을 얻었다. 그는 곧 리더십에서 두각을 나타냈고, 결국 수백만 명을 다스리는 왕이 되었다. 그는 하나님께 요청해 놀라운 지혜를 얻었다. 그에게 이해하기 어려운 것이란 거의 없었다. 수천 편에 달하는 지혜로운 글을 쓰고 수백 편의 노래를 썼다. "그가 또 초목에 대하여 말하되 레바논의 백향목으로부터 담에 나는 우슬초까지 하고 그가 또 짐승과 새와 기어다니는 것과 물고기에 대하여 말한지라." 왕상 4:33

이 지혜로운 남자는 전무후무한 수준의 성공과 부와 명예를 거머쥐었다. 사방에서 왕들, 여왕들, 사신들, 고관대작들이 그의 실물을 보고 그의 통찰을 듣고 그가 이룬 팀의 훌륭함과 연합을 구경하기 위해 먼 거리를 마다하지 않고 찾아왔다. 그들은 그의 나라를 부강하게 만든 혁신에 깊은 감명을 받았다. 그는 실로 대단해서, 한 여왕은 직접 찾아와서 보지 않고서는 그에 관한 소문을 도저히 믿을 수가 없었다. 마침내 그 여왕은 직접 그와 시간을 보낸 뒤 이렇게 감탄했다. "내가 그 말들을 믿지 아니하였더니 이제 와서 친히 본즉 내게 말한 것은 절반도 못 되니 당신의 지혜와 복이 내가 들은 소문보다 더하도다 복되도다 당신의 사람들이여 복되도다 당신의 이 신하들이여 항상 당신 앞에 서서 당신의 지혜를 들음이로다." 왕상 10:7-8

성경을 보면 그가 다스린 백성은 행복했고 하는 일마다 훌륭한 결과물을 냈다. 가난은 구경조차 할 수 없었다. 그가 다스리는 나라에서는 가정마다 집과 정원을 소유했다. 왕상 4:25, 새번역 역사는 그의 백성들이 "먹고 마시며 즐거워하였"다고 기록한다. 왕상 4:20 말 그대로 태평성대를 누렸다.

하지만 시간이 가면서 이 뛰어난 리더는 결국 성공의 비결이 되었던 것을 버렸다. 스스로를 지혜롭게 여긴 나머지, 이 덕목의 지혜에는 더 이상 귀를 기울일 필요가 없다고 생각했다. 그는 길을 잃었고, 마침내 지독한 냉소주의자로 전락했다. 그의 오판으로 자신만 힘들어진 것이 아니라, 그가 다스리는 백성도 힘들어졌다.

이제 그에게 인생은 무의미해졌다. 그는 냉소적인 글을 쓰기 시작했다. "모든 것이 따분하다. 극도로 따분하다. 아무도 그 의미를 찾지 못한다."전 1:8, 메시지 "이미 있던 것이 후에 다시 있겠고 이미 한 일을 후에 다시 할지라 해 아래에는 새것이 없나니."전 1:9 심지어 이런 말까지 했다. "죽는 날이 출생하는 날보다 나으며."전 7:1 "구부러진 것도 곧게 할 수 없고 모자란 것도 셀 수 없도다."전 1:15 그는 인생무상을 기술하려고 아예 책 한 권을 썼다. 그에게는 모든 것이 덧없었다. 그는 상대적으로 짧은 기간에 세상 꼭대기에서 밑바닥까지 추락하여 지독한 염세주의자로 변했다. 아마도 현대 심리학자들은 그에게 조울증이라는 진단을 내렸으리라. 어떻게 한 사람이 그토록 극과 극을 오갈 수 있단 말인가?

하지만 그의 이야기는 깊은 낙담에서 끝나지 않는다. 결국 그는 인생에서 가장 중요한 덕목으로 돌아왔다. 그가 몇 개월 혹은 몇 년을 이 음울한 책을 쓰면서 보냈는지 모르겠지만 마지막 장에서는 회복을 엿볼 수 있다. 그는 "너희의 창조주를 기억하라"라는 말을 여러

형태로 일곱 번 반복해서 쓰기 시작한다.전 12:2-6 그의 마지막 말은
다음과 같다.

일의 결국을 다 들었으니 **하나님을 경외하고**〔하나님을 두려워하고,
AMPC〕그의 명령들을 지킬지어다 이것이 모든 사람의 본분이니라.
전도서 12장 13절

이 귀한 덕목은 다름 아닌 '하나님에 대한 두려움' 곧 '하나님에
대한 경외'다. 이 글의 기자인 솔로몬왕은 그 두려움이 만족스럽고
도 풍성한 삶의 필수 조건이라고 선언한다. 성경은 이렇게 말한다.
"여호와를 **경외하는** 자 누구냐 그가 택할 **길**을 그에게 가르치시리
로다."시 25:12 이 길로 가는 이들은 흔치 않다. 솔로몬왕이 인생의
암흑기에 그랬던 것처럼 자기 지혜가 성공과 행복의 열쇠라고 믿는
이들이 많기 때문이다. 거룩한 두려움은 창조주의 지혜에 연결된
상태를 유지시켜 준다. 오직 그분만이 무엇이 우리를 번성하게 하
고 무엇이 우리를 파멸시키는지 정확히 아신다.
　거룩한 두려움은 다른 모든 덕목을 합친 것보다도 중요하다. 그
래서 성경은 이 두려움을 예수님의 "즐거움"이라고 말한다.사 11:3
"여호와를 경외함이 …… 〔하나님의, NKJV〕 **보배**"라고도 말한다.사 33:6
잠시 이 사실을 깊이 음미해 보라. 거룩한 두려움은 전능하신 하나
님의 "즐거움"이요 "보배"다. 이 얼마나 놀라운가! 차차 이 사실을

더 깊이 파헤치도록 하고, 일단 솔로몬왕 이야기로 돌아가 보자.

내가 왜 솔로몬왕의 성공과 실패, 궁극적인 회복에 관한 이야기로 이 책의 포문을 열었을까? 내가 목회를 한 지 얼마 되지 않았을 때 한 지혜로운 리더에게서 놀라운 말을 들었다. 나는 그 말을 수십 년 넘게 마음에 간직해 왔다. "전적前績이 완벽한 사람은 리더의 자리에 앉히지 않는다는 것이 제 전반적인 원칙입니다."

이유를 묻자 그는 이렇게 대답했다. "다른 무엇보다도 실패에 반응하는 모습을 보면 그 사람의 인격을 가장 확실히 알 수 있어요. 자신이 실패에 대한 책임을 지고 회개하고 그 경험을 통해 성장했는가, 아니면 변명을 하고 책임을 전가했는가? 그걸 보면 그 사람이 리더의 자리에 적합한지 아닌지를 알 수 있지요." 그 말은 지혜가 그 무엇보다도 중요하다는 뜻이었다.

솔로몬은 성령의 영감을 통해 경건한 두려움을 배웠음에도 그 가치를 온전히 깨닫지는 못했다. 그래서 그 두려움의 길에서 벗어나는 것이 가능했다. 그가 무너질 때 경건한 두려움은 더 이상 그에게 보배도 즐거움도 아니었다. 더 이상 경건한 두려움은 그의 동기와 행동을 이루는 불변의 기초가 아니었다. 이리저리 넘어지던 그는 갖은 고생 끝에 마침내 회복하는 시간을 통과하고 나서야 이 두려움의 힘을 더 깊이 이해할 수 있었다.

비슷한 관점에서 사도 바울은 이렇게 말했다.

내가 내 몸을 쳐 복종하게 함은 내가 남에게 전파한 후에 자신이
도리어 버림을 당할까 두려워함이로다.

고린도전서 9장 27절

바울은 하나님의 영께 받은 지혜를 소중히 여기고, 솔로몬왕과 같은 비극적인 실수를 저지르지 않는 것이 얼마나 중요한지를 이해했다. 하나님은 바울에게 언약의 숨은 진리를 많이 밝혀 주셨다. 하지만 그가 경건한 두려움을 귀하게 여겨 깊이 받아들이지 않았다면 솔로몬처럼 절망적인 냉소주의자로 전락했을 것이다. 그도 가짜로 판명 나 버림당했을 것이다. 경건한 두려움을 가장 귀한 보배로 받아들이면 늘 진리에 복종하게 되어 생명의 길에서 벗어나지 않을 수 있다. 그럴 때 결국 놀라운 상급을 받게 된다.

모두가 두려움을 해로운 것으로 여기는 시대에 '하나님에 대한 두려움'을 유익하고 값진 덕목으로 선포하는 것은 언뜻 반직관적인 일처럼 보인다. 하지만 성경의 권위에 따라 말하건대, 우리가 이 덕목을 받아들이면 생명의 길에서 벗어나지 않을 수 있다. 그 길에서 우리는 하나님과 진정으로 친밀해짐을 경험하고 인생을 변화시키는 유익들을 거둘 수 있다. 무엇보다 첫째가는 유익은 예수 그리스도의 형상을 닮아 가는 것이다. 그러니 이제 같이 '하나님을 경외함'에 눈뜨는 여행을 떠나 보자.

P1 성경 구절 네 시대가 안정되고 구원과 지혜와 지식이 풍성할 것이니 여호와를 경외하고 예배함이 너와 그분의 보배니라. 사 33:6, AMPC

P2 요점 거룩한 두려움은 하나님의 보배이며 또한 우리의 보배여야 한다.

P3 숙고 거룩한 두려움을 소중히 여기는 것은 실질적으로 무엇을 의미하는가? 거룩한 두려움을 어떻게 다루어야 하는가? 어떻게 해야 거룩한 두려움을 잃지 않을 수 있는가?

P4 기도 하나님 아버지, 하나님에 대한 두려움을 발견하는 이 여행을 통해 제가 그것을 알고 그것에 따라 살고 그것을 기뻐하게 해 주소서. 예수님처럼 그 두려움이 제게도 기쁨이게 해 주소서. 그 두려움을 통해 만족스럽고 성공적인 삶, 주님이 기뻐하시는 삶에 필요한 지혜와 지식을 얻게 해 주소서. 또한 제게 소중한 이들과 저와 관계를 맺은 모든 이들도 그 두려움의 가치를 깨닫게 해 주소서. 우리 구주 예수 그리스도의 이름으로 기도합니다. 아멘.

P5 선언 나는 거룩한 두려움을 내 인생의 큰 보배로 소중히 여길 것이다! 나는 '좋은 삶'의 길을 유지할 힘을 얻게 될 것이다!

하나님을 두려워하되
그분을 무서워하지는 말라.
J. A. 스펜더

Day 2   가까워지게 하는 두려움 VS 멀어지게 하는 두려움

1994년 여름, 나는 미국 남동부의 한 교회 집회에 강사로 초빙을 받았다. 그 교회는 2년 전 세계적으로 유명한 부흥사를 통해 4주간 강력한 영적 각성을 경험한 대형 교회였다. 그 부흥사는 하나님의 선하심과 사랑, 기쁨을 강조했다. 그는 많은 인생에게 선한 영향을 미쳤다. 하지만 안타깝게도 그 교회는 그 부흥의 지난 경험에 머물러 있었다. 거기서 더 나아가 하나님의 마음을 더 알려고 노력하지 않았다. 그리하여 그 교회는 고착화되고 불균형에 빠져 있었다.

당시 나는 거룩한 두려움을 발견하는 여행 중이었다. 그 두려움의 중요성을 알게 되었지만 아직은 그것에 관해 알아 가는 중이었다. 그래서 그 이야기를 공개적으로 나누기가 망설여졌다. 그럼에도 불구하고 나는 첫날 저녁 집회 시간에 용기를 내서 하나님에 대한 두려움에 관해 설교해야 한다고 강하게 느꼈다.

나는 강단에 올라 아직 덜 여문 지식을 끌어모아 메시지를 전하기 시작했다. 그러다 교인들의 멍한 눈빛과 반응 없는 태도에 나는 점점 움츠러들었다. 마치 벽에 대고 말하는 것 같았다. 얼마 있지 않아 그 이유를 알게 되었다.

다음 날 저녁 집회 시간이 되었다. 찬양이 끝나자 그 교회의 담임목사가 강단에 올랐다. 평소처럼 광고를 하고 나를 소개하는 줄 알았는데 그게 아니었다. 이후 15분간 그는 내가 전날 저녁에 전한 메시지의 잘못된 점을 바로잡았다. 그는 디모데후서 1장 7절을 인용하며 확신에 찬 목소리로 이렇게 말했다. "하나님에 대한 두려움은 구약 시대에만 적용되는 것입니다. 그리스도인으로서 우리는 '두려워하는 마음'을 받지 않았습니다."

앞줄에 앉아 있던 나는 충격에 휩싸였다. 마치 악몽을 꾸는 기분이었다. 점점 견디기 힘들어졌다. 하지만 그 목사는 아랑곳하지 않고 말을 이어 갔다. "신약은 '사랑 안에 두려움이 없고 온전한 사랑이 두려움을 내쫓나니'라고 말합니다. 요일 4:18 따라서 지난밤 강사님의 말씀은 잘못된 거예요. 여러분이 잘못 아시지 않았으면 좋겠습니다." 그의 날카로운 지적은 몇 분간 계속되었다.

지적을 마친 뒤 그는 뜻밖에도 나를 단상으로 불러 메시지를 전하게 했다. 당시 느낀 어리둥절한 기분이 지금도 생생하다. '이래 놓고서 나더러 메시지를 전하라고? 도대체 어떻게?' 하지만 단으로 올라가지 않을 수도 없었다. 당장이라도 뛰쳐나가고 싶었지만 겨우 마음을 추슬렀다. 모인 사람들에게 생명을 주는 말을 전하기는커녕 정신을 차리기도 힘들었다.

설교하는 내내 그 목사의 지적이 맴돌았다. 그 말을 머릿속에서 떨쳐 내기 힘들었다. 비현실적이면서 끔찍한 시간이었다. 나는 계속해서 마음을 다잡아야 했다. 설교고 뭐고 다 집어치우고 뛰쳐나가고 싶은 마음과 싸웠다. 비참하기 짝이 없었다. 설교를 짧게 대충 마치고 나서 목사에게 마이크를 넘기고 서둘러 숙소로 왔다. 그리고 당혹감과 수치심에 짓눌려 그대로 침대 위에 쓰러졌다.

이튿날 아침, 숙소 근처에서 조용한 건설 현장을 발견했다. 마침 현장에는 일하는 사람이 없었다. 거기서 나는 하나님의 꾸지람을 기대하며 간절하게 기도를 드렸다. "하나님, 제가 주님의 교회에 상처를 주었습니까? 제가 잘못된 것을 가르쳤습니까? 제가 주님의 백성을 속박으로 몰아갔습니까?"

그렇게 한참 기도하는데 내 말이 바뀌기 시작했다. 그날 저녁 내가 전한 메시지를 의심하는 말이 멈추고, 거룩한 두려움에 관해 더 깊이 이해하게 해 달라는 기도가 간절하게 터져 나왔다. 그 기도는 내 마음 깊은 곳에서 우러나오는 간청이었다. 결과는 전혀 예상 밖이었다. 하나님의 불만족이 느껴지기는커녕 내 기도에 하나님이 기뻐하고 계심이 느껴졌다. 하나님은 그분에 대한 두려움과 관련된 신약의 여러 구절을 기억나게 하셨다. 그러는 사이, 당혹감과 수치심은 사라졌다. 나는 더 크고 열정적인 목소리로 부르짖었다. "아버지, 아버지에 대한 두려움에 관해 더 알고 싶습니다! 그 두려움으로 들어가고 싶습니다!"

물론 신약 기자들은 그 목사가 인용한 구절들을 썼다. 하지만 다른 구절들도 썼다.

ㅇ 사도 바울은 이렇게 썼다. "**두렵고 떨림으로** 너희 구원을 이루라." 빌 2:12

o 사도 바울은 이런 권고도 했다. "사랑하는 자들아 이 약속을 가진 우리는 **하나님을 두려워하는** 가운데서 거룩함을 온전히 이루어 육과 영의 온갖 더러운 것에서 자신을 깨끗하게 하자."고후 7:1

o 히브리서 기자는 이렇게 썼다. "은혜를 받자 이로 말미암아 **경건함과 두려움으로** 하나님을 기쁘시게 섬길지니."히 12:28

o 사도 베드로는 이렇게 썼다. "각 사람의 행위대로 심판하시는 이를 너희가 아버지라 부른즉 너희가 나그네로 있을 때를 **두려움으로** 지내라."벧전 1:17

o 사도 유다는 이렇게 선포했다. "**두려움으로** 긍휼히 여기라."유 1:23

o 예수님은 이렇게 촉구하셨다. "몸은 죽여도 영혼은 능히 죽이지 못하는 자들을 두려워하지 말고 오직 몸과 영혼을 능히 지옥에 멸하실 수 있는 이를 **두려워하라**."마 10:28

이쯤 하면 요점을 이해했으리라 믿는다. 그렇다. '거룩한 두려움'은 엄연히 신약의 진리다. 내가 기도하는 동안 하나님이 내 마음속에 주신 구절은 이외에도 훨씬 많았다.

나는 그 목사가 〔디모데후서 1장 7절에 나오는〕 그 "두려워하는 마음"을 '하나님에 대한 두려움'과 혼동했다는 것을 깨달았다. 둘 사이에는 엄청난 차이가 있다. 모세가 하나님을 만나기 위해 이스라엘 백성을 시내산으로 이끌고 갈 때 일어난 일을 보면 차이를 알 수 있다.

온 백성이 도착하자 모세는 먼저 하나님과 단독으로 만나기 위해 산을 올랐다. 그때 전능자께서 놀라운 구원 이면의 목적을 밝혀 주셨다.

> 너는 이같이 야곱의 집에 말하고 이스라엘 자손들에게 말하라
> 내가 애굽 사람에게 어떻게 행하였음과 내가 어떻게 독수리
> 날개로 너희를 업어 **내게로 인도하였음을** 너희가 보았느니라.
> 출애굽기 19장 3-4절

하나님의 강력한 구원하심의 주된 이유는 '온 백성'을 그분에게로 모으는 것이었다. 하나님은 그들을 원하셨다. 그들이 모세처럼 그분을 알도록 그들을 만나기를 원했다. 하지만 3일 뒤 하나님이 산에서 내려와 자신을 소개하시자 백성들은 황급히 뒤로 물러났다. 그들은 두려움에 떨며 모세에게 부르짖었다. "당신이 우리에게 말씀하소서 우리가 들으리이다 하나님이 우리에게 말씀하시지 말게 하소서 우리가 죽을까 하나이다."출 20:19 이에 모세는 그들을 안심시키려고 이렇게 말했다. "**두려워하지 말라** 하나님이 임하심은 너희를 시험하고 **너희로 경외하여** 범죄하지 않게 하려 하심이니라."출 20:20

얼핏 모세의 말은 모순처럼 들린다. "너희가 두려워하도록[경외

하도록〕 하나님이 오셨으니 두려워하지 말라." 모세가 한 입으로 두 말 하는 것인가? 전혀 아니다. 모세는 단지 '하나님을 무서워하는 것'과 '하나님을 두려워하는 것'을 구분하고 있을 뿐이다. 다시 말하지만 둘 사이에는 엄청난 차이가 있다.

하나님을 무서워하는 사람은 숨길 것이 있는 사람이다. 에덴동산에서 아담과 하와는 죄를 지은 뒤 하나님을 피해 숨었다. 이런 반응을 보인 것은 그들만이 아니었다. 성경 곳곳에서 어둠 속으로 들어간 사람들을 볼 수 있다.

하지만 하나님을 두려워하는 사람은 숨길 게 전혀 없다. 그는 오히려 하나님에게서 멀어지는 상황을 무서워한다. 사람들이 하나님에게서 뒷걸음칠 때 모세는 오히려 하나님께 더 가까이 간 것을 보면 알 수 있다. 하나님을 두려워하는 사람은 속으로 이렇게 말하지 않는다. '죄의 선線에 걸려 넘어지지 않으면서 최대한 가까이 다가가도 괜찮을까?' 대신 그는 이렇게 말한다. '하나님께 최대한 가까이 다가가고, 죄의 선은 보이지도 않을 만큼 거기서 최대한 멀리 떨어지고 싶다.'

따라서 거룩한 두려움이 무엇인지를 정의하고 그 유익을 논하기 전에 무엇이 거룩한 두려움이 아닌지부터 분명히 짚고 넘어가자. 하나님을 무서워해서 그분에게서 뒷걸음질하는 것은 거룩한 두려움이 아니다. 무서워하는 대상과 어떻게 친밀함을 누릴 수 있겠는가? 우리가 멀리 도망치는 것은 그분이 원하시는 것과 정반대다.

시편은 이렇게 말한다. "너희는 내 얼굴을 찾으라 하실 때에 내가 마음으로 주께 말하되 여호와여 내가 주의 얼굴을 찾으리이다 하였나이다."^{시 27:8} 친밀한 관계로 부르시는 소리가 들리는가? 하나님은 당신이 가까이 다가와 서로 얼굴을 맞대고 함께 웃으며 삶을 나누기를 원하신다. 시편 기자는 또 이렇게 말한다. "여호와의 친밀하심이 그를 경외하는 자들에게 있음이여."^{시 25:14} 하나님이 당신과 가까이, 친밀하게 지내기를 원하신다. 따라서 분명히 말하건대, 거룩한 두려움은 친밀함을 깨뜨리지 않는다. 오히려 정반대다. 거룩한 두려움은 우리와 하나님 사이의 소통을 돕는다.

P1 성경 구절   두려워하지 마십시오. 하나님께서 오신 것은, 여러분을 시험하고 여러분 안에 깊은 경외심을 심어 주어, 여러분이 죄짓지 않게 하시려는 것입니다. 출 20:20, 메시지

P2 요점   거룩한 두려움은 하나님을 무서워해서 그분에게서 뒷걸음질하는 것이 아니다. 그분에게서 멀어지는 것을 두려워하는 것이다.

P3 숙고   하나님이 이스라엘 백성을 애굽에서 구해 내신 주된 목적은 무엇이었는가? 하나님이 나를 세상에 속박된 종노릇에서 구해 주시는 주된 목적은 무엇인가?

P4 기도   하나님 아버지, 우리 주 예수 그리스도를 통해 저를 두려워하는 마음에서 구해 주시니 감사합니다. 죄는 주님이 제게서 원하시고 제가 주님에게서 원하는 친밀함을 앗아 가니, 제가 주님께 죄를 짓지 않게 제 안에 거룩한 두려움을 불어넣어 주소서. 예수님의 이름으로 간구하며 기도합니다. 아멘.

P5 선언   하나님은 나를 그분과의 친밀함으로 부르셨다! 따라서 나는 하나님을 무서워하지 않는다! 다만 나는 죄를 짓지 않도록 그분을 두려워하기를 원한다!

하나님을 두려워하는 것은
그분의 이성적인 피조물들의
첫째가는 큰 의무 중 하나다.
찰스 잉글리스

거룩한 두려움을 한 문장이나 한 문단, 한 장^{chapter}으로 정의하기란 불가능하다. 그것은 하나님 사랑의 넓이 전체를 몇 마디 말로 설명하려는 시도와 다를 바 없다. 그것을 설명하려면 최소한 몇 장은 할애해야 한다. 물론 그러고 나서도 거룩한 사랑과 거룩한 두려움의 깊이를 다 파악하려면 그야말로 영원이라는 시간이 걸려야 할 것이다.

그렇다 해도 여기서 거룩한 두려움이 무엇인지 그 정의의 대략적인 윤곽이라도 잡아 보자. 어릴 적에 색칠하기 그림책과 크레파스를 받았던 시절을 떠올려 보라. 책을 펴 한 페이지를 골라 색을 채워 넣을 밑그림을 발견했던 때처럼, 이번 장은 그런 밑그림을 보여 줄 것이다. 이 책의 나머지 부분은 그 윤곽에 색을 채워 넣는 작업이다. 이번 장만 읽는다면 거룩한 두려움에 관한 전체적인 개념은 얻되 거기에 담긴 인생 변화의 진리들을 놓칠 수밖에 없다.

이전 장에서 우리는 하나님에 대한 두려움이 우리를 그분에게서 멀어지게 만들지 않는다는 점을 확인했다. 오히려 정반대다. 하나님에 대한 좋은 두려움은 우리를 그분께 더 가까이 다가가게 만든다. 우리의 여행을 계속하기 전에 이 기초를 단단히 다지는 것이 중요하다.

어떤 이들은 하나님에 대한 두려움이 그분을 경건하게 예배하는 것만을 의미한다고 말한다. 유명한 목회자들이 설교단에서, 대화 중에, 리더들과의 식사 자리에서 그렇게 말하는 것을 들은 적이 있다. 이 정의가 하나의 출발점일 수는 있지만 완성된 그림과는 거리가 멀다. 이것은 하나님의 사랑을 단순히 "오래 참고[참을성 있고] …… 온유"한 것으로만 정의하는 것과도 비슷하다. 고전 13:4 여기서 멈추면 완전히 오해로 이어질 수 있다.

우리 부부가 40대 초반이었을 시절, 한 유명한 리더의 사위가 우리 집에 찾아와 자신의 회사에 투자할 것을 권했다. 그와 두어 시간 만나서 이야기를 나누었는데 매우 친절하고 참을성이 많은 사람으로 기억한다. 그의 행동을 보면 누구라도 그를 사랑이 많은 사람이라고 생각할 것이다. 하지만 우리 부부는 며칠간 기도한 끝에 투자하지 않기로 결정했다. 수년이 지나서 보니 그것이 현명한 결정이었다. 결국 그는 다단계 금융 사기로 수년간 교도소에서 복역을 했다.

그는 참을성이 많고 친절한 사람이었을까? 물론 그렇다. 그는 사랑으로 행동한 것일까? 절대 아니다. 왜일까? 성경은 "하나님을 사랑하는 것은 이것이니 우리가 그의 계명들을 지키는 것이라"라고 말하기 때문이다. 요일 5:3 사기를 쳐 남의 돈을 훔치는 것은 이기적인 행동이며 하나님의 사랑의 계명을 어기는 짓이다. 엡 4:28 아동 성추행 범죄자 역시 친절하고 심지어 참을성이 많을 수도 있지만 아이의 인생을 망가뜨린다. 그가 그 아이를 사랑하는가? 물론 절대 아니다!

마찬가지로, 거룩한 두려움을 경건한 예배로만 보면 큰 오류에 빠질 수 있다. 따라서 먼저 윤곽선을 그리고 나서 성경이 말하는 가르침, 성경의 사례, 이야기들로 색을 칠하도록 하자. 본격적으로 시작하기 전에, 거룩한 두려움을 정의하는 과정에서 무섭게 다가올 법한 말을 듣게 될 거라는 점을 미리 경고하고 싶다. 하지만 무서워하지 말라. 끝까지 이 책을 읽다 보면 거룩한 두려움이 우리를 깊이 아끼시고 원하시는 창조주께서 주시는 사랑과 보호의 선물이라는 사실을 발견하게 될 것이다.

출발점으로 삼을 만한 신약 구절이 많지만 나는 다음 구절이 책 전체의 색깔을 정한다고 믿는다.

> 그러므로 우리가 흔들리지 않는 나라를 받았은즉 은혜를 받자 이로 말미암아 **경건함**reverence과 〔거룩한〕 **두려움**godly fear 으로〔NKJV〕 하나님을 기쁘시게 섬길지니 우리 하나님은 소멸하는 불이심이라.
>
> 히브리서 12장 28-29절

여기 우리가 주목해야 할 두 단어가 있다. "경건함과 거룩한 두려움." 이런 구분은 거룩한 두려움을 경건함으로만 축소하지 말아야 한다는 점을 보여 준다. 그렇지 않다면 히브리서 기자는 두 번째 단어만 계속 사용했을 것이다. 이 두 단어는 헬라어로도 서로 다르다. 각각 "아이도스"와 "율라베이아"다.

〔개역개정 성경에서 "경건함"으로 번역한〕 영단어 "레버런스"reverence는 헬라어 "아이도스"를 잘 번역한 것이다. 완전 성경 용어 학습 사전 The Complete Word Study Dictionary은 이를 "깊이 흠모하고 경외하는 경의"로 정의한다. 이 네 단어의 조합이 매우 적절하다고 본다. 각 단어를 깊이 묵상하면 경건함을 훨씬 더 깊이 이해할 수 있다.

두 번째 단어인 "거룩한 두려움"은 경외의 의미를 지니고 있다. 〔우리말로 주로 "경외"로 번역되는〕 영단어 "어"awe의 정의에 대해서는 노아 웹스터 사전Noah Webster Dictionary의 1828년 초판을 보았다. "위대하고 멋진 뭔가가 자아내는 두려움, 공포; 두려움과 존경심을 자아내는 것; 두려움이나 공포, 존경심으로 말미암아 영향을 미치는 것."[1] 여기서 공포 같은 단어에 놀라지 말라. 헬라어 성경은 이런 단어를 사용하고 있지만 거룩한 두려움은 우리를 밀어내는 것이 아니라 가까이 끌어당긴다는 점을 기억하라. 따라서 우리는 이렇게 물어야 한다. "이런 단어들에 긍정적이고 건강한 측면이 있는가?" 나는 성경을 보아 그런 측면이 분명히 있다고 믿는다. 나중에 색깔을 더해 보면 이런 측면이 더 잘 보일 것이다.

앞서 말한 정의들을 나열하면서 시작해 보자. 하나님을 두려워하는 것은 그분에 대해 경의와 깊은 경외를 품는 것이다.

하나님을 두려워하는 것은 그분을 흠모하는 것이다. "흠모"adoring는 "깊이 우러러 존경하는 것"으로도 정의된다.

하나님을 두려워하는 것은 다른 누구 혹은 무엇보다도 그분을 존경하고 공경하고 흠모하는 것이다.

하나님을 두려워하면 그분의 마음을 품게 된다. 그분이 사랑하시는 것을 사랑하고 그분이 미워하시는 것을 미워하게 된다. 그분이 미워하시는 것을 '싫어하는' 정도가 아니라 '미워해야' 한다. 그분께 중요한 것이 우리에게도 중요하게 된다. 그분께 그리 중요하지 않은 것은 우리에게도 그리 중요하지 않게 된다.

하나님을 두려워하는 것은 죄를 미워하는 것이다.

하나님을 두려워하는 것은 불의를 미워하는 것이다.

하나님을 두려워하는 것은 생각, 말, 행동까지 모든 차원에서 악을 떠나는 것이다. 기만적으로 말하지 않는 것이다. 자신의 마음이나 생각과 다른 말이나 행동을 하지 않는 것이다. 외적인 모습을 내면의 생각, 동기, 신념과 일치시키는 것이다.

하나님을 두려워하는 것은 하나님과 사람들 앞에서 진정으로 겸손하게 사는 것이다.

하나님을 두려워하는 것은 그분께 마땅한 찬양, 예배, 감사를 드리는 것이다.

하나님을 두려워하는 것은 그분께 속한 모든 것을 그분께 드리는 것이다.

하나님을 두려워하는 것은 그분 앞에서 경이감과 경외감으로 떠는 것이다. 그분의 말씀과 임재에 관심을 온전히 집중하는 것이다.

하나님을 두려워하는 것은 그분께 순종하는 것이다. 그것은 단지 순종하고 싶다는 소원 정도만이 아니라 어떤 대가가 따르더라도 그분의 뜻을 따르기로 결정한 내면의 힘이다. 우리에게 아무런 이익이 되지 않아 보여도, 심지어 비상식적으로 보여도 기꺼이, 즉시 순종하고 그분의 뜻을 끝까지 수행하는 것이다.

하나님을 두려워하는 것은 그 어떤 형태의 불평도 하지 않는 것이다.

하나님을 두려워하는 것은 그분의 직접적인 권위와 그분이 위임하신 권위를 존중하고 그에 순종하는 것이다. 그분께 권위를 위임받은 자들이 죄를 지으라고 명령하지 않는 이상 순종하는 것이다.

하나님에 대한 두려움이 우리의 의도, 생각, 말, 행동을 빚어야 한다.

이제 거룩한 두려움의 유익들을 나열해 보자. 거룩한 두려움을 품고 사는 사람들에게 주어진 성경의 수많은 약속 중 몇 가지를 소개해 보면 다음과 같다.

하나님에 대한 두려움은 그분과의 친밀한 관계를 위한 출발점이다. 하나님을 두려워할 때 그분의 친구가 되며 그분의 비밀을 알게 된다.

하나님에 대한 두려움은 지혜, 이해, 지식의 근본이다. 하나님을
두려워하면 통찰력을 얻고 하나님의 분명한 인도하심을 받는다.
하나님을 두려워하면 구원 안에서 자라며 예수님의 형상으로
변화된다.

하나님에 대한 두려움은 깨끗하다. 그것은 우리의 삶에서 진정한
거룩함을 낳는다.

하나님에 대한 두려움 속에 거하면 영원한 유산을 확보한다.

하나님에 대한 두려움은 확신, 용기, 안정감을 낳는다. 인간에 대한
두려움을 비롯한 다른 모든 두려움을 몰아낸다.

하나님에 대한 두려움은 우리에게 정체성을 주고, 우리를
생산적으로 만들며, 번성할 수 있게 해 준다.

하나님을 두려워하면 천사의 도움을 받고, 소원을 이루고,
장기적인 성공을 거두고, 고귀해지며, 영향력을 얻고, 장수하고,
생산적인 나날을 영위하며, 삶을 즐기고, 행복을 얻고, 즐겁게
일하고, 몸의 치유를 받는 등 유익이 끝이 없다.

하나님에 대한 두려움은 쇠하지 않고 영원히 지속된다. 하나님에
대한 두려움은 하늘 아버지께서 주시는 귀한 선물이다.

P1 성경 구절 그러므로 우리가 흔들리지 않는 나라를 받았은즉 은혜를 받자 이로 말미암아 경건함과 두려움으로 하나님을 기쁘시게 섬길지니 우리 하나님은 소멸하는 불이심이라. 히 12:28-29

P2 요점 하나님을 두려워한다는 건 그분이 사랑하시는 것을 사랑하고 그분이 미워하시는 것을 미워하는 것이다. 그분께 중요한 것이 우리에게도 중요하게 되고, 그분께 그리 중요하지 않은 것은 우리에게도 그리 중요하지 않게 된다.

P3 숙고 내가 다른 누구보다 다른 무엇보다도 하나님을 존경하고 공경하고 흠모한다는 것은 실질적으로 어떤 의미인가?

P4 기도 하나님 아버지, 아버지의 이름, 말씀, 임재, 존재 전체를 두려워하는 법을 가르쳐 주소서. 거룩한 두려움을 사랑하고 즐기게 해 주소서. 성령님, 제가 이 여행을 계속하는 동안 하나님의 길을 가르쳐 주소서. 이 책을 읽고서 지식만 얻는 것이 아니라 제 삶이 우리 주 예수 그리스도의 형상대로 변화되게 해 주소서. 이 모든 것을 예수님의 이름으로 구합니다. 아멘.

P5 선언 내 모든 말과 마음의 묵상이 하나님 보시기에 기쁘게 하소서!

그분의 모든 성품은
우리에게 경외를 불러일으킨다.
그 성품이 지극히 거룩하기 때문이다.
그분의 이름은
감히 경박하게 언급해서는 안 되고
진지한 생각과 그분 앞에 엎드리는
마음의 자세 없이는 인용해서는 안 되는
경외의 단어다.
C. H. 스펄전

앞서 언급했듯이 하나님에 대한 두려움은 반직관적으로 다가온다. '두려움'이라는 말을 들으면 제일 먼저 해롭고 파괴적인 것을 떠올리게 된다. 하지만 분명히 말하건대, 하나님에 대한 두려움은 온 세상에서 가장 강한 확신, 위로, 보호의 힘이다. 이 여행을 계속하다 보면 이 진리를 발견하게 될 것이다. 하지만 먼저, 두려움을 크게 두 범주로 나눌 수 있다.

1. **하나님의 임재**에 떠는 것.
2. **하나님의 말씀**에 떠는 것.

이 책에서 둘 다를 논할 것이다. 하지만 먼저 첫 번째 범주에 초점을 맞춰 보자. 시편 기자는 이렇게 선포한다. "하나님은 거룩한 자의 모임 가운데에서 **심히 두려워할** 이시오며 둘러 있는 모든 자 위에 **경외받으실** 이시니이다."시 89:7, NKJV 보다시피 이 구절은 하나님이 단순히 "두려워할" 분이 아니라 "심히 두려워할 분"이라고 말한다. 여기에 중요한 진리가 있다. 하나님을 두려워하고 경외하지 않는 곳에서는 그분의 놀라운 임재가 나타나지 않는다.

1997년 1월에 나는 이 사실을 깨닫게 되었다. 당시 나는 브라질 수도에서 열린 전국 규모 집회에 강사로 초빙을 받았다. 그 큰 나라에 가는 것이 처음이라 무척 설레고 들떴다.

비행기는 이른 아침에 브라질리아에 착륙했고, 그날 나는 숙소에서 기도하고 준비하고 쉬면서 하루를 보냈다. 그날 저녁 집회가 열릴 큰 경기장으로 가는데 우리가 도착하기도 전에 거리에 길게 늘어서 있는 수많은 차들이 보였다. 역시나 주차장이 꽉 차 있었다. 이 집회에 많은 인파가 참석할 것이라는 뜻이었다.

나는 경기장 안으로 안내되었고, 거기서 몇몇 리더를 만난 뒤 곧바로 단상으로 올라갔다. 나는 수천 명의 열정적인 신자들과 함께 하나님을 예배할 생각에 한껏 부풀어 있었다. 하지만 그 기대감은 오래가지 못했다. 그곳에 하나님의 임재가 없음을 감지하자마자 기대는 곧장 실망으로 바뀌었다. 나는 어리둥절했다. 이 집회는 신자들이 모인 집회였고, 찬양 팀은 브라질 전역에서 최고로 손꼽히는 팀이었다. 그런데 도대체 왜 하나님의 임재가 없단 말인가?

이 이야기를 계속하기 전에 하나님의 임재에 관해 몇 가지를 분명히 짚고 넘어가자. 성경은 두 종류의 임재를 말한다. 첫 번째는 하나님의 편재다. 다윗은 이렇게 고백한다. "내가 주의 영을 떠나 어디로 가며 주의 앞에서 어디로 피하리이까 내가 하늘에 올라갈지라도 거기 계시며 스올에 내 자리를 펼지라도 거기 계시니이다 …… 주에게서는 흑암이 숨기지 못하며."시 139:7-8, 12 이것은 "내가 결코 너희를 버리지 아니하고 너희를 떠나지 아니하리라"라는 약속에 따른 하나님의 임재다. 히 13:5

두 번째 임재는 예수님의 말씀에서 볼 수 있다. "나도 그를 사랑하여 그에게 나를 **나타내리라**."요 14:21 "나타내다"라는 단어는 헬라어 "엠파니조"로 "자신을 친밀히 알고 이해할 수 있게 …… 겉으로 보이게 하다"라는 뜻이다. 이 임재는 우리가 머리와 오감으로 알 수 있게 하나님이 자신을 드러내시는 것이다. 예수님은 이렇게 말씀하신다. "두세 사람이 내 이름으로 모인 곳에는 나도 그들 중에 있느니라."마 18:20 여기서 분명 예수님은 하나님의 편재를 말씀하신 것이 아니다. 편재라면 굳이 이런 말씀을 하실 필요가 없기 때문이다. 여기서 예수님은 자신을 드러내시는 임재를 말씀하신 것이다. 그날 밤 그 드넓은 집회 장소에는 이런 임재가 없었다. 이를 분명히 인식한 나는 눈을 감고서 성령께 물었다. "성령님의 임재는 어디에 있습니까?"

눈을 뜨자 갑자기 내내 보지 못했던 모습들이 눈에 들어왔다. 대부분의 사람이 예배에 전념하지 않았다. 어떤 이들은 호주머니에 손을 넣거나 팔짱을 낀 채 무관심하게 주변을 두리번거리거나 따분한 표정을 짓고 있었다. 어떤 여성들은 지갑을 만지작거리고 있었다. 관중석 주변을 어슬렁거리거나 매점에 간식을 사러 간 사람들도 많았다. 곳곳에서 웃고 떠드는 인파가 보였다. 그들의 행동은 공연이 시작되기를 기다리는 관람객과 별반 다르지 않았다. 나는 속으로 생각했다. '곧 다들 마음을 다잡고 예배에 집중하겠지.' 하지만 아니었다.

찬양이 끝나고 한 리더가 단에 올라와 성경을 읽는데도 분위기는 전혀 바뀌지 않았다. 음악이 없으니 사람들의 수군거리는 소리가 더 또렷이 들렸다. 그 광경이 도무지 믿기지 않고 화가 치밀어 올랐다. 그때 내 마음을 향해 속삭이시는 성령의 음성이 느껴졌다. "이 문제를 직접적으로 지적하라."

나는 소개를 받고 단에 올랐고, 통역사가 내 곁에 섰다. 나는 아무 말도 하지 않은 채 회중을 바라만 보기로 했다. 사람들의 관심을 집중시키는 유일한 방법은 단에서 모든 활동을 멈추는 것이라고 판단했다. 효과가 있었다. 완전한 적막은 모든 회중의 관심을 사로잡았다. 사람들의 움직임이 멈추고 모든 고개가 강단 쪽으로 향했다. 장내에 적막이 흐르고 모든 시선이 내게 집중되었다.

나는 "브라질에 오니 좋네요" 혹은 "저를 불러 주셔서 감사합니다"와 같은 말로 입을 열지 않았다. 나 자신을 소개하지도 않았다. 대신, 엄한 목소리로 물었다. "여러분이 테이블 건너편에 앉은 사람에게 말을 하는데 상대가 여러분을 무시하며 아무 관심도 없다는 듯 바닥만 쳐다보고 있거나 옆 사람하고만 이야기를 나누면 어떠시겠습니까?"

잠시 침묵이 흐른 뒤 그 질문에 내가 직접 답했다.

"기분이 좋지 않겠죠? 그렇지 않나요?"

나는 더 파고들었다. "여러분이 이웃집 문을 두드릴 때마다 이웃이 반갑지 않은 표정으로 '또 당신이요?'라고 짜증 섞인 투로 말한다면 어떻겠습니까? 그 집에 계속해서 갈 건가요?"

이번에도 나는 잠시 말을 멈추었다가 대신 답했다.

"가지 않겠죠."

그리고 나서 이렇게 말했다. "온 세상의 왕께서 자신을 공경하지도 경외하지도 않는 곳에서 자신을 드러내거나 말씀하실까요?"

이번에도 내가 답했다. "절대 그렇지 않을 겁니다!"

나는 계속해서 말했다. "여러분 나라의 대통령이 이 단에 선다면 여러분은 온 관심을 집중하고 절대적인 경의를 표할 겁니다. 여러분이 좋아하는 축구 스타가 와도 자리에서 벌떡 일어나 말 한 마디 한 마디에 귀를 기울이겠죠. 하지만 아까 하나님의 말씀을 읽을 때 여러분은 아무런 관심도 보이지 않았습니다. 그분의 말씀이 여러분에게는 백색소음이나 다름없었던 것 같습니다!"

그리고 나서 이후 90분간 그들에게 하나님에 대한 두려움에 관해서 이야기했다. 장내가 어찌나 조용한지 침 넘어가는 소리까지 들릴 정도였다. 내가 대놓고 지적해서 적잖이 놀란 것 같았다. 아무튼 그들은 그때부터 내 말에 귀를 기울였다.

나는 메시지를 마치고 나서 이렇게 말했다. "여러분은 신자지만 거룩한 두려움이 부족합니다. 회개하실 분들은 자리에서 일어나십시오!"

즉시 회중의 75퍼센트가 자리에서 일어섰다. 잠시 후 하나님의 임재가 장내를 가득 채웠다. 하나님의 놀라운 임재가 사람들의 삶을 휘감자 그들은 흐느끼며 울부짖기 시작했다. 거룩한 두려움은 그들로 하여금 하나님에게서 뒷걸음질하는 것이 아니라 그분께 더 가까이 다가가게 만들었다.

그 이후 일어난 일은 지난 내 40년 사역에서 가장 놀라운 경험 중 하나였다. 하지만 그 이야기를 시작하기 전에 다음 말씀으로 이번 장을 마무리하겠다.

> 내가 그의 음성을 들었는데 그의 음성을 들을 때에 내가 얼굴을 땅에 대고 깊이 잠들었느니라〔기절했느니라, NLT〕 한 손이 있어 나를 어루만지기로 내가 **떨었더니** 그가 내 무릎과 손바닥이 땅에 닿게 일으키고 내게 이르되 **큰 은총을 받은 사람** 다니엘아 내가 네게 이르는 말을 깨닫고 일어서라 내가 네게 보내심을 받았느니라 하더라 그가 내게 이 말을 한 후에 내가 **떨며** 일어서니.
> 다니엘 10장 9-11절

다니엘은 하나님께 큰 은총을 받은 사람이었지만 이 상황에 압도되어 기절했다. 비록 그가 도움을 받아 무릎을 꿇고 이어서 다시 일어섰지만 그러는 내내 떨었다. 하나님의 사자 곧 천사 앞에서도 이럴진대 하나님이 직접 오시면 어떻게 되겠는가?

P1 성경 구절   하나님은 거룩한 자의 모임 가운데에서 심히 두려워할 이시오며 둘러 있는 모든 자 위에 경외받으실 이시니이다. 시 89:7, NKJV

P2 요점   하나님을 지극히 경외하는 곳에서만 하나님이 자신을 드러내시는 임재를 경험할 수 있다.

P3 숙고   하나님의 임재 앞에서 떤다는 것은 무엇인가? 나 혼자 있을 때 이것이 어떻게 나타날까? 친구들과 있을 때는? 공적인 장소에 있을 때는? 교회에서 예배를 드리는 중에는?

P4 기도   하나님 아버지, 무관심한 태도로 예배에 임했던 것을 용서해 주소서. 주님의 임재를 당연하게 받아들이고 흔한 것으로 취급했던 것을 회개합니다. 예수님의 피로 저를 깨끗하게 씻어 주소서. 주님 앞에 엎드리오니 저를 변화시켜 주소서. 어디에서 무엇을 하든 주님의 임재를 의식하고 놀랍게 여기기를 원합니다. 주님에 대한 두려움을 항상 품고 살아가기를 원합니다. 그렇게 해 주시기를 예수 그리스도의 이름으로 간구합니다. 아멘.

P5 선언   늘 하나님 말씀에 관심을 온전히 집중하고, 내 모든 말과 행동에서 그분의 임재에 대한 경외함이 묻어나오게 할 것이다!

기도하기 전에,
당신이 누구의 임재 안에 들어가고 있으며
당신이 〔지금〕 누구에게 말하려는 것인지를
기억하라.
아빌라의 테레사

마가복음은 예수님이 제자들과 협력하여 "그 따르는 표적으로 말씀을 확실히 증언"해 주셨다고 말한다. ^{막 16:20} 이 공동의 역사는 예수님이 하늘로 오르신 뒤에 시작되었다. 그런데 신약 어디에도 이 역사가 그분의 재림 전까지 멈출 것이라는 말은 없다.

자, 브라질에서의 그 밤으로 돌아가 보자. 내가 불경함에 대해 회개하라고 촉구하자 회중의 75퍼센트가 자리에서 일어섰다. 나는 고개를 숙이고서 큰 소리로 기도했다. "하나님! 오늘 밤 선포된 말씀을 확실히 증언해 주소서!"

그러자 잠시 후 사람들이 흐느끼는 소리가 들렸다. 그리고 다시 몇 분 뒤, 하나님의 임재가 장내를 가득 채워 사람들의 마음을 깨끗하게 정화했다. 그 열기가 가라앉은 뒤에는 놀라운 평강이 그 공간을 휘감았다.

사람들은 말로 용서를 구하거나 기도하지 않았지만 하나님의 임재는 그들의 변화된 마음으로 인한 것이었다. 나중에 이 역사하심을 묵상하다가 탕자의 아버지가 아들에게서 용서해 달라는 말을 기다리지 않고 먼저 아들에게 달려갔다는 사실을 깨달았다. 아들의 변화된 마음과 집으로 돌아온 행동만으로 아버지는 아들을 격정적으로 껴안고 입맞춤을 했다. 이 집회 장소에서도 똑같은 일이 벌어지고 있었다.

특별한 순간이었다. 사람들은 하나님을 경외함으로 고요해지고 마음이 한없이 부드러워져 있었다. 그들을 회개의 기도로 이끌기에 딱 좋은 상태였다. 그들의 말이 진심이라는 것은 누가 봐도 알 수 있을 정도였다. 기도가 시작된 지 얼마 지나지 않아 하나님의 임재가 다시 그곳을 휘감았다. 또다시 흐느끼는 소리가 들렸다. 이번에는 전보다 분위기가 더 강렬했다. 실로 아름다운 순간이었다. 몇 분 뒤 분위기는 한층 고조되었다.

두 번에 걸쳐 찾아온 하나님의 평화롭고 놀라운 임재에서 우리 모두는 회복을 경험했다. 정말 감사했다. 우리 모두가 기대감으로 기다리는 내내 그곳에는 하나님의 평강이 가득했다. 고요한 가운데 나는 마음속에서 성령의 속삭이심을 느꼈다. "내가 다시 한 번 임할 것이다."

나는 그렇게 성령께 들은 것을 큰 소리로 말했다. 그다음 전혀 생각지도 못한 일이 벌어졌다. 전혀 다른 모양의 그분의 임재가 우리를 기다리고 있었다. 그때 일어난 일은 말로는 제대로 설명하기 어렵다. 이제부터 내가 기술할 사건은 도무지 믿기 힘들고 더없이 비현실적으로 보이는 일이다. 하지만 20년이 흐른 지난 지금까지도 수많은 사람이 그 일을 증언하고 있다.

강한 폭풍이 몰아치는 숲 한가운데 서 있다고 상상해 보라. 숲속 큰 나무들 사이를 통과하는 거센 바람 소리를 듣는다. 그날 경기장에서 그런 바람 소리와 비슷한 소리가 들렸다. 바람을 느낄 수는 없었지만 소리는 들렸다. 거의 동시에 사람들은 뜨겁게 울부짖으며 기도했다. 그들의 목소리에 천지가 진동했지만 그 바람 소리는 그 목소리들마저 압도했다. 나는 경외감에 빠졌다. 하나님의 임재에 겁이 날 정도였다. 움직일 수도 말할 수도 없었다. 온몸에서 소름이 돋았다. 한 번도 겪어 보지 못한 권위가 그 경기장에 가득했다. 그때 이런 생각을 했다. '이건 아빠 아버지의 임재가 아니다. 이건 거룩하고 위대하고 강하신 우리 왕의 임재다!'

바람의 포효는 약 90초간 지속되었다. 그 소리가 점점 가라앉는 동안에도 사람들은 울고 기절하고 의자에 털썩 주저앉았다. 모두가 경외감에 떨고 있었다. 소리가 사라진 뒤에도 압도적인 분위기는 10여 분 동안 지속되었다. 얼마 뒤 나는 인도자에게 마이크를 넘기고 안내를 받아 조용히 차로 돌아갔다.

잠시 후, 그날 밤에 특송을 부른 솔리스트와 그녀의 남편도 그 차에 탔다. 나는 방금 전에 일어난 일을 다른 사람을 통해서도 확인하고 싶었다. 그래서 넌지시 이렇게 말했다. "비행기가 건물 바로 위로 낮게 날았나 봅니다." 그 경기장 전체에는 위층 벽과 천장 사이에 통풍을 위한 틈이 있었다. 그래서 닫힌 구조보다 밖에서 들어오는 소리를 듣기가 훨씬 더 쉬웠다.

앞자리에 앉았던 솔리스트는 내 말에 고개를 저었다.

"아니에요. 그건 하나님의 영이셨어요!"

과묵한 사람이었던 그녀의 남편도 끼어들었다.

"그건 비행기 소리가 아니었습니다."

나는 짐짓 모르는 체 물었다. "그걸 어떻게 알지요?"

그러자 남편이 대답했다. "경기장 밖에 보안 요원들과 경찰관들이 있는데 대부분 믿지 않는 분들이죠. 그런데 그분들이 바람 소리를 듣고 놀라서 들어왔습니다. 건물 안에서 불어오는 거센 바람 소리가 어찌 된 영문인지 우리에게 묻더군요. 게다가 저는 아내가 노래를 부를 때 음량을 정확히 맞추기 위해 메인 사운드보드에 있었습니다. 음향 시스템에는 어떤 소리도 들어오지 않았어요. 바람이 부는 내내 데시벨 계측기에는 아무런 소리도 잡히지 않았습니다."

솔리스트의 얼굴에서는 내내 눈물이 뺨을 타고 흐르고 있었다. "건물 안에서 불의 파도가 떨어지는 걸 보았어요. 곳곳에 천사들이 가득한 것도 느껴졌고요."

나는 숙소로 곧장 가 달라고 부탁했다. 가는 내내 우리는 아무 말도 할 수 없었다. 그날 나는 숙소 발코니에 몇 시간을 앉아 있었다. 그 순간 내가 할 수 있는 것은 그저 하나님을 예배하는 것뿐이었다. 나는 그날 밤 일어난 일에 완전히 압도되어 있었다.

이튿날 아침, 집회 장소에 들어가자 분위기는 완전히 달라져 있었다. 전날 밤 예배 중에 그곳을 휘감았던 하나님의 임재가 여전히 강한 여파를 뿜어내고 있었다. 사람들 마음속에 하나님을 두려워하는 마음이 회복되어 있었다. 그들은 그분의 임재와 축복을 놀랍게 경험하고 있었다.

앞서 말했듯이 적지 않은 사람들이 그날 밤 일어난 일을 증언했다. 그들은 우편이나 이메일을 통해, 혹은 직접 찾아와 그 일이 자신들의 삶에 미친 영향을 이야기했다. 2016년, 나는 12,000명의 리더들에게 메시지를 전하기 위해 브라질 고이아니아로 날아갔다. 나를 맞이한 목사가 나와 악수를 하면서 처음 한 말도 그 간증이었다. "20년 전 큰 바람이 불 때 브라질리아의 집회에 저도 있었습니다. 그 일로 제 삶은 완전히 변했지요." 그는 한 노회를 불과 16년 만에 출석 교인 30만 명 이상 규모로 성장시킨 리더였다.

2019년 내 아내가 집회에서 메시지를 전하기 위해 브라질에 갔을 때 다른 교단의 한 리더도 20년 전 큰 바람이 불던 예배의 현장에 있었다고 말했다. 그 리더 역시 그날 이후 자신의 삶이 송두리째 변했다고 고백했다.

하나님의 임재 안에 거하는 것은 모든 신자의 영적 건강에서 더없이 중요하다. 그런데 원래 나는 기도 중에 하나님의 임재 안에 들어가는 것이 매우 힘들었던 사람이다. 그러다 하루는 우연찮게 무언가를 하기 시작했다. 나는 찬양을 하거나 아무 말이나 하면서 기도 시간을 시작하지 않기로 결심했다. 대신, 가만히 앉아 우리 하나님의 위대하심과 거룩하심을 깊이 묵상했다. 그러자 거의 즉시 하나님의 임재를 경험하게 되었다. 이튿날에도 똑같이 해서 똑같은 결과를 얻었다. 세 번째 날에도 마찬가지였다.

나는 어리둥절해서 하나님께 물었다. "하나님, 지난 사흘간은 하나님의 임재 안에 들어가는 것이 왜 그렇게 쉬웠을까요?"

그러자 성령의 음성이 들려왔다. "예수가 제자들에게 어떻게 기도하라고 가르쳤느냐?"

나는 주기도문을 외우기 시작했다. "하늘에 계신 우리 아버지여, 이름이 **거룩히 여김을 받으시오며**……" 순간, 나도 모르게 목소리를 높였다. "바로 이거야! 예수님은 제자들에게 거룩한 두려움과 경외감을 품고서 하나님의 임재 안에 들어가라고 가르치셨어!" 눈앞이 훤해졌다.

다윗은 이 진리를 확증해 준다. "**주를 경외함으로** 성전을 향하여 예배하리이다."^{시 5:7} 하나님은 우리 아버지이시고, 예수님은 우리 주님이시며, 성령은 우리를 깊이 사랑하신다. 하지만 신약에서 하나님을 "소멸하는 불"이라고 부른다는 점도 기억해야 한다.^{히 12:29} 예수님은 가장 가까이 두고 사랑하신 제자 요한도 죽은 자처럼 땅에 바짝 엎드러지게 하셨다.^{계 1:17} 그리고 성령은 하나님의 권능을 보여 온 도시를 놀라게 하시고,^{행 2장} 건물을 뒤흔드시며,^{행 4장} 그 외에도 많은 놀라운 역사를 행하시는 분이다.

요점은 이것이다. 하나님을 경외하는 곳에서 그분의 임재가 나타난다.

P1 성경 구절   내가 너희 가운데 거할 때에 …… 두려워하고 심히 떨었노라 내 말과 내 전도함이 설득력 있는 지혜의 말로 하지 아니하고 다만 성령의 나타나심과 능력으로 하여 너희 믿음이 사람의 지혜에 있지 아니하고 다만 하나님의 능력에 있게 하려 하였노라. 고전 2:3-5

P2 요점   하나님에 대한 두려움은 영적 분위기를 바꾼다. 그 두려움은 성령의 능력으로 우리와 다른 사람들의 삶이 변화되는 환경을 만들어 낸다.

P3 숙고   나는 하나님의 임재와 능력이 나타나기를 기대하고 믿어 왔는가? 경외감을 품고 하나님께 나아가면 내 기도 생활이 어떻게 변할까? 어떻게 그런 변화를 이룰 수 있을까?

P4 기도   하나님 아버지, 혹시 제가 과거의 경험 때문에 주님의 임재를 제한했습니까? 혹은 주님이 하실 수 있는 일을 제한적으로 보는 사람들에게 영향을 받았습니까? 그랬다면 용서해 주소서. 경외감을 품고서 주님의 임재 안에 들어가고, 제한적인 제 시각으로 주님의 역사를 제한하지 않겠습니다. 제가 구하거나 생각하거나 바라는 것보다 더 크신 능력을 보여 주소서. 우리 주 예수 그리스도께서 영광을 받으시고 제가 영향을 미치는 사람들이 도움을 받게 하소서. 예수님의 이름으로 기도합니다. 아멘.

P5 선언   믿음과 거룩한 두려움으로 하나님께 나아가기만 하면 모든 일이 가능하다!

그분의 위대한 거룩하심과 타오르는 영광을
눈앞에서 적나라하게 보고 나면
우리가 그분에 관해 생각하면서도
아무런 감흥이 없던 순간들이
어처구니없게 느껴질 것이다.
조이 도우슨

거룩한 두려움은 하나님의 위대하심을 이해하는 만큼 커진다. 하지만 문제가 있다. "그의 위대하심을 측량하지 못하리로다."시 145:3 하나님의 영광은 우리의 이해를 초월한다. 그분의 영광은 불가사의하며 경계도 한계도 없고 비할 데가 없다. 그래도 우리는 그 영광을 더 깊이 이해하려고 노력해야 한다.

유다의 웃시야왕이 세상을 떠난 해인 약 BC 742년, 이사야 선지자는 하늘로 옮겨졌다. 거기서 그는 영광 중에 높은 보좌에 앉아 계신 하나님을 보았다. 하나님의 영광은 거대한 성전을 가득 채우고 있었다. 그 성전은 수십 억 명의 존재를 수용하고도 남을 만큼 넓은 공간이었을 것이다.

이사야는 창조주의 모습에 압도되었을 뿐 아니라 하나님의 보좌 위를 맴도는 스랍이라는 거대한 천사들에게 매료되었다. 놀라움을 자아내는 이 존재들의 입술에서 다음과 같은 말이 나왔다.

거룩하다 거룩하다 거룩하다 만군의 여호와여 그의 영광이 온 땅에 충만하도다.

이사야 6장 3절

많은 사람이 1800년대 존 바커스 다이크스가 이 구절로 쓴 〈거룩, 거룩, 거룩, 전능하신 주님Holy,Holy, Holy〉이란 제목의 찬송가를 알 것이다. 부드러운 곡조의 이 찬송가는 200년 이상 교회에서 자주 불려 왔다. 하지만 이사야가 목격한 것은 이 찬송가의 분위기와 전혀 달랐다.

이 거대한 존재들은 하나님의 기분을 띄우기 위해 아름다운 노래를 부른 것이 아니었다. 그저 눈앞에 보이는 것에 반응한 것이었다. 인간이 다 헤아릴 수 없는 그분의 위대하심의 새로운 모습이 계속해서 눈앞에 드러나니 "거룩하다, 거룩하다, 거룩하다"라고 외칠 수밖에 없었다.

스랍들은 "거룩하다"를 세 번 반복한다. 히브리서 기자는 이사야처럼 한 단어를 강조할 때 두 번 쓴다. 예수님의 말씀에서도 이런 강조법을 볼 수 있다. "나더러 주여 주여 하는 자마다 다 천국에 들어갈 것이 아니요."마 7:21 당신이 예수님 곁에 앉아 그분의 말씀을 듣는 마태였다면 그분이 "주여"라는 단어를 말씀하실 때 목소리에 힘이 들어가는 것을 느낄 수 있었을 것이다. 마태는 그렇게 목소리가 커진 것을 표현하기 위해 그 단어를 두 번 기록했다.

성경 기자가 단어를 세 번 사용하여 강조하는 경우는 매우 드물다. 사실, 이런 경우는 성경 전체에서 몇 번 나타나지 않는다. 세 번 반복은 단어나 문장을 최고로 강조하는 것이다. 실제로 천사들의 목소리는 이 거대한 성전의 "문설주"를 뒤흔들 정도로 컸다.사 6:4, 우리말성경 우리 가족은 플로리다주로 이사했을 때 지하 수면이 너무 높아 집마다 지하실이 없다는 사실을 발견했다. 우리 집의 건축자는 내게 이렇게 말했다. "마을에 토네이도가 닥치면 집 내부의 문설주 아래로 들어가세요. 그곳이 집 전체에서 가장 튼튼한 부분이거든요." 그런데 그 거대한 하늘의 성전에서 문설주가 흔들렸다니 천사들의 목소리가 얼마나 컸을지 가늠이 안 됐다. 필시 이 거대한 천사들의 외침에 성전 전체가 덜커덕거렸으리라.

하나님의 영광을 본 이사야의 반응은 어땠는가? "우와, 저기 하나님이 계시는군!"이 아니었다.

그는 다급해져서 외쳤다. "화로다 나여 망하게 되었도다 나는 입술이 부정한 사람이요 나는 입술이 부정한 백성 중에 거주하면서 만군의 여호와이신 왕을 뵈었음이로다."^{사 6:5}

생각해 보라. 이사야는 경건한 사람이었다. 그는 이전 장에서 이렇게 외쳤던 선지자다. "악을 선이라고 부르고 선을 악이라고 부르는 자들에게 화가 있다. 교만한 자들에게 화가 있다. 술주정뱅이들에게 화가 있다."^{사 5:20-22, 내가 풀어 씀} 하지만 이제 한 장 뒤에서 하나님의 위대하심을 엿본 그는 더 이상 "죄인들에게 화가 있다"라고 외치지 않고 "화로다 나여 망하게 되었도다!"라고 외친다. 그는 자신이 전능하신 하나님을 잘 안다고 생각했지만 이제 그분에 관해 훨씬 많은 것을 알게 되었다. 또한 이 거룩하신 하나님 앞에서 자신이 어떤 존재인지를 똑똑히 알게 되었다. 이 만남의 결과는 무엇이었을까? 그의 거룩한 두려움이 몇 단계나 증폭했다.

에스겔은 또 어떤가? 그는 하나님을 보고서 이렇게 썼다. "이는 여호와의 영광의 형상의 모양이라 내가 보고 엎드려 말씀하시는 이의 음성을 들으니라." 겔 1:28

아브라함은 어떤가? 성경을 보면 그는 하나님을 본 뒤에 "엎드렸"다. 창 17:3

하나님이 시내산에서 영광 중에 나타나셨을 때 "그 보이는 바가 이렇듯 무섭기로 모세도 이르되 내가 심히 두렵고 떨린다 하였"다. 히 12:21

예수님이 사랑하신 제자였던 사도 요한은 영광스럽게 변한 예수님을 만난 일을 이렇게 기록한다. "내가 볼 때에 그의 발 앞에 엎드러져 죽은 자같이 되매." 계 1:17

이외에도 성경에 비슷한 사건이 숱하게 기록되어 있다.

1266-1273년, 토마스 아퀴나스는 《신학대전Summa Theologica》을 쓰고 있었다. 그는 그 책을 자신의 가장 중요한 저작으로 여겼다. 하지만 어느 날 하나님을 강력히 만나고서 그의 시각이 완전히 바뀌었다. 그는 저술을 완전히 멈추었다. 친구 레지날드가 저술을 계속할 것을 촉구하자 아퀴나스는 이렇게 말했다. "그만할 때가 되었네. 내게 드러내신 것에 비하면 내가 여태껏 쓴 것은 지푸라기에 불과하게 보이네."[1]

이스라엘 역사 속의 한순간, 하나님은 날카로운 질문으로 그분 백성들의 거룩한 두려움을 한 단계 끌어올리셨다. 하나님의 영광을 본 이사야는 이렇게 물었다. "누가 여호와의 영을 지도하였으며 그의 모사가 되어 그를 가르쳤으랴 그가 누구와 더불어 의논하셨으며 누가 그를 교훈하였으며 그에게 정의의 길로 가르쳤으며 …… 그런즉 너희가 하나님을 누구와 같다 하겠으며 무슨 형상을 그에게 비기겠느냐."사 40:13-14, 18

그러고 나서 이번에는 하나님이 직접적으로 물으셨다. "너희가 나를 누구에게 비교하여 나를 그와 동등하게 하겠느냐."사 40:25

지금이야말로 이런 질문을 깊이 고민해야 할 시대다. 이 시대 많은 사람이 정보에 사로잡혀 있다. 수많은 정보가 끊임없이 우리의 마음을 채우고 있어서 이런 중요한 질문에 관해 고민할 공간도 시간도 내지 못하고 있다. 우리 안에서 거룩한 두려움의 성장이 저해되고 있다. 그 결과, 수많은 신자들이 세상 욕망, 욕심, 인간 성취에 대한 교만에 빠져 있다.

우리는 유명한 운동선수나 외적으로 아름다운 스타 배우, 재능이 뛰어난 뮤지컬 배우, 성공한 기업가, 카리스마 넘치는 리더 같은 대단한 인물들에 관한 찬사를 매일같이 듣는다. 텔레비전과 SNS 같은 미디어에서 그들을 찬양한다. 인간의 성취에 관한 이런 정보는 얼핏 전혀 해롭지 않아 보인다. 하지만 그런 것들이 하나님께 가까이 다가가 그분을 보라는 놀라운 초대를 받아들이지 못하도록 우리를 방해할 수 있다. 이에 관한 심도 깊은 논의는 부록 2를 보라.

하던 일을 멈추고 내면으로 관심을 돌려 하나님의 위대하심을 바라보면 우리의 내면이 부해지고 강해지며 평강을 얻는다. 성경은 다음과 같이 약속한다.

> 어두운 데에 빛이 비치라 말씀하셨던 그 하나님께서 예수
> 그리스도의 얼굴에 있는 하나님의 영광을 아는 빛을 우리 마음에
> 비추셨느니라.
> 고린도후서 4장 6절

성령과 연합한 상태에서 주님의 말씀을 읽으면 영혼 깊은 곳에서 그분을 볼 수 있다. 그분의 얼굴을 집중해서 보는 행위는 우리 마음속에 하나님의 영광의 광채를 더해 주며, 그럴 때 우리의 '거룩한 경외'가 더 높아진다. 이사야를 비롯한 위대한 성경 인물들처럼 하나님을 만나고 그분과 동행하고 그분을 기쁘시게 하고 언약의 약속을 받고 인생을 잘 마무리하게 된다. 무엇보다도, 그분을 보면 "그와 같은 형상으로 변화하여 영광에서 영광에 이르"게 된다. 고후 3:18

우리 시대의 유명인들과 우주를 창조하신 분 중 누구의 형상을 닮아 가고 싶은가? 지혜롭게 선택하라. 그리고 부디 무엇을 듣고 무엇에 관심을 기울일지 유의하라.

P1 성경 구절　아름답고 거룩한 것으로 여호와께 예배할지어다 온 땅이여 그 앞에서 떨지어다. 시 96:9

P2 요점　거룩한 두려움은 하나님의 위대하심을 이해하는 만큼 커진다.

P3 숙고　우리가 하루 세 번, 한 번에 10분씩, 외부의 영향을 모두 차단하고 하나님의 위대하심을 묵상하면 어떤 일이 벌어질까? 거룩한 두려움을 키우면 더 지혜로워져서 일상에서 생산성이 더 높아질까?

P4 기도　하나님 아버지, 예수님을 새롭게 보게 해 주소서. 주님 말씀에서, 제 마음이 예수님을 보면 그분과 같은 형상으로 변하여 한 수준의 영광에서 다음 수준의 영광에 이른다고 약속하셨지요. 주님의 영광을 더 분명히 봄으로써 제가 품은 거룩한 두려움이 더욱 커지게 해 주소서. 예수님의 이름으로 기도합니다. 아멘.

P5 선언　나는 예수님과 같은 형상으로 변하여 "영광에서 영광에" 이를 것이다!

사람들은 서로를 경외하지만
하나님을 경외하지는 않는다.
헨리 데이비드 소로

'하나님의 영광'에 관한 이야기를 하지 않고서 거룩한 두려움을 논할 수는 없다. 이 주제는 이전 장에서 언급했지만 여기서 좀 더 자세히 살펴보자. 죽을 수밖에 없는 육체는 하나님 영광의 임재 앞에서 설 수 없다. 하박국 선지자는 하나님의 영광에 대해 "햇빛 같고 광선이 그의 손에서 나오니 그의 권능이 그 속에 감추어졌도다"라고 묘사한다. 합 3:4 바울은 예수님에 대해 "**가까이 가지 못할 빛**에 거하시고 어떤 사람도 보지 못하였고 또 볼 수 없는 이"시라고 말한다. 딤전 6:16 또한 히브리서 기자는 하나님이 "소멸하는 불"이시라고 말한다. 히 12:29

이런 말을 들을 때 나무가 타면서 내는 불을 떠올리지 말라. 그런 불은 뜨겁지만 그래도 어느 정도 가까이 다가갈 수 있다. 그보다는 더 활활 타오르는 불을 떠올리라. 이를테면, 세상을 비추는 태양 같은 것. 태양은 다가갈 수 없을 만큼 뜨겁게 타오른다. 하지만 심지어 태양조차 하나님의 영광을 표현하기에는 역부족이다. 왜냐하면 성경은 이렇게 말하기 때문이다. "하나님은 빛이시라 그에게는 어둠이 조금도 없으시다."요일 1:5 태양이 아무리 밝아도 어두운 부분이 있다. 바울은 이렇게 말한다. "왕이여 정오가 되어 길에서 보니 하늘로부터 해보다 더 밝은 빛이 나와 내 동행들을 둘러 비추는지라."행 26:13

바울은 예수님의 실제 얼굴을 본 것이 아니다. 그는 그분에게서 나오는 빛을 보았을 뿐이다. 그런데도 그 빛은 중동의 내리쬐는 눈부신 태양을 압도했다! 그 빛은 아침이나 늦은 오후의 태양이 아니라 정오의 강렬한 태양을 압도했다!

나는 전 세계 수많은 곳을 다녔다. 그런데 가끔 선글라스를 잊고 가져가지 않는다. 대부분의 지역에서는 그런대로 버틸 수 있지만 중동에서는 통하지 않는다. 중동에 처음 갔을 때 선글라스의 필요성을 절실히 느꼈다. 강렬한 햇빛에 눈을 제대로 뜰 수가 없었다. 그곳의 태양은 세 가지 이유로 어느 지역보다 훨씬 더 밝다. 메마른 사막 기후, 햇빛을 잘 반사하는 밝은 색상의 지형, 적도 부근이라는 위치 때문이다. 오전이나 늦은 오후에는 그나마 괜찮지만 정오에는 선글라스 없이는 눈이 멀어 버릴 것처럼 따갑다.

이제 우리가 조금 전에 읽은 내용을 생각해 보자. 바울은 예수님에게서 나오는 빛이 중동의 정오 해보다도 밝다고 말했다! 예수님의 영광은 태양의 밝음을 초월한다.

그래서 요엘과 이사야는 예수님이 돌아오시는 날 해와 달이 어두워지고 별들이 빛나지 않을 것이라고 말했다. ^{사 13:9-10; 욜 2:31-32} 이 점을 논리적으로 설명해 보겠다. 맑은 날, 밤에 밖에 나가면 무엇이 보이는가? 별이 총총한 밤하늘이 보인다. 하지만 아침에 태양이 떠오르면 어떻게 되는가? 별들이 다 사라져 보이지 않는다. 해가 떠오르면 모든 별이 어디 급히 도망갔다가 해가 지면 그 별들이 갑자기 밤하늘로 돌아오는 것인가? 물론 아니다. 그럼 어찌 된 것인가? 별빛보다 햇빛이 훨씬 밝기 때문이다. 그래서 해가 뜨면 훨씬 밝은 햇빛에 별빛은 상대적으로 어두워진다.

예수님이 돌아오시면 그분의 영광은 태양보다 훨씬 밝을 것이다. 그래서 태양은 활활 타오르는 중에도 어두워질 것이다. 이것이 성경에서 이 땅의 모든 사람이 이렇게 말할 것이라고 하는 이유다. "산들과 바위에게 말하되 우리 위에 떨어져 보좌에 앉으신 이의 얼굴에서와 그 어린양의 진노에서 우리를 가리라."계 6:16

자, 이제 핵심적인 질문을 던져 보자. 하나님의 영광은 무엇인가? 이 질문에 답하려면 모세의 요청을 살펴봐야 한다. "주의 **영광**을 내게 보이소서."출 33:18

여기서 "영광"에 해당하는 히브리어는 "카보드"다. 스트롱 성경 사전*Strong's Bible Dictionary*은 이 단어를 "뭔가의 무게"로 정의한다. 이 단어는 위엄과 명예를 지칭하기도 한다. 모세는 이렇게 요청한 것이다. "하나님의 **모든** 광채를 보여 주소서." 이에 대한 하나님의 반응을 유심히 보라.

> 내가 내 모든 **선한 것**을 네 앞으로 지나가게 하고 **여호와의 이름**을 네 앞에 **선포하리라.**
>
> 출애굽기 33장 19절

보다시피 하나님은 영광을 보여 달라는 모세의 요청을 "내 모든 **선한 것**"을 보여 달라는 요청과 동일시하셨다. "선한 것"에 해당하는 히브리어 단어는 "가장 넓은 의미에서의 선"으로 정의된다. 다시 말해, 남김없이 주는 선이다.

이어서 하나님은 이렇게 말씀하셨다. "여호와의 이름을 네 앞에 선포하리라." 이 땅의 왕이 보좌가 있는 방에 들어가기 전에 사자가 먼저 왕의 이름을 선포한다. 나팔이 울리고 왕이 온전한 영광 속에서 그 방으로 들어온다. 왕의 위대함이 드러난다. 그래서 왕실의 모든 사람이 누가 왕인지를 분명히 안다. 하지만 왕이 수행원도 없이 평범한 옷을 입고 거리를 거닐면 아무도 몰라볼 것이다.

이전 장에서 우리는 하나님의 영광이 예수 그리스도의 얼굴에서 드러난다는 사실을 배웠다. 많은 사람이 예수님의 환상을 경험했다고 주장한다. 이는 분명 가능한 일이지만, 그분의 영광 전체를 마주할 수는 없다. 바울은 이렇게 말한다. "우리가 지금은 거울로 보는 것같이 희미하나 그때에는 얼굴과 얼굴을 대하여 볼 것이요."고전 13:12 그분의 영광은 철저히 숨겨져 있다. 심지어 구약에서도 어두운 구름으로 가려져 있었다. 왜일까? 그 어떤 육체도 적나라하게 드러난 그분의 영광을 보고서는 살아남을 수 없기 때문이다.

예수님이 부활 후 처음 말씀을 나누신 사람은 막달라 마리아였다. 하지만 그녀는 그분이 동산지기인 줄로 생각했다.요 20:15-16 제자들은 해변에서 예수님과 생선으로 아침 식사를 하면서도 처음에는 그분을 알아보지 못했다.요 21:9-10 두 제자는 예수님과 함께 엠마오로 가는 길에 있었지만 "그들의 눈이 가리어져서 그인 줄 알아보지 못했다."눅 24:16 이들이 예수님의 얼굴을 볼 수 있었던 것은 그분이 영광을 적나라하게 드러내시지 않았기 때문이다.

구약에서 하나님을 보았던 사람들이 몇몇 있지만 그때 하나님은 영광 중에 나타나시지 않았다. 하나님은 마므레의 상수리나무 옆에서 아브라함에게 나타나셨지만 영광 중에 나타나시지는 않았다.창 18:1-2 야곱은 하나님과 씨름했지만 그때 하나님은 영광 중에 나타나신 것은 아니었다.창 32:24-30 여호수아는 여리고성 근처에서 칼을 드신 하나님을 보고서 그분이 이스라엘 편이신지 알려 달라고 말했다. 그분이 하나님이심을 알자마자 그는 바짝 엎드려 그분을 예배했다. 기드온과 삼손의 부모를 비롯해서 모두가 그런 식으로 하나님을 보았다.

반면, 사도 요한은 밧모섬에서 성령 안에서 모든 영광을 드러내신 하나님을 보았다. 요한은 그분의 얼굴을 강렬하게 빛나는 태양에 빗대었다. 그 빛나는 얼굴 앞에서 그도 죽은 사람처럼 바짝 엎드러졌다. 그는 어떻게 하나님을 볼 수 있었을까? 그는 몸이 아닌 영의 상태였기 때문이다. 이사야를 비롯한 몇몇 인물들의 경우에도 마찬가지였다. 반면, 모세는 하나님의 얼굴을 볼 수 없었다. 모세는 육체 안에 머물러 있었기 때문이다.

하나님의 영광은 하나님을 하나님으로 만드는 모든 것이다. 즉 그분의 모든 특성과 권세, 능력, 지혜다. 그 영광은 하나님의 측량할 수 없는 무게와 크기다. 아무것도 숨겨지거나 가려지지 않은 상태다. 하나님은 손가락으로 각각의 자리에 별을 달고 별마다 이름을 부여하신 분이다. 하나님은 온 우주를 뼘으로 측정하신 분이다. 하나님은 지구를 모래 한 알처럼 집어 드실 수 있는 분이다. 하나님은 이 세상의 모든 물을 손바닥으로 떠서는 무게를 재셨다. 하나님은 자신의 저울에 산과 언덕의 무게를 재셨다.^{사 40:12} 우리는 마음으로 이런 위대하신 분을 보고, 그로 인해 영광에서 영광으로 그분의 형상대로 변해 갈 수 있다.

이 하나님이 우리를 깊이 사랑하신다. 그것도 지극히 사랑하신다. 그래서 우리가 그분의 가족이 될 수 있도록 우리 죄에 대한 무시무시한 심판을 스스로 당하기로 선택하셨다. 당신은 어떨지 모르겠지만 나는 이 사실을 떠올릴 때마다 감격해 눈물이 흐른다.

P1 성경 구절   하나님은 복되시고 유일하신 주권자이시며 만왕의 왕이시며 만주의 주시요 오직 그에게만 죽지 아니함이 있고 가까이 가지 못할 빛에 거하시고 어떤 사람도 보지 못하였고 또 볼 수 없는 이시니 그에게 존귀와 영원한 권능을 돌릴지어다 아멘. 딤전 6:15-16

P2 요점   하나님의 영광은 하나님을 하나님으로 만드는 모든 것이다. 즉 그분의 모든 특성과 권세, 능력, 지혜다. 그 영광은 하나님의 측량할 수 없는 무게와 크기다. 아무것도 숨겨지거나 가려지지 않은 상태다.

P3 숙고   너무 밝고 순수해서 그 어떤 어두움이나 그늘, 흐림, 흐릿함도 없는 빛을 상상해 보라. 이 빛이 당신의 마음속에서 빛나고 있다고 상상해 보라. 이런 빛을 생각하면 하나님께 뭔가를 숨기려고 한다는 것은 말이 되질 않는다.

P4 기도   하나님 아버지, 주님의 영광을 늘 의식하며 살게 해 주소서. 주님의 영광을 사소하게 여기거나 가끔씩만 생각하고 싶지 않습니다. 주님의 영광을 주변 세상보다 더 실질적이고 현실적인 것으로 여기고 싶습니다. 주님의 영광을 늘 제 마음과 머릿속에 두게 하소서. 예수님의 이름으로 기도합니다. 아멘.

P5 선언   그리스도 안에서 나는 만나는 모든 사람에게 그분의 영광을 비치는 세상의 빛이다!

The
Awe
of
God

Ⅱ. 그분 앞에서
진짜 내가
드러나다

두려움 때문에
하나님을 사랑하는 것이 아니라
사랑해서 그분을 두려워해야 한다.
프란치스코 살레시오

  2부에는 꽤 무겁고, 때로는 죄를 뼈저리게 느끼게 하는 주제들
이 포함될 것이다. 따라서 잠시 멈춰서 우리를 향한 하나님의 막대
한 사랑에 관해 깊이 생각해 보자. 예수님의 강력한, 두렵기까지 한
말씀으로 시작해 보자. 이 말씀은 2부에서 우리가 나눌 대화에서 중
요한 부분이 될 것이다. 배경을 모르고 읽으면 이 말씀을 오해할 수
있다. 자칫하면 건강하지 못한 두려움에 빠질 수 있다. 따라서 우리
하나님을 향한 순종과 경외의 자세로 이 말씀을 읽기를 바란다.

  마땅히 두려워할 자를 내가 너희에게 보이리니 곧 죽인 후에
  또한 지옥에 던져 넣는 권세 있는 **그를 두려워하라** 내가 참으로
  너희에게 이르노니 **그를 두려워하라.**
  누가복음 12장 5절

  예수님은 '하나님을 두려워하라'고 말씀하신다. 그것도 한 번만
말씀하시는 것이 아니라 반복해 이 명령을 강조하신다. 여기서 우
리의 관심을 사로잡는 대목은 "지옥에 던져 넣는"이라는 충격적인
말씀이다. 참으로 센 표현이다! 하지만 바로 이어지는 예수님의 말
씀을 보라.

참새 다섯 마리가 두 앗사리온에 팔리는 것이 아니냐 그러나

하나님 앞에는 그 하나도 잊어버리시는 바 되지 아니하는도다

너희에게는 심지어 머리털까지도 다 세신 바 되었나니 **두려워하지**

말라 너희는 많은 참새보다 더 귀하니라.

누가복음 12장 6-7절

　　보다시피 앞서 나는 5절과 7절에서 각각 "그를 두려워하라"와
"두려워하지 말라"를 강조 처리했다. 여기서도 우리는 '거룩한 두려
움'과 '거룩하지 않은 두려움'의 차이를 볼 수 있다. 거룩한 두려움은
하나님을 무서워해서 그분을 피하는 것이 아니다. 하나님을 무서워
해서 피하는 건 '거룩하지 않은' 두려움이다. 이 사실은 아무리 강조
해도 지나치지 않다. 이 두 가지 두려움의 차이를 분명히 알고 기억
해야 한다.

　　예수님은 흥미롭고, 심지어 두렵기까지 한 말씀으로 시작하신
다. 하지만 곧바로 이어서 하나님께 우리의 '가치'가 얼마나 엄청난
지를 선포하신다. 실제로 하나님은 우리를 매우 소중히 여기시며,
그래서 우리에게 거룩한 두려움이라는 선물을 주신다. 이 선물은
우리가 생명을 주시는 분께 가까이 붙어 있고 우리를 망치는 것에서
멀리 떨어지도록 해 준다. 우리를 망치는 것은 바로 '사람에 대한 두
려움'이며, 이 두려움은 거룩한 두려움과 정반대다. 이 두 가지 두려
움은 계속되는 우리의 논의에서 중요한 부분을 차지할 것이다. 하

지만 그 논의를 시작하기 전에 우리의 '가치'에 관해 이야기해 보자.

예수님은 하나님이 우리의 머리카락 개수까지 아실 정도로 우리를 소중히 여기신다고 밝히셨다. 과학자들은 인간의 두피에 평균적으로 10만 개의 머리카락이 있는 것으로 추정한다. 당신이 만 명이 모인 방 안에 있다면 그중 누가 99,569개의 머리카락이 있는지 알아낼 수 있을까? 혹시 정확히 파악했다 해도 곧 틀릴 것이다. 왜냐하면 보통 사람의 머리에서 매일 50-100개의 머리카락이 수시로 빠지기 때문이다. 그런데 하나님은 모든 순간 정확한 숫자를 아신다! 이것이 우리에게 무엇을 의미하는가? 하나님에게 우리가 그만큼 소중하다는 의미다. 하나님은 항상 우리를 생각하신다. 다윗은 이렇게 고백한다.

> 하나님이여 주의 생각이 내게 어찌 그리 보배로우신지요 그 수가
> 어찌 그리 많은지요 내가 세려고 할지라도 그 수가 모래보다
> 많도소이다.
> 시편 139편 17-18절

이 땅의 모든 모래를 생각해 보라. 모든 해변과 사막, 골프장에 있는 것을 다 합친 모래. 실로 엄청난 양이다. 과학자들과 수학자들은 모래알의 크기와 그 모래알이 얼마나 꽉 채워져 있느냐에 따라 달라지겠지만, 해변의 가로 세로 1피트약 30.5센티미터의 정사각형 안

에 약 5-10억 개의 모래 알갱이가 있다고 말한다.[1] 그렇다면 플로리다해안만 해도 얼마나 많은 모래알이 있을지 우리의 머리로는 상상도 할 수 없을 정도다. 그런데 지구상의 모래알을 다 더해도 우리를 향한 하나님의 생각의 개수에는 미치지 못한다!

자신에게 이런 질문을 던져 보라. 당신은 주로 무엇을 생각하는가? 아마도 당신이 가치 있게 여기지 않는 것은 거의 생각하지 않을 것이다. 우리 부부가 해마다 성탄절에 창고에 가면 발견하는 물건들이 있다. 여기서 내가 '발견'이란 표현을 쓰는 것은 우리 집에 그 물건들이 있는지 평소에는 완전히 잊고 살기 때문이다. 이 물건들은 내게 가치가 있지 않기 때문에 평소에는 이것들에 관해 전혀 생각하지 않는다. 이에 반해 내가 40년 결혼 생활 동안 했던 아내에 관한 생각을 다 합치면 신발 상자 하나의 절반을 채울 모래 양만큼은 될 것이다. 이는 약 2억 개에 이르는 생각이다. 거의 6.3초마다 한 번씩 아내를 생각했다는 뜻이다. 아내를 이렇게 자주 생각하는 남편은 아내를 깊이 사랑한다고 말할 수 있다.

그런데 우리에 관한 하나님의 생각의 개수는 이 세상 모든 모래알의 숫자보다도 많다. 이해가 가는가? 정말 놀라운 사실은 하나님은 절대 과장하시지 않는다는 것이다. 진실을 부풀려서 이야기하는 사람들이 있다. 하지만 하나님은 진실을 단 한 톨도 부풀리실 수 없다. 하나님은 거짓말을 하실 수 없기 때문이다. 따라서 우리에 관한 하나님의 생각이 세상 모든 모래알보다 많다는 것은 분명한 사실이다. 엄청난 숫자다!

더 깊이 들어가 보자. 우리의 가치는 정확히 무엇인가? 가치는 구매자가 결정한다. 우리 아들이 스포츠 경매에 참여한 적이 있다. 아들의 회사가 농구 선수 빌 러셀이 1960년대 한 결승 경기에서 입었던 농구복에 관심이 있었기 때문이다. 하지만 아들은 그 옷을 낙찰받지 못했다. 최고 입찰가가 무려 1,044,000달러였기 때문이다! 빌 러셀이 위대한 선수이기는 하지만 개인적으로 나는 그 어떤 NBA 선수의 농구복이라도 200달러 이상 지불할 용의가 없다. 내게는 그냥 다 같은 옷일 뿐이다.

중요한 것은 다른 사람들에게 우리의 가치가 무엇이냐가 아니다. 그 가치는 천차만별이기 때문이다. 나아가 세상은 사람들의 가치를 제대로 인정하지 않기로 악명이 높다. 수백만 명의 아기들이 어머니의 태에서 죽임을 당했다. 사람들이 그 아기들의 생명을 소중히 여겼을까? 매춘 등을 위해 인신매매를 당한 여성들은 또 어떤가? 사람들이 정한 가치대로라면 그들은 몇백 달러짜리 인생밖에 되지 않는다. 세상에서 진정한 가치를 정하는 것은 사람이 아니라 하나님이시다.

예수님은 우리가 높게 평가하는 것들에 대해서 "사람 중에 높임을 받는 그것은 하나님 앞에 미움을 받는 것이니라"라고 말씀하신다. 눅 16:15 예수님은 또 이런 놀라운 말씀도 하셨다. "사람이 만일 온 천하를 얻고도 제 목숨을 잃으면 무엇이 유익하리요 사람이 무엇

을 주고 제 목숨과 바꾸겠느냐." 마 16:26

잠시 세상의 모든 부를 생각해 보라. 수백만 달러짜리 대저택, 부동산, 보석, 귀금속, 고급 자동차, 요트, 비행기. 세상의 부를 모두 합치면 얼마일지 가늠조차 안 된다. 최근 연구들에서는 세계 총생산을 84.97조 달러로 추정한다. 하지만 예수님은 우리의 목숨을 이 모든 것과 바꿔도 손해라고 말씀하신다!

그렇다면 우리의 가치는 얼마인가? 바울은 하나님이 우리를 '값으로 사셨다'라고 말한다. 고전 6:20 우리를 사기 위한 하나님의 입찰가는 다음 말씀에서 확인할 수 있다. "하나님이 세상을 이처럼 사랑하사 독생자를 주셨으니." 요 3:16 놀랍지 않은가. 빌 러셀의 농구복 가격보다 훨씬 더 비싸다! 하나님은 우리의 가치를 그분이 가장 소중히 여기는 보화의 가치와 동일하게 보셨다. 여기서 놀라운 진리를 확인할 수 있다. 우리의 가치가 예수님보다 단 한 푼이라도 못했다면 이 거래는 이루어지지 않았을 것이다. 하나님은 손해 보는 거래를 하시지 않기 때문이다. 하나님은 가치가 덜한 것을 얻기 위해 가치가 더한 것을 내놓으시지 않는다. 이제 우리가 하나님께 얼마나 귀한 존재인지 똑똑히 알겠는가?

우리를 향한 이 하나님의 사랑이 얼마나 큰가! 예수님은 기도 중에 더없이 놀라운 말씀을 하셨다.

아버지께서 나를 보내신 것과 또 나를 사랑하심**같이** 그들도 사랑하신 것을 세상으로 알게 하려 함이로소이다.

요한복음 17장 23절

우리의 머리로는 도무지 이해할 수 없는 사랑이다! 하나님은 예수님을 사랑하시는 것만큼 우리를 사랑하신다! 혹시 이런 생각을 하고 있는가? '열두 제자들에 대해서만 하신 말씀일 뿐이지.' 절대 그렇지 않다. 예수님은 이 점을 분명히 밝히셨다. "내가 비옵는 것은 이 사람들만 위함이 아니요 또 그들의 말로 말미암아 나를 믿는 사람들도 위함이니."요 17:20 신자라면 누구나 직접이든 간접이든 제자들의 증언을 통해 예수님을 믿게 된 것이다. 하나님이 우리를 향해 품으신 사랑과 우리에게 부여하신 가치는 상상을 초월할 정도다.

이 진리를 마음에 새기고 나서, 거룩한 두려움이라는 선물이 하나님과의 관계에서 왜 그토록 중요한지 계속해서 탐구해 보자.

P1 성경 구절 아무도 자기의 형제를 구원하지 못하며 그를 위한 속전을 하나님께 바치지도 못할 것은 그들의 생명을 속량하는 값이 너무 엄청나서 영원히 마련하지 못할 것임이니라. 시 49:7-9

P2 요점 지혜로운 사람은 절대 손해 보는 거래를 하지 않는다. 가치가 덜한 것을 얻기 위해 가치가 더한 것을 주지 않는다. 마찬가지로 하나님은 손해 보는 거래를 절대 하시지 않는다. 하나님이 우리를 위해 치르신 값은 그분의 독생자의 생명이었다. 이는 하나님이 우리를 예수님만큼 가치 있게 여기신다는 뜻이다. 이는 하나님이 우리 주변 사람들도 예수님만큼 가치 있게 여기신다는 뜻이다.

P3 숙고 예수님이 내 생명에 부여하신 막대한 가치를 생각할 때 이제 나 자신을 어떻게 바라봐야 할까? 또한 내가 매일 만나는 사람들을 보고 대하는 태도가 어떻게 바뀌어야 할까?

P4 기도 하나님 아버지, 예수님이 저를 대신해 죽임당하시게 예수님을 내주실 만큼 제 생명을 가치 있게 여겨 주시니 감사합니다. 예수님이 저를 대신해 형벌받으신 것은 예수님 자신보다 저를 값지게 여겨 주신 것이라 믿습니다. 성령님, 성령님이 저를 얼마나 사랑하고 귀히 여기시는지 제가 머리와 가슴으로 깊이 깨닫게 해 주소서. 그래서 저도 다른 사람을 그렇게 사랑하게 해 주소서. 예수님의 이름으로 기도합니다. 아멘.

P5 선언 하나님이 나를 사랑하시고 귀히 여기시는 것처럼 나도 다른 사람들을 사랑하고 귀하게 여길 것이다!

우리가 하나님의 사랑을 전할 때,
성경이 하나님의 사랑보다 먼저
강렬하고 맹렬한 그분의 거룩하심을
드러내고 있음을 망각할 위험이 있다.
물론 그 거룩하심의 중심에는 사랑이 흐른다.
오스왈드 챔버스

첫 주에 우리는 하나님의 영광을 논했지만 표면적으로만 훑어보았다. 이번 장에서는 하나님 임재의 다양한 강도에 초점을 맞출 것이다. 전능자께서 성막 안에 거하기로 선택하셨던 시대로 거슬러 올라가서 이야기를 시작해 보자. 당시 이스라엘 국가는 광야에서 살았다.

일꾼들은 많은 시간과 노력이 소요되는 정교한 작업 끝에 성막을 완성했다. 성막은 하나님이 시내산에서 모세에게 주신 정확한 설계도에 따라 건축되었으며, 부족하나마 하늘 성막의 모형이었다.히 8:1-5 성막이 완성되자 하나님은 그곳에서 영광스러운 임재를 나타내셨다.

> 구름이 회막에 덮이고 여호와의 영광이 성막에 충만하매 모세가
> 회막에 들어갈 수 없었으니.
> 출애굽기 40장 34-35절

이번에도 하나님은 구름으로 그분의 영광을 가리셨다. 하나님은 사랑하는 백성이 감당할 수 있는 방식으로 그들 가운데 거하셔야 했다. 오직 대제사장만 1년에 한 번씩 짐승의 피를 통해 지성소에 들어가는 것이 허락되었다. 하나님은 이 직책을 직접 선택하셨다.

그렇게 선택된 첫 번째 대제세장은 모세의 형 아론이었다.

어느 날, 역시 제사장들이었던 아론의 두 아들은 "여호와께서 명령하시지 아니하신 **다른(불경한, NKJV)** 불"을 바치기 위해 성막으로 들어갔다. 레 10:1 구체적으로 어떤 상황이었는지에 관해서는 의견이 분분하지만 핵심을 살펴보기 위해 행동 부분은 넘어가고 동기 부분에 우선 초점을 맞춰 보자. "불경하다"profane의 한 정의는 "신성한 뭔가를 불손하게 취급하다"이다. 이는 거룩한 것을 평범한 것으로 취급하는 것을 의미한다. 아론의 아들들은 불경한 태도를 품고서 하나님의 영광스러운 임재 안에 들어갔다. 그 뒤에 일어난 일은 우리로 하여금 정신이 번쩍 들게 만든다. 심지어 두려움을 일으킨다.

> 불이 여호와 앞에서 나와 그들을 삼키매 그들이 여호와 앞에서
> 죽은지라.
>
> 레위기 10장 2절

하나님의 임재 안에 들어갈 권한이 있었던 이 두 사람은 불경한 죄로 즉시 죽음을 맞았다. 하나님이 그들을 공격하셨던 것일까? 그렇지 않다. 그들 스스로 죽음 속으로 들어간 것이었다. 이런 식으로 생각하면 이해하기 쉽다. 지구는 태양에서 1억 5천만 킬로미터 떨어져 있다. 해변에서 일광욕을 하면 그렇게 좋을 수가 없다. 하지만 같은 태양인데도 만 킬로미터 거리 안에서 일광욕을 하면 그 자리에

서 타 버려 죽을 수밖에 없다.

아론의 아들들은 하나님의 거룩하고 영광스러운 임재에 너무 익숙해지는 실수를 저질렀다. 그로 인해 그들은 불경한 행동을 저질렀고 결국 재앙을 맞았다. 모세가 그들의 죽음 이후 아론에게 한 직언을 들어 보자.

이는 여호와의 말씀이라 이르시기를 나는 나를 가까이하는 자 중에서 내 거룩함을 나타내겠고 온 백성 앞에서 내 영광을 나타내리라 하셨느니라.

레위기 10장 3절

모세가 한 이 말은 보편적이고 영원한 선포다. '보편적'이라는 말은 인간이든 천사든 상관없이 모든 피조물에게 적용된다는 뜻이다. '영원한'이라는 말은 예나 지금이나 앞으로도 영원히 적용된다는 뜻이다. 변하지 않는다는 뜻이다. 경외하는 마음과 태도로만 하나님의 임재 안에 들어갈 수 있다.

브라질리아 집회에서 벌어진 그날 밤 일을 다시 생각해 보자. 바람이 세차게 휘몰아치면서 하나님의 놀라운 임재가 나타났을 때 나는 거룩한 두려움에 옴짝달싹할 수 없었다. 그때 이런 생각이 내 머릿속을 관통했다. '잘못된 행동이나 말을 단 하나만 해도 너는 죽은 목숨이야!'

실제로 그렇게 되었을까? 모를 일이다. 하지만 한 가지 확실한 것은 신약에서 한 남녀가 비슷한 분위기에서 한 차례 잘못을 저질렀다가 둘 다 목숨을 잃고 말았다. 그렇다. 실제로 죽어서 땅속에 묻혔다.행 5:1-10 이 부부는 교회 리더들과 교인들 앞으로 헌금을 가져왔다. 하지만 둘 다 즉각적인 죽음을 맞았고 같은 날 장사되었다. 이런 일이 일어났을 때 다른 신자들은 어떻게 반응했을까?

온 교회와 이 일을 듣는 사람들이 다 **크게 두려워하니라.**
사도행전 5장 11절

여기서 두 가지를 눈여겨봐야 한다. 이 구절은 "온 도시가 크게 두려워하니라"라고 말하지 않고 "온 교회(가) …… 크게 두려워하니라"라고 말한다. 둘째, 이 구절은 "두려워하니라"가 아니라 "크게 두려워하니라"라고 말한다. 현대인들은 과장을 밥 먹듯이 하지만 성경 기자들은 과장을 하지 않았다. 성경에서 "크게"라고 말했다면 말 그대로 거룩한 두려움이 그만큼 강했다는 뜻이다.

사도행전 2장에서 오순절에 처음 성령이 임하셨을 때 그 현장을 본 사람들은 제자들이 아침 9시부터 거나하게 취했다고 생각했다. 만취한 사람들이 어떻게 행동하는지 잠시 생각해 보라. 말수가 적어지거나 수줍음을 타는 사람은 많지 않다. 대부분은 신나서 웃고 떠든다. 그날의 분위기가 그러했다. 하나님의 임재는 즐거웠다.

하지만 심판을 위해 하나님의 엄청난 임재가 나타났을 때는 사람들이 큰 두려움과 경외감에 사로잡혔다. 이 사건으로 그들은 하나님의 거룩하심을 전보다 훨씬 깊이 의식하게 되었다.

이 부부는 베드로에게 거짓말을 했고, 이는 궁극적으로 성령께 거짓말을 한 것이다. 21세기에도 거짓말을 한 목사들이 수두룩한데 왜 그들은 같은 운명을 맞지 않았을까? 이 부부의 죽음 직후에 일어난 일을 보자.

> 심지어 병든 사람을 메고 거리에 나가 침대와 요 위에 누이고
> 베드로가 지날 때에 혹 그의 그림자라도 누구에게 덮일까 바라고
> …… 다 나음을 얻으니라.
> 사도행전 5장 15-16절

생각할수록 놀라운 일이다. 한두 거리가 아니라 여러 거리에서 이런 일이 벌어졌다.^{NKJV} 그리고 몇 명이 아니라 "다" 치유를 받았다! 이 상황을 그대로 현대적 정황으로 옮겨 보자. 그것은 사도 베드로가 한 큰 병원에 들어갔는데 그가 병실 앞을 지나갈 때마다 그 안에 있던 환자들이 다 나아서 너무 기뻐 뛰쳐나오는 상황과도 비슷하다.

성경에 나오는 또 다른 이야기를 보자. 아론의 두 아들이 죽은 지 몇 백 년이 지나, 역시 제사장이었던 엘리의 두 아들, 홉니와 비

느하스는 같은 성막 문에 모여든 여성들과 간음을 저질렀다. 그곳은 아론의 아들들이 즉사한 곳에서 불과 30미터도 떨어지지 않은 곳이었다! 그들은 그것도 모자라 강제로 헌물을 취하면서 예배자들을 위협했다. "엘리의 아들들은 행실이 나빴다. 그들은 주님을 무시하였다."삼상 2:12, 새번역 하나님은 그들에 대해 이렇게 말씀하셨다. "내가 엘리의 집에 대하여 맹세하기를 엘리 집의 죄악은 제물로나 예물로나 영원히 속죄함을 받지 못하리라 하였노라."삼상 3:14 전능하신 하나님께 이런 말을 듣는다고 생각만 해도 식은땀이 흐른다!

그들의 행실은 하나님 보시기에 극도로 악했다. 그들은 아론의 아들들보다 몇 배는 더 불경했다. 그런데도 그들은 같은 성막에서 즉사하지 않았다. 왜일까? 답을 다음 구절에서 찾을 수 있다. "여호와의 말씀이 희귀하여 이상이 흔히 보이지 않았더라."삼상 3:1 하나님의 계시된 말씀이 흔하지 않았다는 것은 그분의 임재가 흔하지 않았음을 함축한다. 브라질리아 집회에서 처음 예배가 시작될 때처럼 그 시대에도 하나님의 임재가 없었던 것이다. 하지만 모세 시대에는 하나님의 임재가 충만했다.

이런 사례에서 어떤 결론을 도출할 수 있을까? 하나님의 영광이 가득할수록 불경함에 대한 심판이 더 크고도 빠르게 찾아온다. 따라서 심판이 '지연되는 것'은 심판의 '부재'가 아니다. 이런 이유로 바울은 이렇게 말한다.

어떤 사람들의 죄는 밝히 드러나 먼저 심판에 나아가고 어떤
사람들의 죄는 그 뒤를 따르나니.
디모데전서 5장 24절

따라서 어떤 경우에도 하나님께 불경한 태도를 품거나 그분에
대해 너무 익숙해지거나 느슨해지지 않는 편이 현명하다. 사실, 그
분의 영광이 나타나지 않을 때가 더 위험하다. 왜일까? 심판이 당장
나타나지 않을 때는 자신의 잘못된 행동이 용인된다는 착각에 빠져
불경한 상태를 계속 유지하기 쉽기 때문이다. 다음 장에서 살펴보
겠지만 우리는 하나님이 우리의 불경함에 신경 쓰시지 않는다는 착
각에 빠져들 수 있다.

P1 성경 구절 나는 나를 가까이하는 자 중에서 내 거룩함을 나타내겠고 온 백성 앞에서 내 영광을 나타내리라. 레 10:3

P2 요점 하나님의 영광이 가득할수록 불경함에 대한 심판이 더 크고도 빠르게 찾아온다. 심판이 '지연되는 것'은 심판의 '부재'가 아니다.

P3 숙고 기도 중에, 교회에서, 예배 중에, 하나님의 말씀이 선포되는 동안, 일상에서 나는 하나님께 어떤 식으로 나아가고 있는가? 하나님께 나아가는 것에 익숙해져서 그것을 너무 편하게 여기고 있지는 않은가? 하나님께 아무런 감흥 없이 나아가고 있는가? 그분이 내 아버지이실 뿐 아니라 소멸하는 불이신 거룩한 하나님이시라는 사실을 잊고 있는가?

P4 기도 하나님 아버지, 불경하고 감흥 없는 태도로 주님께 나아간 것을 용서해 주소서. 주님이 어떤 분이신지를 잊고 있었습니다. 주님께 너무 익숙해져 버렸습니다. 회개합니다. 더 이상 주님을 '옆집 아저씨'로 보지 않고 거룩하신 하나님으로서 주님을 경외하겠습니다. 제 불경을 용서해 주시는 자비롭고 은혜로우신 하나님, 감사합니다. 예수님의 이름으로 기도합니다. 아멘.

P5 선언 하나님의 임재가 강하게 나타나든 부드럽게 나타나든 상관없이 그분을 경외할 것이다!

대저 사람의 길은
여호와의 눈앞에 있나니
그가 그 사람의 모든 길을
평탄하게 하시느니라.
잠언 5장 21절

앞서 말했듯이 우리의 거룩한 두려움은 하나님의 영광을 이해하는 만큼 자라난다. 정반대 경우도 성립된다. 하나님의 위대하심을 깎아내리면, 심지어 그분을 인간처럼 한계가 있는 분으로 여기게 되면, 그분을 덜 두려워하게 된다.

이 세상 시스템은 우리로 하여금 하나님의 영광을 깎아내리게 하려고 급하고 거친 물살처럼 사방에서 우리의 정신을 강타한다. 이 강물은 죽을 수밖에 없는 인간을 높이고 동시에 우리 창조주의 위대하심을 깎아내리려는 말, 생각, 이미지, 영상을 비롯한 온갖 매체로 가득하다.

거룩한 두려움이 없는 사람은 이런 세상의 힘에 쉽게 굴복해 하나님이 자신의 행동을 눈여겨보지 않거나 아예 신경조차 쓰시지 않는다는 착각에 빠져든다. 그 사람 안에서는 이런 생각이 형성되기 시작한다. '나만큼은 걸리지 않을 거야. 나는 크게 튀지 않거든. 그래서 하나님은 내 동기나 말, 행동을 못 보고 그냥 지나치실 거야. 하나님이라고 세상만사를 어떻게 다 일일이 눈여겨보시겠어?'

> 그가 그의 마음에 이르기를 하나님이 잊으셨고 그의 얼굴을 가리셨으니 영원히 보지 아니하시리라 하나이다.
> 시편 10편 11절

이런 그릇되고 위험한 마음가짐은 다양한 형태로 나타나지만 결국 딱 하나로 귀결된다. 그것은 하나님의 능력을 실제보다 못하게 여기는 것이다. 이는 부모나 상사, 교사, 감독 등이 우리의 행동을 눈치채지 못할지도 모른다고 생각하는 것과 비슷하다. 이런 함정에 빠진 사람은 하나님의 능력을 과소평가하여 그분이 일일이 다 챙기기에는 세상에 너무도 많은 일이 벌어지고 있다고 생각한다.

거룩한 두려움이 없는 사람은 하나님이 자신의 동기나 말, 행동을 보실 수 없다는 위험천만한 생각에 빠져 있다. 하나님이 우리를 보시지 않을 뿐 아니라 아예 보실 '수 없다는' 것은 더 깊은 차원의 불경이다.

다른 사람에게 우리의 말이나 행동, 동기를 숨기는 것은 얼마든지 가능하다. 우리는 남들이 눈치채지 못하도록 야밤에 몰래 일을 벌일 수 있다. 하지만 우리의 생각이나 길을 전능하신 하나님께 숨길 수 있다는 생각은 자신을 속이는 짓이다. 거룩한 두려움이 없는 영혼에게는 의식적이든 무의식적이든 이런 그릇된 가정이 숨어 있다. 성경은 우리에게 이렇게 말한다.

> 자기의 계획을 여호와께 깊이 숨기려 하는 자들은 화 있을진저 그들의 일을 어두운 데에서 행하며 이르기를 누가 우리를 보랴 누가 우리를 알랴 하니.
> 이사야 29장 15절

처음에는 이사야가 악인들에 대해 말한 것이라고 생각할 수 있다. 언뜻 교회에 다니지 않거나 부흥 집회에 참석하지 않는 불신자들에 대한 말처럼 들린다. 하지만 오히려 이 구절은 '신앙을 고백하는 신자들'에 대한 구절이다. 그 앞에 나온 구절을 보면 알 수 있다.

> 주께서 이르시되 이 백성이 입으로는 나를 가까이하며 입술로는 나를 공경하나 그들의 마음은 내게서 멀리 떠났나니 그들이 나를 경외함은 사람의 계명으로 가르침을 받았을 뿐이라.
> 이사야 29장 13절

이 구절을 현대적 정황으로 옮겨 보자. 현대인들은 예수님의 은혜로 구원받았기 때문에 그분과 관계를 맺고 있다고 말한다. 말로는 그분을 찬양하고, 기독교 집회에 참석하며, 기독교 음악을 듣는다. 하지만 마음 한구석에서는 하나님이 자신의 생각이나 행동을 보거나 들을 '수 없다고' 생각한다. 이런 면에서 그들은 예수님을 전혀 따르지 않는 이들보다도 못할 수 있다. 그들은 거짓을 믿고, 심지어 자신들의 어리석음을 인식조차 못 한다.

혹시 이렇게 반박하고 싶은가? '에이, 그런 사람이 어디 있겠어?' 그렇다면 지난 장에서 소개했던 신약에 나온 아나니아와 삽비라 부부에 관한 이야기를 다시 살펴보자.^{행 5장} 이 부부의 그릇된 행동을 이해하려면 배경에 깔린 이야기가 중요하다. 이 이야기는 사실 사도행전 4장에서 시작된다.

구브로에서 난 레위족 사람이 있으니 이름은 요셉이라 사도들이
일컬어 바나바라(번역하면 위로의 아들이라) 하니 그가 밭이
있으매 팔아 그 값을 가지고 사도들의 발 앞에 두니라.
사도행전 4장 36-37절

당시 구브로키프로스는 귀금속과 구리, 철, 목재가 매우 풍부해서
부가 넘치는 섬이었다. 그곳은 꽃, 과일, 포도주, 오일로도 유명했
다. 그곳에 땅을 소유하고 있다면 보통 큰 부자가 아니었다. 자, 이
제 머릿속에 그림을 그려 보자. 구브로에서 온 부자 레위인이 땅을
판 거금을 온 교인들 앞에 내놓는다. 그러자 어떤 일이 벌어졌을까?

아나니아라 하는 사람이 그의 아내 삽비라와 더불어 소유를 팔아.
사도행전 5장 1절

새로운 장이 시작되면서 이야기의 연속성을 놓치기 쉽다. 하지
만 이야기는 이전 장에서부터 이어지고 있다. 새로 온 갑부는 모든
사람이 보는 앞에서 막대한 헌금을 했다. 그러자 이 부부는 이에 질
세라 즉시 자신들의 재산 일부를 팔아……

그 값에서 얼마를 감추매 그 아내도 알더라 얼마만 가져다가
사도들의 발 앞에 두니.

사도행전 5장 2절

그들은 왜 그렇게 행동했을까? 이 부부는 바나바가 오기 전까지
교회에서 가장 많은 헌금을 내기로 유명하지 않았을까? 그랬다면
그들이 낸 헌금이 리더들과 교인들의 관심을 끌었을 것이다. 물론
섬김, 설교, 환대, 가르침, 리더십과 마찬가지로 헌금도 칭찬받아야
마땅하다. 고후 9:12-13 하지만 이 부부는 사람들의 존경과 관심을 너
무 즐겼던 것이 아닐까? 굴러들어온 돌에게 밀릴까 봐 불안했던 것
이 아닐까? 새로운 교인이 낸 막대한 헌금으로 교회의 선교와 구제
가 큰 탄력을 받게 되면 자신들이 다른 교인들의 관심에서 멀어질까
두려웠던 것은 아닐까?

이 부부는 새 교인에게 쏠린 관심을 질투했을 것이다. 그래서
자신의 땅을 팔았다. 아마도 그 땅이 그들의 가장 큰 자산이었을 것이
다. 그래서 그들은 머리를 굴렸다. "이건 내놓기에는 너무 큰돈이
야. 하지만 전부 내놓는 것처럼 '보이고는' 싶어. 어쩔 수 없이 일부
만 내놓되 전부라고 말하자." 자신들이 내는 헌금이 다른 사람들도
많은 헌금을 내도록 동기를 부여할 수 있다는 점에 초점을 맞추었다
면 이런 기만적인 생각에 빠져들지 않았을 것이다.

그들에게는 보이는 것이 진실보다 중요했다. 그래서 기만에 빠

졌다. 어떻게 하나님이 그 행동을 보시지 못할 것이라고 생각했단 말인가.

그들은 이 방법을 구상하고 서로 합의를 보았다. 그들은 하나님의 눈을 속일 수 있다는 착각에 빠져 어둠 속에서 악한 짓을 행했다. 그들은 이사야 29장 15절에서처럼 "누가 우리를 보랴 누가 우리를 알랴"라고 생각했다. 악한 짓의 대가는 자신들의 목숨이었다. 그들은 둘 다 같은 날 장사되었다.

이전 장들에서 성령의 바람이 불어와 성안의 모든 사람이 주목하고, 사전 예고도 없는 집회에서 수천 명이 구원을 받고, 나면서 못 걷게 된 사람이 기적적으로 걷고, 모인 곳이 하나님의 능력으로 뒤흔들렸던 일 등 놀라운 기적을 목격했던 두 사람은 어떻게 자신들의 진짜 동기를 전능하신 하나님께 숨길 수 있다고 생각하게 되었을까?

혹은 에덴동산에서 하나님과 동행했던 아담과 하와는 죄를 지은 뒤 어떻게 하나님에게서 숨을 수 있다고 생각하게 되었을까?창 3:8

이스라엘 사람들은 어떻게 이렇게 말할 수 있었을까? "여호와께서 보지 아니하신다."겔 9:9

이 충격적인 말은 또 어떤가? "인자야 이스라엘 족속의 장로들이 각각 그 우상의 방안 어두운 가운데에서 행하는 것을 네가 보았느냐 그들이 이르기를 여호와께서 우리를 보지 아니하시며 여호와께서 이 땅을 버리셨다 하느니라."겔 8:12

우리는 하나님에게서 멀어진 마음을 그분께 숨길 수 있다고 어리석게 생각할 때가 얼마나 많은가.

이 모든 어리석은 짓 이면에는 공통된 뿌리가 있다. 그것은 바로 거룩한 두려움의 부재다. 거룩한 두려움이 없을수록 그분의 능력을 과소평가한다. 가장 위험한 것은 자신의 상태를 제대로 모르는 것이다. 분별력이 무뎌지는 것이다. 다음 몇 장에 걸쳐서 이런 상태를 철저히 탐구해 보자.

P1 성경 구절   모든 교회가 나는 사람의 뜻과 마음을 살피는 자인 줄 알지라 내가 너희 각 사람의 행위대로 갚아 주리라. 계 2:23

P2 요점   하나님은 우리의 행동을 아실 뿐 아니라 행동 이면의 동기와 의도도 아신다.

P3 숙고   나는 하나님이 내 가장 깊은 생각과 동기와 의도를 아신다는 사실을 늘 의식하며 살아가는가? 어떻게 하면 이 사실을 더욱 분명히 의식할 수 있을까?

P4 기도   하나님 아버지, 제가 품은 동기와 의도가 예수님처럼 순수해지기를 원합니다. 주님이 항상 제 모든 길을 감찰하신다는 사실을 늘 기억하면서 생각하고 말하고 행동하게 하소서. 주님을 바라보는 제 그릇된 시각 탓에 이 진리를 보지 못하는 일이 없게 하소서. 예수님의 이름으로 기도합니다. 아멘.

P5 선언   하나님이 내 모든 의도와 생각, 말, 행동을 속속들이 다 아신다는 사실을 늘 기억하겠다!

그들이 거짓을 고집하고
돌아오기를 거절하도다.
예레미야 8장 5절

하나님의 엄청난 임재가 나타나고 그 결과로 아나니아와 삽비라가 심판을 받자 온 교회는 "크게 두려워"했다. 다시 강조하지만 이 구절은 '성'이 아니라 "교회", 곧 성도들의 모임을 지칭했다. '큰 두려움'에 해당하는 헬라어 단어들을 조사해 보면 더욱 강한 느낌을 받을 수 있다.

첫 번째 단어인 '큰'에 해당하는 헬라어는 "메가스"다. 이 단어는 "눈금의 위쪽 …… 큰 정도의, 강한, 심한"으로 정의된다.[1] 여기서 엄청나게 크다는 뜻의 영어의 "메가"mega란 단어가 나왔다. 그렇다면 그 의미는 분명하다. 이 표현은 '엄청나게 큰 두려움'으로 번역될 수 있다. 성경 기자들은 절대 부풀려 표현하지 않는다는 점을 기억하라.

두 번째 단어인 '두려움'에 해당하는 헬라어는 "포보스"다. 이 말은 신약에서 '거룩한 두려움'을 표현할 때 자주 사용하는 단어로, "두려움, 공포, 경의, 존경"으로 정의된다. 다른 사전은 이 단어를 "신에 대한 깊은 존경과 경외, 경의"로 정의한다.[2] 여기서도 우리는 높은 강도의 두려움을 의미하는 '경외'와 '공포'를 보게 된다. 바울은 다음 구절에서도 같은 단어를 사용한다.

그러므로 나의 사랑하는 자들아 너희가 나 있을 때뿐 아니라 더욱

지금 나 없을 때에도 항상 복종하여 **두렵고 떨림으로** 너희 구원을

이루라 너희 안에서 행하시는 이는 하나님이시니 자기의 기쁘신
뜻을 위하여 너희에게 소원을 두고 행하게 하시나니.

빌립보서 2장 12-13절

우리의 구원은 '사랑과 인자'보다는 "두렵고 떨림으로" 이루어진
다. 이 점은 나중에 더 자세히 탐구해 보자. 이번에도 새로운 단어
인 "떨림"으로 강도는 한 단계 더 높아진다. 여기에 해당하는 헬라어
는 "트로모스"로, "두려움이나 공포, …… 깊은 경외, 존경으로 인해 떠
는 것"으로 정의된다. 이런 용례는 여기서만 나타나고 있지 않다. 사
도 바울은 신약에서 네 번에 걸쳐 이 두 단어를 함께 사용한다.

거룩한 두려움에 대한 우리의 탐구가 끝나려면 아직 멀었지만
이제 우리는 하나님의 말씀을 가르치는 자라면 이 두려움을 단순히
'경건한 예배'로만 단순화해서는 안 된다는 점을 분명히 알았다. 이
번 장에서만도 우리는 불과 몇 구절에서 매우 강한 언어들을 마주했
다. 그 언어들을 나열해 보면 이렇다. 엄청나게 큰 두려움, 경외, 공
포, 깊은 존경, 두려움과 떨림.

이것들은 그리스도 안에서의 삶에서 단순히 사소한 측면을 기
술하는 언어들이 아니다. 이것들은 우리의 구원이 이루어지는 방식
을 기술하는 언어들이다. 이것은 어떻게 우리의 노력이 성령과 협
력하고 그분의 능력을 힘입어 예수님이 거저 주신 것을 온전히 성숙
시키는지를 보여 주는 언어들이다. 이제부터 우리의 구원이 두려움

과 떨림으로 성숙해진다는 사실을 기억하기를 바란다.

그렇다면 왜 요즘 교회와 신학교에서는 거룩한 두려움을 핵심 진리로서 가르치고 있지 않은가? 혹시 이것이 서구 교회에 열매 맺지 못하는 미지근한 그리스도인들이 그토록 많은 이유가 아닐까? 혹시 이것이 성경에서 이 마지막 시대에 큰 "배교"를 경고하는 이유가 아닐까? 바울은 "먼저 배교하는 일"이 나타나기 전까지는 적그리스도가 나타나지 않을 것이라고 말한다. 살후 2:3 거룩한 두려움에 대한 지나친 단순화가 이 배교를 부추기는 것은 아닐까? 지난 40년간 다른 60개 나라를 다니면서 기도하고 연구하고 사역한 끝에 내가 내린 답은 "그렇다"이다.

한 걸음 더 나아가 보자. 교회의 기초적인 가르침 중 하나는 "영원한 심판"이다. 다음 구절을 유심히 읽어 보라.

> 그러므로 우리가 그리스도의 도의 **초보**를 버리고 ……
> 영원한 심판에 관한 교훈의 **터**를 다시 닦지 말고 완전한 데로
> 나아갈지니라.
> 히브리서 6장 1-2절

우리 모두는 이생의 삶에 대해 보고하게 될 것이다. 이 심판에서 내려진 결정은 영원히 지속될 것이다. 영원히! 신자들에 대해서는 이 심판을 "그리스도의 심판대"라고 부른다.

앞에서 강조한 두 단어를 살펴보자. 첫 번째 단어는 "초보"다. 아이들은 초보적인 학교, 곧 초등학교에서 무엇을 배우는가? 읽고 쓰는 법과 덧셈, 뺄셈 같은 기본적인 기술을 배운다. 읽고 쓰고 더하고 빼는 법을 모르고서 고등학교나 대학교에서 계속해서 공부할 수 있을까? 절대 불가능하다!

자신이 마주할 심판을 전혀 의식하지 않는 신자가 의외로 많다. 혹은 심판이라는 단어에는 익숙하지만 그 개념을 깊이 탐구해 보지 않은 신자가 많다. 이는 초등학교에서 배우는 기초 기술이 중요하다는 것을 알기만 할 뿐 실제로 그것들을 배우지 않는 것과 비슷하다. 신자들이 이 '초보적인' 진리 없이 그리스도 안에서의 삶을 쌓아갈 수는 없다.

강조한 또 다른 단어인 "터"foundation를 보자. 터를 제대로 닦지 않고 건물을 세우는 일을 상상할 수 있는가? 혹은 부실하게 기초 작업을 한 채로 건물을 세운다면? 강한 바람이 몰아치면 건물은 여지없이 무너지고 말 것이다! 이 상황은 신앙을 떠나는 것을 의미한다. 바나 그룹은 미국에서 2000-2020년 사이에 4천만 명 이상의 신자들이 신앙을 떠났다고 발표했다![3] 현재 그들 중 절반은 스스로를 무신론자이자 불가지론자로 여긴다. 기독교 가르침의 "터"를 제대로 닦지 않은 것 곧 기초가 부실한 것이 이 안타까운 통계에 일조하지 않았을까?

우리가 받을 심판에 무엇이 따르는지를 간단히 보자.

우리가 담대하여 원하는 바는 차라리 몸을 떠나 주와 함께 있는
그것이라.

고린도후서 5장 8절

여기서 우리는 바울이 신자들에게만 말하고 있음을 금방 알아
챌 수 있다. 불신자는 몸을 떠나서 주와 함께 있지 않기 때문이다.

그런즉 우리는 몸으로 있든지 떠나든지 주를 **기쁘시게** 하는 자가
되기를 힘쓰노라.

고린도후서 5장 9절

우리 아들들의 청소년 시절, 나와 아내는 아이들에게 경건 훈련
을 시켰다. 훈련의 중요한 측면 중 하나는 그 아이들이 사랑받을 자
격을 갖추려고 애쓰지 않도록 보호하는 것이었다. 어느 날 저녁 나
는 아이들에게 말했다. "얘들아, 너희가 엄마 아빠에게 어떤 행동을
해도 우리의 사랑은 조금도 변하지 않는단다."

우리 부부의 무조건적인 사랑이 그 아이들의 머리에 입력되었
다. 하지만 바로 이어서 나는 이렇게 말했다. "하지만 우리가 너희
를 얼마나 '기뻐할지'에 대해서는 너희에게 책임이 있지."

나는 그렇게 말하고서 아이들에게 한 가지 중요한 진리를 가르
쳐 주었다. 우리가 어떤 행동을 해도 우리를 향한 하나님의 사랑은

조금도 줄지 않는다. 하지만 하나님이 우리를 얼마나 기뻐하실지에 대해서는 우리에게 책임이 있다. 이것이 바울이 "주를 기쁘시게 하는 자"가 되는 것이 자신의 목표라고 말하는 이유다.

> 이는 우리〔신자들〕가 다 반드시 그리스도의 심판대 앞에 나타나게 되어 각각 선악 간에 그 몸으로 행한 것을 따라 받으려 함이라 우리는 **주의 두려우심**을 알므로 사람들을 권면하거니와.
>
> 고린도후서 5장 10-11절

이 심판대에서 우리는 회개한 죄로는 심판받지 않을 것이다. 그 죄들은 이미 예수님의 피로 깨끗이 제거되었다. 하나님은 "동이 서에서 먼 것같이 우리의 죄과를 우리에게서 멀리 옮기셨"다.시 103:12 또 하나님은 이렇게 말씀하신다. "내가 그들의 불의를 긍휼히 여기고 그들의 죄를 다시 기억하지 아니하리라."히 8:12

그렇다면 우리의 심판은 어떻게 이루어질까? 우리가 신자로서 어떻게 살았는지, 어떤 '선'과 '악'을 행했는지 낱낱이 조사받을 것이다. 바울이 "주의 두려우심"을 신자들의 심판과 연결시키고 있다는 점이 중요하다. 두려움에 해당하는 헬라어 "포보스"는 아나니아와 삽비라의 심판에 대한 교회의 반응을 묘사할 때 사용되었다. 여기서 중요한 질문이 대두된다. 어쩌면 이 부부의 사건이 신자들의 심판을 미리 보여 주는 일종의 시사회가 아닐까? 다음 몇 장에 걸쳐 이 이야기를 해 보자.

P1 성경 구절   주께 합당하게 행하여 범사에 **기쁘시게 하고** 모든 선한 일에 열매를 맺게 하시며. 골 1:10

P2 요점   우리가 어떤 행동을 해도 우리를 향한 하나님의 사랑은 조금도 줄지 않는다. 하나님은 우리를 온전히 사랑하신다. 하지만 하나님이 우리를 얼마나 기뻐하실지에 대해서는 우리에게 책임이 있다.

P3 숙고   내 삶은 하나님이 기뻐하실 만한가? 하나님이 무엇을 기뻐하시고 기뻐하시지 않는지 어떻게 알 수 있을까?

P4 기도   하나님 아버지, 하나님이 무엇을 기뻐하시고 무엇을 미워하시는지 주님의 말씀과 영을 통해 가르쳐 주소서. 하나님이 기뻐하시는 것을 추구하고 다른 어떤 것보다도 그것을 기뻐하는 마음을 주소서. 주님의 마음을 알고 주님께 영광이 되는 삶을 살게 해 주소서. 언젠가 신자로서 심판받을 때 주님이 주기 원하시는 영원한 상급을 받을 수 있도록 저를 준비시켜 주소서. 예수님의 이름으로 기도합니다. 아멘.

P5 선언   하나님을 기쁘시게 하는 것이 내 인생의 최우선 사항이다! 하나님은 내가 그분이 기뻐하시는 선한 일을 원할 뿐 아니라 실제로 행하도록 내 안에서 역사하고 계신다!

하나님에 관한 놀라운 점은
그분을 두려워하면
다른 아무것도 두려워하지 않게 되나,
그분을 두려워하지 않으면
다른 모든 것을 두려워하게 된다는 것이다.
오스왈드 챔버스

사도행전에서 급사한 부부에 관한 중요한 점 하나를 짚고 넘어가야겠다. 그것은 아나니아와 삽비라의 행동이 문제가 아니었다는 점이다. 그들은 그저 교회 예배 중에 헌금을 드렸을 뿐이다. 하나님의 사역을 위해 재정적으로 헌신하는 것은 경건하고 거룩하고 아름다운 일이다. 그들의 죄는 바로 숨은 동기에 있었다. 사람들에게 특정한 모습으로 보이려는 마음이 죄였다.

여기서 중요한 질문이 대두된다. 심판대에서 단지 우리의 행동과 노력만 조사를 받을까, 아니면 우리의 생각과 동기도 조사를 받을까?

예수님이 제자들에게 하신 경고를 읽으면서 시작해 보자.

> 그동안에 무리 수만 명이 모여 서로 밟힐 만큼 되었더니 예수께서 먼저 제자들에게 말씀하여 이르시되 바리새인들의 누룩 곧 **외식**을 주의하라 감추인 것이 드러나지 않을 것이 없고 숨긴 것이 알려지지 않을 것이 없나니.
> 누가복음 12장 1-2절

이 두 구절에 많은 내용이 포함되어 있다. 당신이 복음을 전하는 목사인데 당신의 설교를 듣기 위해 모인 무리가 수만 명이 될 만큼 많다고 해 보자. 이것은 대다수 설교자가 바라는 꿈이다! 그런데 예수님은 어떻게 하셨는가? 예수님은 어깨를 으쓱거리며 그분을 따르는 팀에게 "제군들, 내가 바로 이런 사람이네. 자, 다들 내가 하는 걸 똑똑히 지켜보게!"라고 하시지 않았다. 예수님은 세 가지를 행하셨다.

첫째, 예수님은 순간적인 것들에 휘둘리지 않는 법에 관해 비유로 가르치셨다. 예수님은 본보기와 가르침을 병행하여 이 미래의 리더들에게 "외식" 곧 위선에 관해 경고하셨다. 위선에 해당하는 헬라어는 "휘포크리시스"다. 이 단어의 정의는 "특정한 목적이나 동기를 가진 듯한 인상을 풍기면서 사실은 전혀 다른 목적이나 동기를 품고 있는 것"이다.[1]

바리새인들은 위선의 대가들이었다. 그들은 뭐든 남들에게 보이기 위해서 했다. 예수님은 동기를 순수하게 유지하여 이런 함정에 빠지지 말라고 경고하신다. 그분은 인기나 사람들의 인정을 좇지 말고 성령의 이끌림을 받아, 우리의 말과 행동이 모두 철저히 진리 가운데 있게 하라고 가르치신다.

둘째, 예수님은 위선이 얼마나 빨리 퍼질 수 있는지를 지적하신다. 그분은 그것을 반죽 전체에 퍼져서 부풀어 오르게 만드는 누룩에 비유하신다. 그분의 비유는 위선이 전염성이 강하지만 누룩과 달리 우리의 안녕에 매우 해롭다는 점을 보여 준다.

셋째, 예수님은 위선을 끝까지 감출 수는 없다는 점을 강조해서 말씀하신다. 사람의 말이나 행동 이면의 의도는 결국 드러나게 되어 있다. 예수님의 다음 말씀은 무엇이 우리를 불순한 동기에서 보호해 주는지를 보여 준다.

> 내가 내 친구 너희에게 말하노니 몸을 죽이고 그 후에는 능히
> 더 못하는 자들을 두려워하지 말라 마땅히 두려워할 자를 내가
> 너희에게 보이리니 곧 죽인 후에 또한 지옥에 던져 넣는 권세
> 있는 그를 두려워하라 내가 참으로 너희에게 이르노니 그를
> 두려워하라.
> 누가복음 12장 4-5절

이번에도 예수님은 두려움에 대해 강한 언어를 사용하신다. 여기 해당하는 헬라어는 "포베오"다. 이 단어는 이전 장에서 강조한 단어인 "포보스"의 유사어다. 이 단어는 "두려움에 빠지게 하다, 겁나게 하다"라는 뜻이다. 예수님은 거룩한 두려움을 무시하는 것을 "지옥에 던져"지는 것과 연결시키신다. 이 사실에 우리의 간담이 서늘해져야 마땅하다. 이는 결코 가볍게 여겨서는 안 되는 사실이다. 여기서도 우리는 거룩한 두려움의 중요성을 볼 수 있다. 또한 거룩한 두려움이 경건한 예배 그 이상임을 확인할 수 있다.

예수님은 사람이 아닌 하나님을 두려워하라고 말씀하신다. 간단히 말해, 하나님에 대한 두려움은 우리를 사람에 대한 두려움에서

해방시키는 반면, 사람에 대한 두려움은 하나님을 두려워할 능력을 상실시켜 우리를 노예로 전락시킨다. 명심하라. 사람을 두려워하면 우리의 동기는 영향을 받을 수밖에 없다. 사람에 대한 두려움은 하나님에 대한 두려움과 비슷한 면이 있다. 사람들을 두려워하면 그들에게서 도망치는 것이 아니라 그들에게 다가가 그들의 비위를 맞추게 된다. 그 이면에 자리한 동기를 살펴보면 개인적인 만족이나 자기 보호, 이익 등이 자리 잡고 있다. 사람들을 두려워하면 위선의 누룩에 갇힌다. 그리고 그것은 사람들의 인정에 목마른 삶으로 이어진다.

다시 말하지만, 아나니아와 삽비라의 행동에는 딱히 나무랄 데가 없어 보인다. 동기가 문제였다. 그들은 주변 사람들에게 보여지는 이미지를 관리하고 싶었다. 이것이 그들이 무너진 이유다. 사람은 경건한 말과 행동을 연기할 수 있다. 하지만 거룩한 두려움이 없으면 동기로 죄를 짓게 된다.

1980년대에 한 교회를 섬길 때 나는 사람에 대한 두려움에 깊이 빠져 있었다. 성령이 내 동기를 밝혀 주시기 전까지는 그것을 깨닫지 못했다. 당시 나는 대형 교회에서 높은 위치에 있었다. 나는 만나는 모든 사람에게 늘 친절하게 굴었고, 실제로는 마음에 들지 않아도 무조건 칭찬했다. 나는 사람들과 부딪히는 것을 싫어해서 마치 전염병을 피하듯 그런 상황을 피했다. 그러다 보니 나는 교회 안에서 가장 사랑 많은 사람 중 한 명이라는 평판을 얻었다. 그리고 그것이 내게 큰 행복과 만족을 안겨 주었다.

하루는 기도를 하다가 하나님의 음성을 듣게 되었다. "아들아, 사람들이 네가 사랑이 많고 친절한 사람이라고 하는구나." 그때 하나님의 어조를 또렷이 기억한다. 칭찬하는 어조는 분명 아니었다.

그래서 나는 조심스럽게 대답했다. "네, 그렇습니다."

그러자 하나님이 다시 말씀하셨다. "네가 사실이 아닐 때도 사람들에게 좋게만 말하는 이유를 아느냐?"

"왜인가요?"

"그것은 네가 사람들의 거부를 두려워하기 때문이다. 네 사랑의 초점은 무엇이냐? 너 자신이냐? 사람들이냐? 네가 사람들을 진정으로 사랑한다면 거부당하는 한이 있더라도 거짓이 아닌 진실을 말할 것이다." 충격이었다. 모든 사람이 나를 사랑 많은 사람으로 여겼지만 이면의 진실은 전혀 달랐다.

마찬가지로, 초대 교인들은 아나니아와 삽비라를 경건한 신자들로 여겼을 것이다. 특히, 그들이 온 성도 앞에서 헌금을 드렸을 때는 더더욱 그러했을 것이다. 하지만 그들의 진짜 동기가 드러났다. 마찬가지로, 내 진짜 동기는 나를 높이고 보호하고 스스로 상을 얻으려는 것이었다. 내 행동 이면에는 위선이 도사리고 있었다.

세상이 지켜보는 중에는 경건하고 이타적인 행동을 하면서 자신의 이기적인 동기를 숨기기가 쉽다. 우리는 위대한 복음의 메시지로 군중을 움직이면서도 속에서는 이기적인 야망으로 가득할 수 있다.빌 1:15-16 가난한 사람들에게 큰 선물을 주지만 사랑은 없을 수 있다.고전 13:3 예배를 인도하면서도 인기를 얻으려는 의도를 숨기고 있을 수 있다. 사람들과의 관계에서 친절하게 행동하지만 속으로는 남들을 분석하고 비판할 수 있다. 도덕적 실패로 퇴임 요구를 받은 목사 앞에서 안타까운 표정을 지으면서도 속으로는 고소해할 수 있다. 겉으로는 겸손한 표정으로 "모든 영광을 예수님께 돌립니다"라고 말하면서도 속으로는 인정과 칭찬을 사랑할 수 있다. 예를 들자면 끝이 없다.

냉엄한 현실을 받아들이라. 첫째, 우리의 작은 동기나 의도 하나도 하나님께는 숨길 수 없다. 모든 것은 결국 드러나게 마련이다. 중요한 질문은 이것이다. 그것을 나 자신에게 숨기고 있는가? 하나님에 대한 두려움은 자기 마음속의 진짜 동기를 보게 해 준다. 이는 매우 중요하다. 자신의 진짜 동기를 모르면 위선이라는 기만에 노출되기 때문이다.

교인들은 모두 아나니아가 받은 심판에 큰 충격을 받았다. 하지만 가장 크게 충격받은 사람은 아나니아 자신, 그리고 그 뒤로는 삽비라였다. 이 부부는 거룩한 두려움이 없는 탓에 눈이 가려져 자기 동기의 악함을 제대로 볼 수 없었다. 다시 묻는다. 이 이야기가 그리스도의 심판대를 미리 보여 주는 일종의 시사회일까? 다음 장에서 확인해 보자.

P1 성경 구절 하나님의 말씀은 살아 있고 활력이 있어 좌우에 날선 어떤 검보다도 예리하여 …… 마음의 생각과 뜻을 판단하나니. 히 4:12

P2 요점 하나님에 대한 두려움은 자기 마음속의 진짜 동기를 보게 해 준다. 이는 매우 중요하다. 자신의 진짜 동기를 모르면 위선이라는 기만에 노출되기 때문이다.

P3 숙고 나는 개인적인 만족이나 자기 보호, 이익 같은 숨은 동기를 품고서 사람들을 기쁘게 하려고 하는 사람인가? 나는 압박 속에서 늘 그런 식으로 행동하는가? 나는 어떤 영역에서 그런 동기로 나를 속였었는가?

P4 기도 하나님 아버지, 제 이익을 위해 사람들을 기쁘게 하려 한 것을 용서해 주소서. 성령님, 제가 이런 압박에 쉽게 굴복하는 삶의 영역을 모두 밝혀 주소서. 예수님을 내 기쁨과 행복의 근원으로 삼지 않고 사람들에게서 찾으려 했던 것을 회개합니다. 제 마음에 거룩한 두려움을 가득 채워 주소서. 그래서 위선에 빠지지 않고 다른 사람을 사랑하는 마음으로 진실을 말하게 해 주소서. 예수님의 이름으로 기도합니다. 아멘.

P5 선언 나는 나와 소통하는 사람들을 사랑하는 마음으로 그들에게 진실을 말하고, 내 유익보다 그들의 유익을 구할 것이다!

이는 우리가 다 반드시
그리스도의 심판대 앞에 나타나게 되어.
고린도후서 5장 10절

앞 고린도후서 5장 10절 말씀에서 "우리가 …… 나타나게 되어"라는 표현을 자세히 살펴보자. 모든 인간은 자신에 대한 세 가지 이미지를 갖고 있다. '보이는' 이미지, '표출하는' 이미지, '실제' 이미지.

'보이는' 이미지는 남들이 보는 우리의 모습이다. '표출하는' 이미지는 우리가 남들에게 보이고 싶은 이미지다. '실제' 이미지는 우리의 실제 모습이다. 남들이 알아채지 못하도록 이 모습을 숨길 수 있지만 하나님께는 모든 것이 보인다. 바로 이 모습이 심판대에서 만인 앞에 드러날 것이다.

예수님을 생각해 보라. 예수님은 오해를 받으셨고, 모함을 당하셨다. 술고래요 식탐이 많은 사람 취급을 받으셨고, 이교도로 낙인이 찍히셨다. 심지어 귀신의 영감을 받는다는 말까지 들으셨다. 예수님은 종교 지도자들을 비롯한 사람들에게 거부를 당하셨다. 그분의 '보이는' 이미지는 많은 사람, 특히 높은 사람들 눈에 전혀 좋아 보이지 않았다.

당시에는 회의적이었던 예수님의 형제들은 그분께 '보이는 이미지'를 중시하는 삶을 살라고 권했다. "당신이 행하는 일을 제자들도 보게 여기를 떠나 유대로 가소서 스스로 나타나기를 구하면서 묻혀서 일하는 사람이 없나니 이 일을 행하려 하거든 자신을 세상에 나타내소서."요 7:3-4 그들은 남들 이목에 연연했고, 예수님을 사람에 대한 두려움이라는 똑같은 노예 상태로 끌어들이려고 했다.

하지만 예수님의 '실제' 이미지는 그 사람들에게 '보이는' 이미지와 전혀 달랐다. "그는 보이지 아니하는 하나님의 형상이시요."골 1:15 많은 사람이 그분을 거부했지만 전능하신 하나님은 분명한 음성으로 그분을 인정하셨다. "이는 내 사랑하는 아들이요 내 기뻐하는 자라."마 3:17 그분의 '보이는' 이미지는 오래가지 않았다. 하지만 그분의 '실제' 이미지는 영원하다.

예수님은 이 땅에 계실 때 결코 자신을 높이지 않으셨다. 자신의 평판을 쌓기 위한 그 어떤 노력도 하시지 않았다. 예수님은 아픈 사람을 치유하실 때 주로 이렇게 말씀하셨다. "삼가 아무에게도 알리지 말라."마 9:30 예수님은 인기와 명성, 인간의 찬사와 인정을 피하셨다.[1] 사람들이 그분을 왕으로 높이려고 했을 때 그분은 몸을 빼셨다. 그분 안에는 꾸밈이나 기만이 조금도 없었다. 그분은 하나님에 대한 두려움 안에서 기뻐하셨다. 그래서 그분의 초점은 언제나 하나님이었다.

우리도 예수님처럼 행해야 한다. 내면의 삶이 진리에 따라 이루어지고 자신을 높이거나 보호하기 위해 애쓰지 않을 때 자유가 찾아온다. 자기중심적인 행동의 뿌리는 아담과 하와에게서 찾을 수 있다. 성경을 보면 그들이 타락한 순간 "그들의 눈이 밝아져 자기들이 벗은 줄을 알"았다.창 3:7 그들의 초점이 하나님에게서 자신에게로 이동했다. 이제 그들은 처음 눈에 들어온 자신들의 단점을 가리려고 했다. 이 인류의 첫 부부는 자신들의 벌거벗은 몸을 '가리려고' 했다. 우리에게서는 이것이 다른 형태로 나타날지 모르지만 근본 문제는 동일하다. 자기중심적으로 변하면 자신의 단점을 가려 줄 이미지를 풍기려고 애를 쓴다. 예수님은 이런 종살이에서 우리를 해방시키시려 우리에게 생명을 주셨다. 바울은 이렇게 말한다. "우리는 자기를 칭찬하는 어떤 자와 더불어 감히 짝하며 비교할 수 없노라 그러나 그들이 자기로써 자기를 헤아리고 자기로써 자기를 비교하니 지혜가 없도다."고후 10:12

비교의 압박에 굴복하면 자신의 단점이 더 크게 보인다. 그래서 자신을 높이거나 보호하려고 더 애쓰게 된다. 그리고 이 모든 일은 우리의 동기와 의도에서 시작된다. 오늘날 세상에서는 우리의 '보이는' 이미지가 '실제' 이미지보다 중요하다. 우리는 어떻게든 자신의 평판을 지키려고 한다. 우리의 단점을 '가리기' 위해 외모, 지위, 직함, 인기, 인정, 평판 등에 집착한다.

심판의 날, 훤히 드러나고 조사되는 것은 '보이는' 이미지가 아니다. 우리의 '실제' 이미지가 심판받을 것이다. 우리의 숨은 동기와 의도가 심판을 받을 것이다.

그러므로 때가 이르기 전 곧 주께서 오시기까지 아무것도
판단하지 말라 그가 **어둠에 감추인 것들**을 드러내고 **마음의**

뜻(은밀한 의도, NLT)을 나타내시리니 그때에 각 사람에게

하나님으로부터 **칭찬**이 있으리라.

고린도전서 4장 5절

많은 사람이 이 구절이 불신자들의 심판을 말하는 것이라고 생
각한다. 전혀 그렇지 않다. 불신자는 심판대에서 칭찬받을 일이 없
기 때문이다. 따라서 이 구절은 신자들의 심판만을 말하는 것이다.

"어둠에 감추인 것들"이나 "은밀한 의도"가 하늘의 온 성도 앞에
서 드러난다는 생각을 하면 건강한 두려움이 일어날 수밖에 없다.
이것이 바울이 신자의 심판과 관련해서 "주의 두려우심"이라고 말
한 이유 중 하나일 수 있다. 이 사실을 의식하면 거룩한 두려움이 일
어날 수밖에 없다. 그 두려움은 우리로 하여금 경거망동하지 않고,
'실제' 이미지를 가꾸게 해 준다. 하지만 반대 경우도 성립한다. 하
나님에 대한 두려움이 적을수록 '보이는' 이미지에 더 신경을 쓰게
된다.

바로 이것이 아나니아와 삽비라가 빠졌던 죽음의 함정이다. 그
들은 라이벌, 친구, 교인, 리더들이 자신들을 어떻게 '볼지'에 더 관
심이 많았다.

더 피부에 와닿게 이야기를 현대적 정황에서 풀어 보자. 그 교
회는 생긴 지 몇 달밖에 되지 않았다. 사도들과 교인들은 각 사역에
서 어떤 이들이 리더로 부상할지 눈여겨보던 참이다.

이 부부에게 예수님을 영접하고 죄를 용서받은 날은 더없이 행복한 날이었다. 그들은 하나님의 사랑과 동료 신자들과의 공동체를 얻은 것에 감격했다.

하지만 그들의 초점은 결국 달라졌다. 십중팔구 이 변화는 사역을 하던 중에 시작되었을 것이다. 헌금을 하거나 훈계를 하거나 찬양 팀에서 찬양을 할 때 등 가능성은 무궁무진하다. 그들은 자신들의 섬김이 인정을 받는 데서 오는 희열을 즐겼다. 엔도르핀이 돌면서 행복감과 만족감이 찾아왔다.

그들의 평판은 나날이 좋아졌다. 하지만 그 평판을 유지하기 위해서는 안 좋은 행동들을 '가려야' 했다. 그들은 집에서는 매일같이 극심하게 싸우는 부부였을지도 모른다. 다른 신자들이 모인 자리에서도 마음속에서는 여전히 분노가 들끓고 있었을지 모른다. 하지만 그들은 자신들의 단점을 '가리기' 위해 완전히 다르게 행동했다. 그들은 자신들의 부부 싸움을 남들이 알게 되기를 원치 않았다. 남들이 알게 되면 '보이는' 이미지가 추락할 수밖에 없었다. 그래서 그들은 서로를 사랑하고 아끼는 이미지를 '표출했다.'

인스타그램과 틱톡에 서로 껴안고 웃고 함께 즐거운 활동을 하는 사진과 영상을 올렸다. '꿈의 실현'이나 '관계적 목표', '아내혹은 남편와 함께하는 삶이 너무나 좋다' 같은 코멘트와 함께 그들은 성공적인 삶실제로는 흔들리는 삶, 번창하는 사업실제로는 힘들어진 사업, 아름다운 자녀실제로는 반항적이고 특권의식과 이기주의에 사로잡힌 자녀에 관한 글을 매일같이 올렸다. 그 방법은 꽤 잘 통했다. SNS 팔로워 숫자가 급속도로 늘어났다.

아나니와와 삽비라는 '표출하는' 이미지를 긍정적으로 관리했다. 이 모든 행동은 크게 나쁜 행동처럼 느껴지지 않았다. 하지만 위선적인 행동을 하나씩 할 때마다 경건한 두려움은 점점 줄어들었다. 그들은 이중적인 삶에 더는 죄책감을 느끼지 않기에 이르렀다. 아무런 문제가 없어 보였다. 그들은 좋은 평판을 즐겼다. 그중 하나는 그들이 교회에서 가장 헌금을 많이 내는 사람이라는 평판이었다.

어느 날, 바나바가 교인들 앞으로 헌금을 가져왔다. 교인들의 관심이 갑자기 바나바에게로 쏠렸다. 아나니아와 삽비라는 바나바에게 밀렸다. 그들의 '보이는' 이미지가 위협을 받은 것이다. 안타깝게도 그즈음 그들은 '보이는' 이미지를 가장 중시하는 사람으로 완전히 달라져 있었다. 나머지 이야기는 우리가 아는 그대로다.

이 모든 행동은 크게 해롭지 않아 보였다. 오히려 남들에게 좋은 영향을 끼치는 것처럼 보였다. 하지만 그 행동은 그들을 위험하고 파괴적인 길로 이끌었다. 성령이 우리에게 경고하기 위해, 심판대가 얼마나 심각한 것인지를 엿보여 주시려 이 부부의 말로를 성경에 기록하신 것이 아닐까? 바울은 이렇게 말한다.

어떤 사람들의 죄는 밝히 드러나 먼저 심판에 나아가고 어떤
사람들의 죄는 그 뒤를 따르나니.

디모데전서 5장 24절

그 운명의 날, 아나니아와 삽비라의 죄가 모든 사람에게 명명백
백히 드러났다. 그들의 죄는 먼저 드러났다. 하지만 더 두려운 사실
은 대부분 사람들의 죄가 나중에 반드시 드러날 것이라는 점이다.
명심하라. 하나님의 평결은 아나니아와 삽비라의 행동이 아니라 은
밀한 동기에 관한 것이었다.

복된 소식이 있다. 우리의 어두운 동기를 회개할 수 있다. 회개
하면 하나님은 용서해 주실 뿐 아니라, 우리가 성경을 통해 거룩한
두려움을 주시고 마음을 새롭게 해 달라고 간구할 때 깨끗한 동기를
허락하신다.

P1 성경 구절 숨은 것이 장차 드러나지 아니할 것이 없고 감추인 것이 장차 알려지고 나타나지 않을 것이 없느니라. 눅 8:17

P2 요점 모든 인간은 자신에 대한 세 가지 이미지를 갖고 있다. '보이는' 이미지, '표출하는' 이미지, '실제' 이미지.

P3 숙고 나는 어떤 이미지를 중시하는가? 나는 표리일치하게 사는가, 아니면 내 평판을 보호하려고 거짓말이나 기만적인 말을 하는가? 나는 내가 관계를 맺고 살아가는 사람들에게 솔직한가?

P4 기도 제 실제 이미지보다 보이는 이미지와 표출하는 이미지를 더 중시했던 것을 회개합니다. 제 양심을 속였습니다. 용서해 주소서. 제 동기와 의도를 깨끗하게 정화해 주소서. 제가 아닌 예수님과 다른 사람에게 초점을 맞추게 하소서. 예수님의 이름으로 기도합니다. 아멘.

P5 선언 하나님의 말씀이라는 양날의 검이 내 마음속 생각과 의도를 드러내도록 날마다 말씀에 나를 맡길 것이다!

하나님에 대한 진정한 두려움이 들어오면
죽음과 심판에 대한 두려움은 나간다.
이 두려움은 고문이 아니라
영혼을 위한 가볍고 쉬운 멍에다.
이 두려움은 우리를 지치게 하는 것이 아니라
쉬게 만든다.
A. W. 토저

영원에 비하면 이 땅에서의 삶은 안개에 지나지 않는다. 아니, 더 정확히 말하면 이 땅에서의 삶은 아무것도 아니다. 간단히 계산해 보면 알 수 있다. 어떤 숫자든 유한한 숫자를 무한으로 나누면 0이다. 따라서 90년가량은 영원에 비하면 0이나 다름없다. 이 충격적인 현실을 생각하면 영원을 위해 준비하는 편이 현명하다.

예수님이 심판대에서 우리 각자에 대해서 내리실 결정은 '영원하다.'히 6:1-2 간단히 말해, 예수님의 선언에 변경이란 절대 없다. 따라서 십자가와 관련해서 우리가 어떻게 하느냐는 우리가 '어디서' 영원을 보낼지를 결정한다. 하지만 우리가 신자로서 '어떻게' 사느냐는 영원한 나라에서 '어떻게' 살지를 결정한다.

천국에 관한 너무도 많은 관념이 육체 없는 영혼이 고통 없이 사랑과 평안만 가득한 상태에서 구름 위를 떠다니며 하프를 켜고 포도나 따 먹는 것으로 이루어져 있다. 그런가 하면 천국을 따분한 예배가 끝없이 이어지는 곳으로 보는 이들도 있다. 이런 관점에서 보면 이 영원의 세계는 전혀 흥미진진하지 않고 지루하기만 하다.

하지만 이런 관념은 성경 어디에도 없다. 이생에서 가장 좋은 것조차 영원의 그림자에 불과하다. 영원한 나라에서는 우리가 본래 살아야 할 삶에 맞는 공동체를 계획하고 도시를 건설하고 국가들을 관장하고 은하계를 탐구하고 개발해야 한다. 이외에도 할 일이 무궁무진하다. 하나님의 영원한 도성을 위해 채워져야 할 자리가 무한히 많다. 따라서 심판대를, 새 하늘과 새 땅의 도성에서 우리의 영원한 자리를 결정하기 위한 인터뷰요 평가 자리로 보라.

이 사실을 기억하면서 이 땅에서의 삶이 심판대에서 어떻게 조사될지에 관한 논의로 돌아가 보자.

> 이는 우리가 다 반드시 그리스도의 심판대 앞에 나타나게 되어
> 각각 선악 간에 그 몸으로 행한 것을 따라〔목적과 동기가 무엇이었고,
> 무슨 일을 성취했고, 무슨 일로 바빴고, 무슨 일을 이루려고 자기 자신과 관심을
> 쏟았는지 등을 감안하여 각자의 삶을, AMPC〕받으려 함이라.
> 고린도후서 5장 10절

우리는 죄로 인해 지옥에 가야 마땅하지만, 신자로서 우리의 죄는 예수님의 피로 씻겨 완전히 잊혔다.^{히 8:12} 하지만 우리가 신자의 심판 자리에서 아뢰어야 할 악한 혹은 나쁜 행실은 여전히 남아 있다. 우리는 이 부분에 관심을 기울여야 한다.

여기서 "악"에 해당하는 헬라어는 "카코스"다. 이 단어는 "나쁜 삶과 관련된, 해를 끼치는", "전쟁에서 퇴각하는"으로 정의된다. 이 단어는 우리가 행하는 것만이 아니라 우리의 퇴각, 즉 우리가 '하지 않은' 것으로 인해 발생하는 피해의 의미를 함축하고 있다. 따라서 이 악은 우리가 행한 것뿐 아니라 우리가 놓친 기회들까지 포함한

다. 거룩한 두려움은 하나님이 사랑하시는 이들의 삶에 해를 끼치는 악한 동기나 행동의 위험성뿐 아니라 하나님 나라를 위한 책임을 늘 기억하게 만든다.

성경은 우리를 자주 '건축자'로 부른다. 우리를, 하나님이 영원히 거하실 집을 세우는 하도급자라고 보면 된다. 그 집의 이름은 "시온"이다. 시 132:13-14 그리고 그 건축 자재는 살아 있는 돌들, 곧 그분의 모든 성도들이다. 벧전 2:5 그중에서 머릿돌은 바로 예수님이시다. 사 28:16

바울은 우리의 임무를 명시한다. "우리는 그가 만드신 바라 그리스도 예수 안에서 선한 일을 위하여 지으심을 받은 자니 이 일은 하나님이 전에 예비하사 우리로 그 가운데서 **행하게 하려** 하심이니라."엡 2:10 보다시피 바울은 우리가 이 일을 "행할 것이다"라고 말하지 않는다. 하나님은 우리로 하여금 이 일을 행하게 하신다. 즉 우리는 이 일을 '반드시' 행해야만 한다. 우리가 일시적이고 이기적인 유익을 좇는 삶을 위해 우리가 해야 할 일에서 퇴각하면 그것은 곧 '악한' 행위로 간주된다.

또한 바울은 말한다. "각각 어떻게 그 위에 세울까를 조심할지니라."고전 3:10 우리가 어떻게 세우는지가 매우 중요하다. 우리는 하나님의 영원하신 말씀으로 세우고 있는가, 아니면 이 세대의 영에 귀를 기울이고 있는가? 그분의 영으로 세우고 있는가, 아니면 우리의 이기적인 욕망을 추구하고 있는가? 바울은 계속해서 이렇게 말한다.

> 만일 누구든지 금이나 은이나 보석이나 나무나 풀이나 짚으로 이
> 터 위에 세우면 각 사람의 공적이 나타날 터인데 그 날이 공적을
> 밝히리니 이는 불로 나타내고 그 불이 각 사람의 공적이 어떠한
> 것을 시험할 것임이라.
> 고린도전서 3장 12-13절

우리가 하나님이 주신 시간을 사용할 수 있는 방식은 수만 가지다. 영원한 하나님 나라를 세우기 위해 이타적으로 살면 그 삶은 파괴되지 않고 정화되는 물질로 여겨진다. 우리 삶을 조사하는 불은 다름 아닌 하나님의 말씀이다. 다시 말해, 우리의 동기와 말과 행동이 하나님의 말씀과 일치되었는지에 관한 조사가 이루어질 것이다.

바울은 계속해서 말한다. "만일 누구든지 그 위에 세운 공적이 그대로 있으면 상을 받고."14절 우리의 행동과 노력이 하나님의 말씀에 대한 순종에서 비롯하면 우리의 성취는 영원할 것이다. 여기서 두 가지 점에 주목해야 한다. 첫째, 우리의 성취에는 우리가 다른 사람들의 삶에 어떤 영향을 미쳤는지와 우리가 하나님 나라를 세우기 위해 그분이 주신 재능을 어떻게 사용했는지가 포함될 것이다. 둘째, 우리가 받게 될 영원한 상에 따라 그분의 나라에서 우리가 있게 될 영원한 자리가 결정될 것이다.

이 시점에서 바울의 다음 말은 매우 흥미롭다.

누구든지 그 공적이 불타면 해(큰 손실, NLT)를 받으리니 그러나
자신은 구원을 받되 불 가운데서 받은 것 같으리라.
고린도전서 3장 15절

이 구절에는 실로 많은 의미가 담겨 있다. 첫째, 건축자는 "구원
을 받"은 사람이다. 이 구절은 지옥 불에서 영원히 고통스러워할 불
신자에 관한 구절이 아니다. 이 구절은 하나님 나라에서 영원히 거
할 신자에 관한 구절이다.

둘째, 손실이 크다. 여기서 사용된 헬라어는 형벌이나 손실의
의미를 함축하고 있다. 그런데 대부분의 학자들은 이것이 형벌을
의미한다고 믿지 않는다. 나 역시 그렇다. 그렇다 해도 이 단어는 깊
은 손실의 의미를 함축하고 있다. 심판의 자리에서 우리가 이 큰 손
실을 느끼기만 하는 것이 아니라 이것이 우리가 영원히 어떻게 살지
에도 영향을 미친다는 점을 기억하라.

셋째, 이 구절은 불구덩이를 가까스로 탈출한 사람에 관해 말하
고 있다. 이 상황을 현대적 정황에서 풀어 보자. 현대인들은 은퇴를
준비한다. 그런데 은퇴하는 날, 은행이 부도가 난다고 해 보자. 은퇴
자가 평생 저금한 돈이 날아간다. 남은 돈은 지갑에 있는 지폐 몇 장
이 전부다. 같은 날, 국민연금이 바닥이 나고 주식도 휴지 조각이 된

다. 설상가상으로 집이 불타는 바람에 은퇴자는 달랑 셔츠 한 장만 걸치고 겨우 탈출하고야 만다. 그는 전 재산을 잃었다. 바울에 따르면 바로 이런 상황이 일부 신자들이 영원한 나라에 들어갈 때 벌어지는 상황이다. 그리고 그 상황은 24년^{평균 은퇴 기간}이 아니라 영원히 지속된다.

다시 말하지만 바울은 신자가 구원을 받았지만 모든 것이 타서 영원히 사라진다고 말한다. 명심하라. 이것은 영원한 심판^{결정}이다. 오해하지는 말라. 구원받는 것은 하찮은 일이 절대 아니다. 구원받음은 지옥 불에서 영원히 고통받는 것보다 무한히 더 좋은 것이다. 천국에서 우리 모두는 말할 수 없이 기뻐할 것이다. 하지만 분명 아쉬움은 있을 것이다.

바울이 이어서 이렇게 말하는 것도 무리는 아니다. "우리는 **주의 두려우심**을 알므로 사람들을 권면하거니와."^{고후 5:11} 바울과 같은 심정으로 당신에게 권면하고 싶다. 이 거룩한 두려움을 품어, 유익하지 않은 것들 혹은 표출하는 이미지와 보이는 이미지를 가꾸는 일에 시간을 허비하지 않기를 바란다. 하나님의 말씀과 영께 순종하는 일에 시간을 쏟아붓기를 바란다.

P1 성경 구절   이는 우리가 다 반드시 그리스도의 심판대 앞에 나타나게 되어 각각 선악 간에 그 몸으로 행한 것을 따라 받으려 함이라 우리는 주의 두려우심을 알므로 사람들을 권면하거니와. 고후 5:10-11

P2 요점   십자가와 관련해서 우리가 어떻게 하느냐는 우리가 '어디서' 영원을 보낼지를 결정한다. 하지만 우리가 신자로서 '어떻게' 사느냐는 영원한 나라에서 '어떻게' 살지를 결정한다.

P3 숙고   내가 매일 영원한 것을 세우는 일진리와 사랑으로 다른 사람들의 삶을 세워 주는 것에 집중하는가, 아니면 나를 위한 일에 내 힘과 에너지, 시간을 온통 집중하는가?

P4 기도   하나님 아버지, 덧없는 것을 세우는 일에 제 관심과 에너지, 힘, 시간을 쏟아부었던 날들을 회개하오니 용서해 주소서. 매일 예수님의 나라를 어떻게 세울지 보여 주소서. 사람들의 삶에 영원한 영향을 미칠 힘을 주소서. 예수님의 이름으로 감사드리며 기도합니다. 아멘.

P5 선언   나는 이 땅에서의 삶과 함께 끝나는 기회들이 아니라 영원한 기회들을 찾고 거기에 참여할 것이다!

The
Awe
of
God

Ⅲ. 거룩함,

그 거부할 수 없는

아름다움에 눈뜨다

육적인 사람은 하나님이 아니라
사람을 두려워한다.
강한 그리스도인은 사람이 아니라
하나님을 두려워한다.
약한 그리스도인은
사람을 너무 많이 두려워하고
하나님을 너무 적게 두려워한다.
존 플라벨

진정한 거룩함은 전적으로 하나님의 소유가 되는 것을 의미한다. 거룩함의 주된 정의는 "하나님께로 구별된 것"이다.[1] 거룩함의 정의는 워낙 방대해서 그 주제만으로 몇 권의 책을 써도 모자랄 정도다. 여기서는 요점만 다루도록 하자. 경건한 두려움은 거룩함의 중요한 측면이기 때문에 거룩함에 관해서 반드시 다루어야만 한다. 하지만 시작하기에 앞서 한 가지를 분명히 명시해야겠다. 진정한 거룩함은 종살이가 아닌 진정한 자유다.

아나니아와 삽비라의 심판은 모든 인간이 언젠가 마주할 일, 곧 심판의 서곡이라고 할 수 있다. 여기서 한 가지 질문이 생긴다. 이 부부는 천국에서 "큰 손실"을 당하는 사람들의 사례인가? 아니면 그들은 지옥에 갔을까?

이 부부가 영원한 형벌을 받는다는 주장의 근거로 자주 사용되는 성경 구절은 복음서에서 그 이전에 나타나는 예수님의 말씀이다. "누구든지 성령을 모독하는 자는 영원히 사하심을 얻지 못하고."막 3:29 이 주장의 오류는 "모독"의 정의에서 비롯한다. "모독"은 "누군가에 관해서 나쁘게 말해서 그의 평판을 해치는 것"을 의미한다.[2] 이 부부는 성령께 '거짓말'을 했지만 그분을 '모독'하지는 않았다. 이로 인해 우리로서는 그들의 운명을 판단하기 어렵다. 하지만 어떤 경우든 그들의 결말은 전혀 부러워할 만한 것이 아니다.

그렇다면 성경에 천국에 가지만 심판대에서 손실을 겪는 사람의 사례가 또 있을까? 나는 있다고 생각한다. 바울의 말에서 그 이야기를 시작해 보자.

이제 내가 사람들에게 좋게 하랴 하나님께 좋게 하랴 사람들에게 기쁨을 구하랴 내가 지금까지 사람들의 기쁨을 구하였다면 그리스도의 종이 아니니라.
갈라디아서 1장 10절

이 얼마나 힘 있는 발언인가. 인기를 좇으려는 유혹에 굴복하면 그리스도의 종이 될 특권을 놓친다. 그렇게 되면 남들에게 잘 보이기 위해 필요한 이미지를 표출하게 된다. 바울은 그렇게 하지 않았고, 우리도 그러지 말아야 한다.

바울은 높은 수준의 거룩한 두려움을 품고서 살았다. 기억하는가? 그는 이런 글을 쓴 사람이다. "두렵고 떨림으로 너희 구원을 이루라."빌 2:12 그는 언제나 '표출하는' 이미지가 아니라 심판대에서 드러날 이미지 곧 자신의 '실제' 이미지에 집중했다. 그래서 그는 다른 사람들의 실망이나 반대, 거부 앞에서도 진정한 거룩함과 순종의 삶을 유지할 수 있었다.

"우리는 우리가 두려워하는 존재를 섬기게 된다!" 언제 어디서나 이 진리를 기억해야 한다. 하나님을 두려워하면 그분을 섬기게 된다. 사람을 두려워하면 궁극적으로 그 사람이 원하는 대로 순종하게 된다. 우리는 육신의 눈으로 볼 수 없는 분보다 눈앞에 있는 사람의 심기를 건드릴까 봐 더 신경 쓸 때가 많다. 특히, 그 사람의 사랑이나 우정을 원할 때는 더욱 그렇다. "사람을 두려워하면 올무에 걸리게 되거니와."잠 29:25 이것이 아나니아와 삽비라가 걸렸던 올무다.

바울은 같은 편지에 동료 리더들에게 직언했던 상황을 적었다.

> 그 후 베드로가 안디옥에 왔을 때, 나는 그와 정면으로 맞선 적이 있습니다. 그가 분명하게 잘못한 일이 있었기 때문입니다. 이야기는 이렇습니다. 베드로는 야고보가 보낸 몇몇 사람들이 오기 전만 해도, 식사 때마다 이방인들과 함께 식사를 했습니다. 그러나 예루살렘에서 보수적인 사람들이 오자, 그는 슬그머니 뒤로 물러나, 할 수 있는 한 이방인 동료들과 거리를 두었습니다. 그는 할례라는 옛 방식을 강요해 온 유대 보수파를 두려워했던 것입니다. 안타깝게도, 안디옥 교회에 있던 나머지 유대인들도 그런 위선에 동조했고, 바나바까지도 그런 수작에 휩쓸리고 말았습니다. 나는 그들이 메시지를 따라 한결같이 바른길을 걷지 않는 것을 보고, 그들 모두가 보는 앞에서 베드로에게 이렇게 말했습니다. "당신은 예루살렘에서 파견된 감시인들이 보지 않을 때는 유대인이면서도 이방인처럼 살더니, 이제는 예루살렘에서 온 당신의 옛 동료들에게 좋은 인상을 주려고 이방인에게 유대인의

관습을 강요하는군요. 도대체 무슨 권한으로 그렇게 하는 것입니까?"갈 2:11-14, 메시지

베드로와 바나바를 비롯한 유대인 신자들은 그들이 존경하는 사람들의 반대를 두려워했다. 사람의 인정을 원하다 보니 그들은 위선적인 행동에 빠지게 되었다. 처음에는 베드로가 그러더니 이어서 다른 유대인들도 그렇게 되었다. 이제 그들에게는 신앙의 양심보다 '표출하는' 이미지가 더 중요해졌다. 그로 인해 거룩하지 못한 행동이 나왔다. GNT 역본에서는 잠언 29장 25절을 이렇게 번역한다. "남들이 자신을 어떻게 생각하는지에 신경을 쓰는 것은 위험하다."

신앙의 양심을 지켰던 바울은 베드로와 바나바를 비롯해서 또래 압력에 굴복한 이들을 면전에서 꾸짖었다. 바울은 보수적인 유대인 리더들이 없을 때는 베드로 일행이 진실 곧 자신들의 '실제' 이미지에 따라 살았다는 점을 지적했다. 그들은 예수님을 세상에 제대로 보여 줄 능력을 받았다. 새로운 이방인 신자들을 받아 주고 사랑하며 그들과 교제할 능력을 받았다. 하지만 역학이 변하자 베드로 일행은 동료들을 만족시키기 위한 이미지를 '표출하는' 쪽으로 태도를 바꾸었다. 그런 행동은 덕이 되지 않고 해를 끼치는 결과를 낳았다.

베드로는 구원받은 성도다. 그래서 천국에 있다. 하지만 베드로의 행동은 심판대에서 조사될 악한 혹은 해로운 동기와 말, 행동을

보여 주는 하나의 사례다. 항상 예수님을 기쁘시게 하기 위해 살면 남들이 우리를 어떻게 '보든' 연연하지 않는다. 그러면 언제나 진실 가운데 살게 된다. 이것이 참된 거룩함의 중요한 측면 중 하나다. 다음 구절을 유심히 읽어 보라.

> 하나님의 말씀은 살아 있고 활력이 있어 좌우에 날선 어떤 검보다도 예리하여 혼과 영과 및 관절과 골수를 찔러 쪼개기까지 하며 또 마음의 생각과 뜻을 판단하나니 지으신 것이 하나도 그 앞에 나타나지 않음이 없고 우리의 결산을 받으실 이의 눈앞에 만물이 벌거벗은 것같이 드러나느니라.
> 히브리서 4장 12-13절

이 말씀을 마음에 새겼는가? 익숙한 구절이라고 해서 대충 읽고 넘어갔다면 천천히 다시 읽고 문장 하나하나를 깊이 묵상하라.

하나님의 말씀이 우리의 가장 깊은 생각과 뜻까지 꿰뚫고 들어 간다는 사실을 명심하라. 하나님의 말씀은 우리가 표출하는 모습이 아니라 우리의 진짜 모습을 드러낸다. 우리가 이를 듣고 순종하면 하나님의 말씀은 우리를 자기기만에서 보호해 준다. 예를 들어, 불경하거나 거룩하지 못한 행동을 낳는 '하나님은 나를 보시지 않는다'와 같은 생각에 빠지지 않게 해 준다.

하나님의 말씀을 주의 깊게 듣고 마음 깊이 새기면 하나님에 대한 두려움이 마음속에서 살아 움직인다. 그렇게 하면 "지으신 것이 하나도 그 앞에 나타나지 않음이 없고 우리의 결산을 받으실 이의 눈앞에 만물이 벌거벗은 것같이 드러나느니라"라는 사실을 늘 기억할 수 있다. 히 4:13 이제 우리는 성령이 우리를 깨우치시는 이유를 더 확실히 이해하게 되었다.

> 내 아들[혹은 딸, NKJV]아 네가 만일 나의 말을 받으며 나의 계명을 네게 간직하며 네 귀를 지혜에 기울이며 네 마음을 명철에 두며 지식을 불러 구하며 명철을 얻으려고 소리를 높이며 은을 구하는 것같이 그것을 구하며 감추어진 보배를 찾는 것같이 그것을 찾으면 여호와 경외하기를 깨달으며 하나님을 알게 되리니.
> 잠언 2장 1-5절

우리의 동기와 의도를 관장하는 내면 깊은 곳에서 하나님의 말씀을 추구하는 사람은 지극히 현명한 사람이다. 하나님의 말씀을 최고의 보배로 여겨 그 안에 드러난 것에 순종하면 "안전지대"로 들어가게 된다. 하나님의 길보다 더 큰 보상은 없는 것처럼 그 길을 간절히 추구하면 하나님에 대한 두려움을 알고 이해할 수 있다. 그러면 거짓 이미지를 표출하는 기만의 함정을 피하게 된다. 신앙의 양심과 진리에 따라 살고 거룩함의 길에서 벗어나지 않게 된다.

P1 성경 구절   만군의 여호와 그를 너희가 거룩하다 하고 그를 너희가 두려워하며 무서워할 자로 삼으라 그가 성소가 되시리라(너희를 안전하게 지키실 것이다, NLT). 사 8:13-14

P2 요점   우리는 우리가 두려워하는 존재를 섬기게 된다. 하나님을 두려워하면 그분을 섬기게 된다. 사람을 두려워하면 궁극적으로 그 사람이 원하는 대로 순종하게 된다. 사람이 원하는 대로 순종하면 더 이상 예수 그리스도의 참된 종이 아니다.

P3 숙고   왜 나는 육체적으로 볼 수 없는 분보다 눈앞에 있는 사람의 심기를 건드리지 않으려고 더 노력하는가? 왜 나는 하나님보다 사람들의 사랑, 인정, 우정을 더 갈망하는가? 어떻게 해야 이러한 태도를 바꿀 수 있는가?

P4 기도   하나님 아버지, 하나님의 인정보다 다른 사람들의 인정을 더 구했던 적이 많습니다. 이러한 저를 용서해 주소서. 예수님, 예수님의 인정보다 사람들 사이에서의 인기를 더 추구했던 것을 회개합니다. 거룩해지기를 원합니다. 주님께로 구별되기를 원합니다. 지금부터는 그 누구보다도 주님을 기쁘시게 하기 위해 살겠습니다. 예수님의 이름으로 기도합니다. 아멘.

P5 선언   나는 그리스도의 종이다! 나는 사람이 아니라 그리스도께 인정받을 것이다!

하나님에 대한 두려움이
마음을 다스리는 곳마다
구제와 경건의 영역 모두에서
그 두려움이 나타난다.
둘 중 하나에서만 나타나지 않는다.
매튜 헨리

갈라디아서는 AD 49년에 쓰였다. 따라서 바울이 베드로를 비롯한 유대인 리더들의 잘못을 지적한 일은 그 이전에 일어났다고 볼 수 있다. 그로부터 10년 이상이 지난 AD 63년, 베드로는 자신의 첫 서신서를 썼다. 갈라디아 교회 교인 전체가 알게 된 바울의 지적이 이 서신서를 쓸 당시에도 베드로의 기억 속에 생생했으리라.

> 너희가 순종하는 자식처럼 전에 알지 못할 때에 따르던 너희
> 사욕을 본받지 말고 …… 외모로 보시지 않고[편애하시지 않고, NLT]
> 각 사람의 행위대로 심판하시는 이를 너희가 아버지라 부른즉
> 너희가 나그네로 있을 때를 [경건한, NLT] **두려움으로** 지내라.
> 베드로전서 1장 14, 17절

베드로는 신자들에게 이 글을 썼음이 분명하다. 그는 자신을 부인하고 세상에 대해 십자가에 못 박히고 예수님을 따르는 일에 온전히 헌신하는 이들에게 편지를 쓴 것이다. 이런 신앙의 기초에서 벗어난 그 어떤 회심도 진정한 회심이라고 볼 수 없다.마 16:24; 막 8:34; 눅 9:23; 갈 6:14 거듭남이 이루어지면 신성한 성품이 우리 안에서 형성된다. 이 성품을 따르면 우리를 지배하는 감각에서 자유로워진다. 성령과 하나님의 계시된 말씀을 통해 자유롭게 될 수 있다.벧후 1:4

베드로는 예전처럼 자신의 소욕을 따르는 삶으로 회귀하지 말라고 경고한다. 우리가 우리 자신을 부인하고 십자가에 못 박아야 하는 가장 강한 소욕 중 하나는 '자기 보호'라는 소욕이다. 이 소욕은 남들에게 잘 보이기 위한 이미지를 표출하는 행동 이면의 가장 핵심적인 동기다. 다시 말해, 이 소욕은 사람에 대한 두려움에서 비롯한다. 이 두려움은 베드로뿐 아니라 아나니아와 삽비라, 바나바 등을 해로운 행동으로 몰아갔다.

베드로는 우리가 이런 소욕에 굴복하면 이생에서나 내세에서나 좋지 않게 심판을 받는다고 경고한다. 반대로, 하나님의 뜻을 전적으로 따르면 상을 받는다. 이런 가르침의 한복판에서 베드로는 하나님이 편애하시지 않는다고 경고한다. 이 말이 무슨 뜻인지 생각해 보자.

베드로는 예수님께 강력한 사역을 이어받았다. 그는 초대 교회의 최고 리더 중 한 사람이었다. 하지만 오래전 안디옥에 있을 때 그와 동료 유대인 리더들은 자기 보호의 함정에 빠졌다. 아마도 그는 바울의 날카로운 지적 후에 자신의 동기와 행동을 솔직히 돌아보았던 것으로 보인다. 그는 자신의 위선 이면에 숨은 '이유'를 알아내려고 깊이 고민했을 것이다.

그때 그는 사울왕과 다윗왕 같은 성경 속 리더들의 그릇된 행동을 생각했을지도 모른다. 사울은 군대의 신임을 받기 위해 하늘의 분명한 지시를 거역했다. 즉 그는 사람을 두려워했다. 다윗은 간음을 저지른 뒤 자신의 평판을 지키려고 상대 여성의 남편을 살해했다. 역시 사람을 두려워해서 벌어진 일이다. 두 리더는 모두 질책과 벌을 받았다. 사울의 경우에는 왕좌를 잃었다. 다윗의 경우에는 그의 가문에 피비린내가 사라지지 않게 되었다. 자신이 하나님의 특혜를 받고 있다는 사고의 함정에 빠진 나머지, 둘 다 건강한 개인적 경계들에서 벗어나 불경한 불순종의 행위에 빠져들었다.

베드로는 이런 일이 얼마나 쉽게 일어날 수 있는지를 알고 있었다. 그는 자신만큼은 심판에서 면제된다는 '특권의식'을 피하라고 경고한다. '나는 하나님을 위해 열심히 일하고 있어', '나는 하나님 나라를 세우기 위해 많은 것을 받았어', '나는 수년 동안 누구보다 열심히 중보기도를 했어', '나는 어떤 교회 리더보다도 많은 것을 이루었어' 같은 생각으로 특권의식에 사로잡히지 않도록 조심해야 한다. 특히 이런 생각은 자신이 면책권을 누린다는 착각을 불러올 수 있다. 그렇게 되면 거룩한 두려움이라는 보배를 버리게 된다.

베드로는 "너희도 명령받은 것을 다 행한 후에 이르기를 우리는 무익한 종이라 우리가 하여야 할 일을 한 것뿐이라 할지니라"라는 예수님의 말씀의 무게를 더 온전히 이해하기 시작했다.^{눅 17:10} 여기서 "무익한"에 해당하는 헬라어는 "특별한 찬사나 칭찬받을 만한 자격이 없는"으로 정의된다.[1] 우리가 아무리 열심히 하나님을 섬겼다 해도 특권의식에 빠져서는 안 된다. 특권의식은 우리 모두, 특히 리더들을 쉽게 옭아매는 기만적인 태도다.

지금 베드로는 자신의 서신서에서 경험과 계시를 바탕으로 글을 쓰고 있다. 그는 사람에 대한 두려움의 해독제가 '거룩한 두려움을 품고 사는 것'임을 알고 있다. 이 두려움은 하나님에 대한 깊은 존경과 경외를 말한다. 베드로는 부끄러운 심판을 받지 않고 상을 받을 수 있는 영원한 열쇠를 제시하고 있다.

이런 관점에서 '좁은 길과 어려운 길'에 관한 예수님의 가르침을 살펴보면 많은 사람이 놓치고 마는 놀라운 현실이 눈에 들어온다.

> 좁은 문으로 들어가거라. 멸망으로 이끄는 문은 넓고, 그 길이
> 넓찍하여서, 그리로 들어가는 사람이 많다. 생명으로 이끄는 문은
> 너무나도 좁고, **그 길**이 비좁아서, 그것을 찾는 사람이 적다.
> 마태복음 7장 13-14절, 새번역

여기서 예수님은 "좁은 문"에 관해서 말씀하신다. 대부분은 이 좁은 문이 예수님을 주로 모심을 통해 영생으로 들어가는 입구라고 믿는다. 나도 그렇게 생각한다.

하지만 나는 많은 사람이 "길"(본문에서 진한 글씨)을 불신자들이 좁은 문에 이르기 위해 가야 하는 길로 생각한다는 사실을 발견했다. 하지만 자세히 보면 예수님은 문을 찾기 '전의' 길이 아니라 문을 통해 들어간 '뒤의' 길을 말씀하시는 것으로 보인다. 레온 모리스는 이렇게 말한다. "우리는 처음에즉 그리스도를 따르기로 결심하는 순간 문으로

들어간다. 그 후에 우리는 앞에 놓인 길을 따라간다."² 예수님은 우리가 구원을 받은 뒤에 그분 안에서 이루어지는 삶을 말씀하시는 것이다. 그분은 그 길이 "비좁"다고 어렵다고 말씀하신다.

서구 교회에는 은혜를 강조한 나머지 이 길을 너무나 크게 넓혔다. 은혜는 이렇게 선포한다. "우리는 과거와 현재와 미래의 모든 죄는 용서받았다." 올바른 배경에서 이 말은 옳다. 하지만 서구 교회는 우리가 잃어버린 세상과 별다르지 않을 만큼 넓은 삶을 추구하며 살아도 여전히 하나님과의 교제 안에 있다고 말한다. 하지만 전혀 그렇지 않다. 베드로전서 1장의 나머지 부분을 읽어 보면 알 수 있다.

> 전에 알지 못할 때에 따르던 너희 사욕을 본받지 말고 오직 너희를
> 부르신 거룩한 이처럼 너희도 모든 행실에 **거룩한 자가 되라**
> 기록되었으되 내가 거룩하니 너희도 **거룩할지어다** 하셨느니라.
> 베드로전서 1장 14-16절

거룩함은 추천 사항이 아니라 '반드시' 추구해야 하는 명령이다. 추천 사항도 물론 귀담아듣는 편이 현명하다. 하지만 하나님의 명령은 절대 가볍게 여겨서는 안 되는 것이다. 이를 가볍게 여기는 것만큼 어리석은 것도 없다. 나아가, 베드로는 그리스도 안에서 우리의 지위가 아니라 우리의 행동에 관해 말하고 있다. 우리는 이런 라

이프 스타일을 얻기 위해 '포보스'거룩한 두려움 안에서 살아야 한다. 하나님은 우리가 좁은 길의 양편에 있는 도랑에 빠지지 않도록 두 가지 큰 힘을 주셨다. 첫 번째 도랑은 '율법주의'이고, 두 번째 도랑은 '불법'이다.

과거에는 많은 교인이 '율법주의'에 빠져 있었다. 당시에는 인간이 만든 비성경적인 요구 사항들을 거룩함의 열쇠로 보았다. 그들은 행위로 구원받는다는 거짓 복음을 설파했다. 그것은 분명한 속박이었으며, 그로 인해 많은 사람이 분개하고 심지어 신앙을 떠났다. 하나님이 선하신 하나님이라는 중요한 깨달음은 이 지독한 도랑에서 우리를 해방시켰다. 많은 사람이 우리 하늘 아버지의 사랑을 실질적으로 깨닫고 이 율법주의의 도랑에서 빠져나왔다.

하지만 우리는 인간들이 흔히 저지르기 쉬운 오류를 범했다. 율법주의의 도랑에서 나와 반대편 극단으로 흐른 것이다. 이제 우리는 '불법'의 도랑에 빠졌다. 이 도랑에 빠지면 우리가 세상 사람들과 똑같이 살아도 눈감아 주는 은혜비성경적이다로 구원을 받았다고 믿게 된다. 내주하시는 그리스도의 능력으로 십자가의 삶을 사는 것이 아니라, 이제 자신의 소욕에 따라 살아도 된다고 착각하게 된다. 많은 이들이 이런 거짓말에 넘어가 하나님의 임재와 복과 능력을 경험하지 못하고 있다.

거룩함은 속박이 아니다. 거룩함은 하나님과 이생 모두를 즐기도록 길을 열어 주는 진정한 자유다. 우리는 우리를 구원해 주신 분께 걸맞은 삶을 살아야 한다. 그 삶은 그분에 대한 두려움으로 사는 삶이다. 다음 몇 장에 걸쳐서 이 진리를 깊이 파헤쳐 보자.

P1 성경 구절   거기에 대로가 있어 그 길을 거룩한 길이라 일컫는 바 되리니 깨끗하지 못한 자는 지나가지 못하겠고 오직 구속함을 입은 자들을 위하여 있게 될 것이라 우매한 행인은 그 길로 다니지 못할 것이며. 사 35:8

P2 요점   하나님의 사랑은 우리가 율법주의의 도랑에 빠지지 않도록 보호해 준다. 반대로, 하나님에 대한 두려움은 우리가 불법의 도랑에 빠지지 않도록 보호해 준다. 거룩한 두려움은 진정한 거룩함의 길에서 벗어나지 않게 해 준다.

P3 숙고   어떤 면에서 나는 거룩한 두려움을 무시하고 불경한 행동을 이어 가고 있는가? 하나님 나라를 위한 내 섬김이 하나님처럼 거룩해지라는 명령을 무시할 구실이 되었는가? 어떤 특권의식이 나를 불법의 도랑에 빠뜨렸는가?

P4 기도   하나님 아버지, 제가 하나님 나라를 섬겼다는 이유로 심판을 면한다고 착각했던 것을 용서해 주소서. 이것을 회개합니다. 주님처럼 거룩해지라는 명령을 마음 깊이 새기겠습니다. 저를 향한 주님의 사랑을 받아들일 뿐 아니라 주님에 대한 거룩한 두려움도 품겠습니다. 주님은 제가 이 둘을 모두 선택하면 생명으로 가는 길에서 벗어나지 않을 수 있다고 약속하셨습니다. 예수님의 이름으로 기도합니다. 아멘.

P5 선언   하나님이 거룩하신 것처럼 나도 거룩해지기로 선택한다!

아이들아, 하나님을 두려워하라.
즉 악한 것을 피하도록
마음에 거룩한 경외감을 품고
선한 것을 받아들이고 행하도록
극히 조심하라.
윌리엄 펜

하나님에 대한 두려움은 우리를 사랑하시는 하늘 아버지께서 우리가 예수님에게서 떠나지 않도록 보호하시려 주시는 선물이다. 예수님은 영원한 생명, 사랑, 기쁨, 평강, 선함, 소망을 비롯한 모든 경이의 근원이시다. 그분을 떠나는 것은 곧 죽음과 어둠, 궁극적으로는 영원한 무덤으로 나아가는 것이다. 성경은 이렇게 말한다. "여호와를 경외함으로 말미암아 악에서 떠나게 되느니라."잠 16:6

내가 언제 이 진리를 깨닫게 되었는지 이야기해 보겠다. 1980년대에 한 유명한 텔레비전 부흥사의 부패가 만천하에 드러났다. 당시 그의 사역은 범위로나 재정 면에서나 세계 최대 규모였다. 그렇게 그의 명성이 세계적으로 치솟다가 한순간에 세상 모든 주요 언론이 그의 범죄, 이어진 재판과 판결, 이후 투옥에 관한 기사로 연일 도배되었다.

그는 45년형을 받았지만 나중에 항소해 형량이 5년으로 줄었다. 그가 교도소에 수감된 지 4년째인 1994년, 내 비서에게 뜻밖의 전화가 한 통 걸려 왔다. 사적으로 그를 전혀 알지 못했으나, 누군가가 내 첫 책 *Victory in the Wilderness*광야에서의 승리를 그에게 건네준 모양이었다. 현재는 《광야에서 *God, Where are You?*》로 개정되었다. 그는 감옥에서 그 책을 읽고 깊은 감명을 받았다고 하면서 내 비서를 통해 내게 면회를 와 줄 수 있는지 물었다.

그렇게 이루어진 그와의 만남을 평생 잊지 못하리라. 그는 죄수복을 입고서 면회실로 들어왔다. 그는 내게 다가오더니 1분 가까이 나를 꼭 끌어안은 채 있었다. 그러고 나서 내 어깨를 붙잡고 눈물이 차오른 눈으로 나를 쳐다보며 진심 어린 투로 물었다. "그 책을 직접 쓰셨습니까? 아니면 대필 작가가 쓰셨나요?"

"직접 썼습니다. 저도 고난을 겪었지만 선생님에 비하면 아무것도 아닌 것 같네요."

"드릴 말씀이 많은데 시간이 90분밖에 없네요."

그를 처음 만난 자리였기 때문에 여전히 경계심을 늦추지 않았다. 그는 워낙 악명이 높은 인물인지라 솔직히 속마음을 알 수가 없었다. 하지만 그가 앉자마자 처음 꺼낸 말에 나는 무장해제가 되고 말았다. 그는 내 눈을 응시하며 말했다. "이 감옥은 제 인생에 대한 하나님의 심판이 아니라 오히려 자비였습니다. 제가 계속해서 그 길로 갔더라면 영원한 지옥에 떨어지고 말았을 겁니다."

그때부터 그의 이야기가 몹시 궁금해졌다. 그는 계속해서 자신이 얼마나 악한 사람이었고 하나님이 자신을 구해 주신 일이 얼마나 놀라운지를 자세히 이야기했다. 그가 하나님 앞에 진심으로 회개했다는 것을 금방 알아차릴 수 있었다. 그는 하나님이 감옥에 수감된 첫해에 자신을 어떻게 어둠에서 구해 주셨는지 설명했다.

그는 홀로, 또한 다른 수감자들과 함께 매일 성경을 읽고 기도했다. 그는 교도소 교회 그리고 자신과 같은 수감자인 그곳의 목사에 관해 열정적으로 이야기했다. 그가 그 목사직의 적임자라고 생각한 나는 왜 그 자리에 나서지 않았느냐고 물었다. 그는 자신의 변화가 완성되기 전까지는 그 어떤 리더의 자리도 맡고 싶지 않다고 했다. "저는 지독한 거짓말쟁이였습니다. 그 기질이 다시 나오면 큰일이지 않습니까?"

그는 1년 뒤 출소하자마자 로스앤젤레스 도심에서 사역하는 한 선교 단체에 합류했다. 그때부터 그는 2년 동안 거리의 노숙자들을 섬겼다. 그는 이 사역을 사랑했다. 노숙자들은 전국에서 그의 과거를 모르는 몇 안 되는 부류 중 하나였기 때문이다.

그의 이야기를 20분쯤 들었을까, 그에게 몇 가지 질문을 할 만큼 마음이 편안해졌다. 나는 내가 생각할 수 있는 가장 큰 질문으로 시작했다. "언제 예수님에 대한 사랑이 식었습니까?"

내가 이 질문을 한 것은 과거에 한참 사역을 할 때는 그에게서 예수님을 향한 사랑이 환하게 빛났기 때문이다. 그의 설교를 듣는 모든 사람은 불같은 열정을 느낄 수 있었다. 나는 언제 무엇 때문에 예수님에 대한 그의 사랑이 차갑게 식었는지 알고 싶었다.

그는 더없이 진지한 눈으로 내 눈을 바라보며 말했다. "예수님을 향한 제 사랑은 한번도 식은 적이 없습니다."

그 말을 듣고 나는 적잖이 충격을 받았다. 살짝 화도 났다. '어떻게 저렇게 말할 수 있지?' 그렇게 생각하며 즉시 쏘아붙였다. "무슨 말씀이세요? 7년간이나 불륜을 저지르다가 급기야 우편 사기로 체

포되어 이 감옥에 들어오셨잖아요. 그런데 어떻게 그 7년 동안 예수님을 사랑했다고 말씀하실 수 있죠?"

그는 나와 눈이 마주친 채로 침착하게 말했다. "저는 내내 예수님을 사랑했습니다."

내 얼굴에 당혹감이 퍼져 나갔다. 그는 잠시 말을 멈추었다가 이렇게 말했다. "하지만 저는 하나님을 두려워하지 않았습니다." 그는 다시 말을 멈추었다가 이내 입을 열었다. "저는 예수님을 사랑했지만 하나님을 두려워하지 않았어요."

나는 그 말이 주는 충격에 입을 열지 못했다. 머릿속에서 그 말을 해석하느라 족히 15초는 흘러갔다. 잠시 후 그는 내 존재를 온통 뒤흔드는 말을 했다. "저 같은 사람이 무수히 많습니다. 예수님은 사랑하지만 하나님은 두려워하지 않는 사람들 말입니다."

마치 하나님이 그의 입술을 통해 말씀하신 것처럼 느껴졌다. 그의 말에 한순간에 수많은 의문이 풀렸다. 내 머릿속이 빙빙 돌다가 갑자기 이 나라에서 그토록 막대한 신앙의 이탈이 일어나는 근본 원인을 깨닫게 되었다. 안타깝게도 배교는 그 뒤로도 점점 더 심해졌다.

성경은 분명히 말한다. 하나님을 친밀히 아는 것의 출발점은 그분을 두려워하는 것이다. 그분을 두려워하지 않으면 가짜 예수와 엉터리 관계를 맺게 된다. 그 예수는 영광의 주가 아니다. 우리는 실제로 존재하지 않는 구주를 믿게 된다. 뒤에 가서 이 주제를 더 자세히 다루도록 하고, 여기서는 두 가지 간단한 사례를 증거로 제시하고 넘어가겠다.

이 글을 쓰고 있는 이번 주에 내가 어린 소녀일 때부터 알고 지내던 한 아가씨에 관한 가슴 아픈 소식을 들었다. 그녀는 어릴 적부터 신앙생활을 하면서도 성적으로 문란한 삶을 살아왔다. 그로 인해 그녀는 남자들에게 이른바 '쉬운 여자'로 통했다. 최근 그녀가 낙태 과정 내내 예수님이 자신의 손을 붙잡아 주셨다는 글을 인스타그램에 올렸다. 도대체 그녀가 말하는 예수는 어떤 예수란 말인가?

또 다른 젊은 여성은 신실한 남자와 결혼했는데, 내게 자신이 이혼하면 예수님이 자신을 돌봐 주기로 약속하셨다는 말을 했다. 결국 그녀는 이혼했다. 그로 인해 그녀의 남편과 자녀, 가족들과 친구들은 깊은 상처를 입었다. 그녀의 이혼 사유는 그저 남편을 더 이상 사랑하지 않는다는 것이었다. 학대도 불륜도 생활고도 없었다. 이 모두는 그녀 입으로 직접 말한 사실이다. 심지어 그녀는 남편이 좋은 남편이요, 좋은 아버지라고 말했다. 대체 그녀가 말하는 예수는 어떤 예수인가?

이외에도 예수님과의 관계를 주장하면서 그분과 전혀 관계가 없는 것처럼 살아가는 사람이 숱하다. 어떻게 이토록 많은 사람이 지독한 자기기만 속에서 살아가는 것일까? 나는 거룩한 두려움의 부재가 그 원인이라고 믿는다.

그러므로 나의 사랑하는 자들아 너희가 나 있을 때뿐 아니라 더욱 지금 나 없을 때에도 항상 복종하여 두렵고 떨림으로 너희 구원을 이루라.

빌립보서 2장 12절

바울은 '사랑과 인자'로 구원을 이루라고 말하지 않는다. 누구나 이 두 여성을 보면 사랑과 인자가 넘치는 사람이라고 말할 것이다. 그녀들은 오랫동안 교회에 열심히 출석했고 예수님에 대한 충성을 고백했다. 그렇다면 그녀들은 어째서 그런 행동으로 치달았을까? 그 유명한 부흥사에게 없던 것이 그들에게도 없었다. 우리가 악을 떠나는 것은 하나님에 대한 사랑을 통해서가 아니라 하나님에 대한 두려움을 통해서다. 하나님에 대한 사랑은 우리를 그분께로 가까이 이끌어 준다. 하나님에 대한 두려움은 멸망으로 이어지는 악으로부터 우리를 지켜 준다.

P1 성경 구절 여호와를 경외하는 것은 악을 미워하는 것이라 나는 교만과 거만과 악한 행실과 패역한 입을 미워하느니라. 잠 8:13

P2 요점 하나님에 대한 두려움은 우리를 사랑하시는 하늘 아버지께서 우리가 그분에게서 떠나지 않도록 보호하기 위해 주시는 선물이다. 죄를 미워하지 않고 허용하는 순간, 우리는 그분에게서 떠나기 시작한다.

P3 숙고 악한 삶은 배우자가 아닌 사람과 한 침대에 눕는 순간 시작되지 않는다. 악한 삶은 공금을 유용하는 순간 시작되지 않는다. 그것은 훨씬 전부터 시작된다. 예수님은 우리를 죄에서 해방시키기 위해 목숨을 내주셨는데, 우리가 그 죄를 허용하기 시작할 때 악한 삶이 시작된다. 나는 지금 어떤 죄를 허용하고 있는가?

P4 기도 사랑하는 주님, 제 삶만이 아니라 제가 관계를 맺고 살아가는 다른 신자들의 삶에 죄를 허용한 것을 회개하오니 용서해 주소서. 그들이 계속해서 그릇된 길로 가지 않도록 사랑하는 마음으로 부드럽게 직언하지 않은 것을 용서해 주소서. 예수님의 이름으로 기도합니다. 아멘.

P5 선언 하나님이 사람들을 사랑하시니 나도 사람들을 사랑할 것이다! 그리고 내가 사랑하는 사람들을 망가뜨리는 죄를 미워할 것이다!

나의 걸음이 주의 길을 굳게 지키고
실족하지 아니하였나이다.
시편 17편 5절

　1994년, 두 번의 특별한 경험을 한 뒤 거룩한 두려움을 이해하고 그 두려움의 영역에서 성장하고 싶은 열정이 타올랐다. 한 교회 집회에서 하나님에 대한 두려움에 관해 전한 내 메시지가 지적받았던 사건과 수감 중인 텔레비전 부흥사를 면회했던 사건은 같은 진리를 서로 다른 시각에서 내게 비추어 주었다.

　'Day 2'에서 소개한 당시 해당 지역에서 가장 크고 영향력도 컸던 미국 남동부의 그 교회는 이제는 존재하지 않는다. 신약의 신자들은 하나님을 두려워할 필요가 없다고 가르쳤던 그 교회 목사 역시 더 이상 목회를 하고 있지 않다. 반면 내가 교도소에서 만났던 부흥사는 많은 이목이 집중된 사역은 잃었지만 거룩한 두려움을 발견하고 품은 덕분에 하나님과 사람들을 끝까지 충성스럽게 섬길 수 있었다. 현재 그가 이끌고 있는 사역 단체는 많은 사람에게 선한 영향을 미치고 있다.

　서로 관련 없어 보이는 이 두 사건은 하나님에 대한 두려움이 악의 덫을 피하는 데 얼마나 중요한지를 보여 준다. 악은 우리가 그리스도의 사자로서 효과적으로 일하는 기간을 단축시킨다. 한마디로 악은 '오래가는 생명력'을 불가능하게 만든다. 최근 한 저명한 목사가 내게 한 신학교 교수와 나누었던 대화를 이야기했다. 그 교수는 성경 속에서 하나님께 부름받았던 인물들을 광범위하게 조사했다. 그 결과, 그는 택함받은 사자 중 77퍼센트가 열매 맺는 사역을 오래 유지하지 못했고, 그들 중 상당수가 마무리가 좋지 않았다는 사실을 발견했다. 오늘날 많은 사역자들의 비극적인 결말과 이 목사가 조사한 결과를 합쳐서 보면, 오래가는 사역이란 우리 모두가 심각하게 받아들여야 할 도전 거리가 아닐 수 없다.

1990년대 말, 나는 또 다른 중요한 경험을 했고 거기서 얻은 깨달음을 통해 '오래가는 생명력'에 거룩한 두려움이 중요하다는 사실을 다시 확인할 수 있었다. 나는 말레이시아 쿠알라룸푸르에서 사역을 하고 있었다. 열 번째이자 마지막 예배였다. 장내는 전국에서 모인 신자들로 가득 차 있었다. 내 설교가 끝나자 많은 사람이 사역에 헌신하기로 결단했다. 사람들이 기도를 받기 위해 네다섯 줄로 길게 서 있었다.

내가 단상의 계단을 내려가려는데 갑자기 하나님의 예기치 못한 가시적인 임재가 강력하게 나타났다. 하나님의 사랑과 기쁨이 그곳에 가득했다. 내 앞에 줄을 선 사람들이 미소를 짓기 시작했다. 그러다 갑자기 곳곳에서 웃음소리가 터져 나왔다. 이 기쁨은 순식간에 퍼져, 결국 모든 사람이 영향을 받았다. 아빠 아버지께서 자녀들의 기분을 좋게 만드신 것 같았다. 곧 나는 아무것도 할 필요가 없다는 것을 깨달았다. 그래서 단상 가장자리에 걸터앉아 하나님이 자녀들을 강건하게 하시고 복 주시는 모습을 그저 즐겁게 지켜보았다.

5-10분쯤 지나서, 하나님의 아름다운 임재가 걷히고 장내에는

고요함이 가득했다. 우리 모두는 조용히 놀라운 평강을 누렸다. 하지만 몇 분 뒤 하나님의 임재가 다른 방식으로 나타났다. 브라질리아에서 경험한 것과 비슷한 임재였다. 나는 변화를 기대하며 자리에서 일어섰다. 임재는 점점 더 강해졌다. 이번에는 바람은 불지 않았지만 하나님의 권세와 위대하심이 실질적으로 다가왔다. 방금 전까지만 해도 소리 내어 웃던 사람들이 누가 지시를 내린 것도 아닌데 거의 동시다발적으로 흐느끼기 시작했다. 어떤 이들은 눈물을 펑펑 흘렸다.

임재는 점점 강해지고 우는 소리는 점점 커졌다. 원래 조용한 이 아시아 사람들이 하나님의 불로 세례를 받은 것처럼 완전히 달라졌다. 이번에 나타난 하나님의 임재를 말로 정확히 표현할 길은 없다. 하지만 중요한 것은 이 신성한 순간을 정확히 표현하는 것이 아니다. 중요한 것은 하나님의 임재가 어마어마했다는 사실 자체다. 하나님의 임재는 우리가 더 이상 감당하지 못할 만큼 강해졌다.

이 사건을 통해 나는 우리의 혼과 영의 차이를 분명히 알게 되었다. 성경은 하나님의 말씀이 "혼과 영"을 쪼갠다고 말한다.히 4:12 내 머리는 '하나님, 더 이상 감당할 수 없습니다! 너무 엄청납니다!'라고 생각했다. 하지만 내 마음은 '하나님, 제발 임재를 거두지 마십시오. 멈추지 마십시오!'라고 부르짖었다.

이번에도 '행동이나 말 하나만 잘못해도 나는 죽은 목숨이다'라는 생각이 들었다. 브라질리아에서처럼, 정말로 죽게 될지는 확신할 수 없었다. 하지만 이 분위기에서 불경은 용납되지 않는다는 것만은 확실했다.

엄청난 하나님의 임재는 3-4분간 지속되다가 멈추었다. 임재가 멈추자 그 어떤 지시도 없이 모든 사람이 다시 조용해졌다. 나도 몇 분간 고요한 평안함을 즐겼다.

우리가 집회 장소를 떠날 때 분위기는 엄숙하고 조용하며 경건했다. 나는 떠나기 전에 인도에서 온 한 부부와 잠시 어울렸다. 둘 다 하나님의 임재에 깊은 감동을 받은 상태였다. 우리는 감격이 아직 가라앉지 않아 몇 분간 조용히 서로를 바라보기만 했다. 이윽고 여성이 부드럽게 말했다. "내면이 더없이 깨끗해진 기분이에요." 아내의 말에 남편이 조용히 고개를 끄덕였다.

그 여성이 그렇게 말할 때 내 심장이 두근거렸다. 내가 브라질에 이어 그곳 말레이시아에서 느낀 것을 마침내 누군가가 정확히 표현해 주었기 때문이다. 나는 벅찬 감정을 억누르며 "저도 그렇습니다"라고 대답했다. 우리는 더 이상 대화를 나누지는 않았지만 그녀가 한 말은 그날 밤 내내 내 귓가에 맴돌았다.

이튿날 아침, 나는 교회와 신학교에서 사역하는 젊은이들과 농구를 하기 위해 숙소에서 나갈 채비를 하고 있었다. 그런데 갑자기 마음속에서 성령의 음성이 들려왔다. "아들아, 시편 19편을 읽어라."

나는 성경책을 펴 해당 시편을 읽기 시작했다. 그리고 9절에서 눈이 번쩍 뜨였다.

여호와를 경외하는 도는 **정결하여 영원까지 이르고.**

시편 19편 9절

나도 모르게 소리를 질렀다. "이거야! 바로 이거야!" 나는 경외감에 빠졌다. 이 말씀은 바로 전날 그 여성이 했던 말이었다. 우리 모두는 영혼 깊은 곳에서 형언할 수 없이 깊은 정결함을 느꼈다.

이어서 "영원까지"라는 표현이 눈에 확 들어왔다. 그 순간 성령이 내 마음을 향해 말씀하셨다.

아들아, 루시퍼는 내 보좌 바로 앞에서 예배를 이끌었다. 그는 내 명령을 따라 하늘의 온 군대를 이끌었다. 그는 가까이서 내 영광을 보았다. 하지만 그는 나를 두려워하지 않았다. 그래서 그는 내 보좌 앞을 영원토록 지킬 수 없었다.겔 28:13-17

천사들의 3분의 1이 내 영광을 보고도 루시퍼의 편에 섰다. 그들은 나를 두려워하지 않았다. 그래서 그들은 내 임재 안에 영원히 거할 수 없었다.계 12:4, 7

아담과 하와는 서늘할 때 내 영광 안에서 거닐었다. 하지만 그들은 나를 두려워하지 않았다. 그래서 그들은 에덴동산에서 영원히 살 수 없었다.

아들아, 내 보좌 주변을 영원히 지킬 피조물들은 모두 나에 대한 두려움이라는 거룩한 시험을 통과해야 할 것이다.창 2:8

이 진리를 향해 내 눈이 열렸다. 나는 오랫동안 효과적으로 사역하지 못했거나 마무리가 좋지 않았던 모든 목사들을 떠올리기 시작했다. 많은 목사들이 열정적으로 시작했다. 예수님을 깊이 사랑하고 그분의 말씀에 순종했으며 하나님의 백성을 돌보기 위해 큰 희생을 치렀다. 하지만 결국 지치고 냉소적으로 변했다. 심지어 목회 현장을 떠난 이도 많다. 그들은 끝까지 버티지 못했다.

목회 현장을 떠나지는 않았지만 사역을 온갖 이기적인 이익을 위해 사용하는 이들도 많다. 어떤 목사들은 권위자의 지위를 사용해 순진한 여성들을 성 노예로 착취했다. 목사들이 교인들에게 많은 헌금을 유도하도록 기만적인 메시지를 만들어 제공하면서 막대한 컨설팅 비용을 챙기는 이들도 있다. 어떤 목사들은 섬겨야 할 사람들에 관한 정보를 입수한 뒤 거짓 예언을 하면서 하나님이 자신에게 주신 계시라고 주장하기도 한다. 이처럼 부패한 행위에 대한 예를 들자면 끝이 없다.

그토록 정결하게 시작하고서 어떻게 그토록 부패하게 끝날 수 있는가? 왜 오래도록 열매를 맺지 못하는가? 그것은 바로 거룩한 두려움이 없는 탓이다. 2장에서 이야기한 미국 남동부의 그 목사처럼 그들은 예수님이 기뻐하셨던 것을 당연하게 받아들이거나 심지어 피하기까지 한다. 하나님이 "그분의 보배"로 여기시는 것을 그들 스스로가 버리고 다른 사람들도 버리게 만든다.

거룩한 두려움과 오래도록 끝까지 생명력을 유지하는 것에 관한 하나님의 말씀을 들으라.

여호와를 경외하며 그의 계명을 크게 즐거워하는 자는 복이
있도다 ······ 그의 공의가 영구히 서 있으리로다 ······ 영원히
기억되리로다.
시편 112편 1, 3, 6절

비극을 겪지 않고서도 거룩한 두려움이 얼마나 중요한지를 깨
닫는 사람이 현명하다. 하나님의 영광과 당신의 생명력을 끝까지
유지하기 위해 거룩한 두려움을 당신의 보배로 삼으라.

P1 성경 구절 여호와의 인자하심은 자기를 경외하는 자에게 영원부터 영원까지 이르며. 시 103:17

P2 요점 하나님의 보좌 주변을 영원히 지킬 피조물들은 모두 그분을 두려워하는 자들일 것이다.

P3 숙고 잘 사는 삶의 한 측면은 마무리를 잘하는 것이다. 하나님에 대한 두려움은 영원히 이어진다. 어떻게 해야 거룩한 두려움을 내 삶의 보배로 삼을 수 있을까? 내가 하는 모든 말과 행동이 언제나 거룩한 두려움 속에서 이루어지게 하기 위한 구체적인 방법은 무엇일까?

P4 기도 하나님 아버지, 주님은 우리가 실족하지 않고 단 하나의 잘못도 없이 주님의 영광스러운 임재 안에서 큰 기쁨을 누리게 해 주실 수 있습니다. 주님의 말씀이 그렇게 말하고 있습니다. 우리 주 예수 그리스도의 구속 사역과 이 영원한 관계를 지켜 주는 거룩한 두려움을 통해 제가 그렇게 될 수 있다고 확신합니다. 제가 영원히 주님의 임재 가운데 거할 수 있도록 거룩한 두려움이 항상 제 안에 있게 해 주소서. 예수님의 이름으로 기도합니다. 아멘.

P5 선언 나는 항상 거룩한 두려움을 품어 하나님의 집, 하나님의 임재 안에 영원히 거할 것이다!

당신의 아버지가
거룩, 거룩, 거룩하시다는 사실을
당신이 좋아하지 않는다면
당신은 영적으로 죽은 것이다.
교회에 다니는가? 미션스쿨에 다니는가?
하지만 당신의 영혼에
하나님의 거룩하심에 대한 기쁨이 없다면
당신은 하나님을 알지 못하는 것이다.
당신은 하나님을 사랑하지 않는 것이다.
당신은 하나님과 아무런 관계가 없다.
당신은 그분의 성품에 대해 잠들어 있다.
R. C. 스프로울

"여호와를 경외하는 도는 **정결하여 영원까지 이르고.**"시 19:9 여기서 시편 기자는 간과하거나 가볍게 여기지 말아야 할 거룩한 두려움의 놀라운 두 가지 열매를 제시한다. 그 열매는 바로 '정결'과 '오래가는 생명력'이다. 첫 번째 열매인 정결부터 살펴보자. 두 번째 열매도 뒤에 가서 살펴볼 것이다. 바울은 이렇게 말한다.

> 그런즉 사랑하는 자들아 이 약속을 가진 우리는 하나님을
> 두려워하는 가운데서 **거룩함**을 온전히 이루어 육과 영의 온갖
> 더러운 것에서 **자신을 깨끗하게** 하자.
> 고린도후서 7장 1절

여기서 시편 기자는 같은 진리를 이야기하고 있다. 단, 그 진리를 더 깊이 다루고 있다. 먼저, 거룩함이 하나님에 대한 사랑이 아니라 두려움을 통해 성숙해진다는 점을 지적하고 싶다. 예수님을 사랑하면서도 불경한 삶을 살았던 유명한 부흥사를 기억하는가? 그는 거룩한 두려움을 품은 뒤에 자신을 깨끗하게 하고 이전 죄에서 자유로워졌다. 덕분에 그는 예수님과 전보다 훨씬 더 진정한 관계로 나아갈 수 있었다. 우리는 그가 경험을 통해 배운 것을 성경에서도 동일하게 볼 수 있다.

앞서 말했듯이 거룩함은 오늘날 그리 인기 있는 주제가 아니다. 많은 사람이 거룩함 하면 거부감부터 보인다. 그들은 거룩함이라는 주제가 삶의 흥을 깬다고 생각한다. 그들은 거룩함을 율법주의적인 속박 혹은 고귀하기는 하지만 도달할 수 없는 이상으로 여긴다. C. S. 루이스는 이런 무지를 이렇게 바로잡는다. "거룩함이 지루하다고 생각하는 사람들은 얼마나 무지한가. 진짜를 만나면 …… 거부할 수 없다."[1] 그러니 거부할 수 없을 만큼 아름다운 것을 만날 준비를 하라.

앞서 언급했듯이 거룩함의 주된 정의는 "하나님께로 구별된 것"이다. 여기에는 분명 정결이 포함된다. 신부를 생각해 보라. 신부는 신랑을 위해 구별된다. 이 구별에는 다른 애인을 갈망하거나 그들과 어울리는 행동을 거부하는 것이 포함된다. 거룩함의 정결 측면이 이와 같다. 바울은 우리 자신을 깨끗하게 하라고 말한다. 그는 "예수님의 피가 우리를 깨끗하게 할 것이다"라고 말하지 않는다. 물론 예수님의 피는 우리를 모든 죄에서 깨끗하게 한다. 하지만 '칭의'와 '성화'를 혼동해서는 곤란하다.

우리가 회개하고 예수 그리스도를 '주'로 영접하면 우리가 지은 죄는 용서를 받는다. 그 순간, 우리는 완전히 깨끗해진다. 하나님은 우리 죄를 망각의 바다에 수장시키신다. 하나님은 그 모든 죄를 기억조차 하시지 않는다! 이 일은 너무도 완벽해서 더 이상 개선할 점이 없다. 우리는 이 놀라운 현실에 참여할 만한 어떤 행동도 하지 않왔다. 이것은 철저히 하나님이 주시는 선물이다. 이것이 '칭의'다.

하지만 '칭의'를 받는 순간 '성화'거룩함가 시작된다. 우리 안에서 이루어진 일이 이제는 '밖에서'도 이루어지기 시작한다. 새로워진 우리의 본성이 우리 삶을 통해 외적인 현실로 나타난다. 바울의 다음 글은 바로 이 성화를 이야기한다.

> 복종하여 두렵고 떨림으로 너희 구원을 **이루라** 너희 안에서
> 행하시는 이는 하나님이시니 자기의 기쁘신 뜻을 위하여 너희에게
> **소원을 두고 행하게** 하시나니.
> 빌립보서 2장 12-13절

물론 성화는 엄연히 하나님 은혜의 역사다. 하지만 하나님이 그분이 기뻐하시는 일을 원하는 마음과 행할 능력을 주실 때 우리도 협력해야 한다. 브라질리아 집회에서 사람들이 두렵고 떨리는 가운데 하나님의 임재 안에 들어갔던 것처럼, 거룩한 두려움과 떨림은 우리로 하여금 하나님의 은혜를 힘입어 그분께 순종할 수 있게 해준다.

서구 교회의 많은 교사들이 흔히 하는 실수 중 하나는 거룩함을 칭의와 같은 식으로 다루는 것이다. 다시 말해, 예수님이 다 하셨으니 우리는 아무것도 하지 않아도 된다고 말하는 것이다. 그들은 우리가 여전히 다양한 정욕에 사로잡혀 세상 사람과 똑같이 살아도 예

수님이 우리의 거룩하심이니 우리가 거룩하다고 주장한다. 우리를 더 헷갈리게 만드는 사실은 신약에 실제로 그런 주장을 뒷받침해 주는 것처럼 보이는 구절들이 있다는 것이다. 그들이 저지르는 오류는 '지위적' 거룩함을 '행위적' 거룩함과 혼동한 데서 비롯한다. 무슨 말인지 설명해 보겠다.

지위적 거룩함은 전적으로 예수님이 우리를 위해서 해 주신 일에서 비롯하며, 그리스도 안에서 우리의 지위를 의미한다. 이것은 그리스도의 칭의 사역에서 비롯하는 복 가운데 하나다. "곧 창세전에 그리스도 안에서 우리를 택하사 우리로 사랑 안에서 그 앞에 **거룩하고** 흠이 없게 하"셨다. 엡 1:4 우리의 노력으로는 이 지위를 얻을 수 없다. 그래서 바울은 이렇게 말한다. "예수는 하나님으로부터 나와서 우리에게 지혜와 의로움과 거룩함과 구원함이 되셨으니." 고전 1:30

1982년 10월, 나와 리사는 결혼식을 올렸다. 그날 리사는 내 아내의 '지위'를 얻었다. 현재의 리사는 나와 결혼한 날보다 더 확실한 내 아내가 아니다. 지금으로부터 40년이 지나도 마찬가지다. 리사는 결혼식 당일에 지위적으로 완벽히 내 아내가 되었다. 지위에 관한 절차는 완벽하게 이루어졌다. 마찬가지로, 우리는 구원받은 날 그리스도 안에서 완벽하게 거룩하고 깨끗해졌다. 그래서 더 거룩해질 일은 없다.

리사가 내 아내가 된 뒤 그녀의 '행위'는 내 아내라는 지위와 일치되기 시작했다. 내 아내가 되기 전에 리사는 다른 남자들과 데이트를 하고 그들에게 전화번호를 알려 주기도 했다. 자신의 욕구를 따라서 사는 것을 비롯해서 미혼인 처녀로서 하는 모든 행동을 했다. 하지만 지금은 더 이상 그런 행동을 하지 않는다. 아내의 행위는 결혼식에서 나와 함께 맺은 언약에 맞춰 점점 더 정렬되어 가고 있다. 우리가 함께 살아가는 세월이 늘어날수록 아내의 행위는 결혼의 언약에 따라 계속해서 성숙해졌다. 사도 베드로의 말을 유심히 들어 보라.

> 너희가 순종하는 자식처럼 전에 알지 못할 때에 따르던 너희
> 사욕을 본받지 말고 오직 너희를 부르신 거룩한 이처럼 너희도
> 모든 [삶의] 행실[과 태도, AMPC]에 거룩한 자가 되라 기록되었으되
> 내가 거룩하니 너희도 거룩할지어다 하셨느니라.
> 베드로전서 1장 14-16절

보다시피 여기서 베드로는 '지위적' 거룩함을 말하고 있지 않다. 그는 '행위적' 거룩함을 말하고 있다. 이것은 바울이 모든 더러움에서 우리 자신을 깨끗하게 씻으라고 말할 때 의미한 것과 같은 종류의 거룩함이다. 이것은 칭의를 통해 값없이 얻는 지위적 선물이 아니라 성화의 과정이다.

신약에서 우리의 행위적 거룩함을 다룬 다른 구절들이 있을까?

물론 있다. 사실, 여기서 다 나열하지 못할 정도로 많다. 하지만 여기서는 한 구절만 더 인용해 보자.

> 하나님의 뜻은 이것이니 너희의 거룩함이라 곧 음란을 버리고
> 각각 거룩함과 존귀함으로 자기의 아내 대할 줄을 알고[자기의 몸을
> 통제하고, NLT] 하나님을 모르는 이방인과 같이 색욕을 따르지 말고.
> 데살로니가전서 4장 3-5절

최근, 주일 예배 후에 한 남자가 나를 찾아와 이렇게 말했다. "저는 미혼의 그리스도인입니다. 저는 늘 여성들과 잠자리를 가집니다. 몇 달간 여성들을 만나지 않다가 다시 예전으로 돌아갔습니다. 이것이 문제가 아닙니다. 문제는 제가 지금 예수님을 믿는데 왜 사업이 이렇게 힘드냐는 것입니다."

충격이었다. 은혜에 관한 균형 잡히지 않은 메시지 때문에 많은 사람이 악한 죄 가운데 빠져 살면서도 하나님의 임재와 축복 안에 거할 수 있다는 착각에 빠져 있다. 한 교회에서 여성 세미나 질의문답 시간에 한 여성이 내 아내에게 이렇게 물었다. "저는 남편을 진심으로 사랑해요. 하지만 남편이 워낙 출장을 자주 다녀서 어쩔 수 없이 저는 다른 남자들을 통해 욕구를 해결합니다. 어떻게 해야 하죠? 남편에게 솔직히 말해야 할까요?"

이 두 사람은 자신들이 예수님과의 관계 안에 있다고 진정으로

믿고 있다. 하지만 과연 그 예수는 하나님 우편에 앉아 계신 분인가, 아니면 '가짜' 예수인가? 이 두 가지 사례는 빙산의 일각에 불과하다. 나는 너무도 많은 사람에게서 비슷한 모습을 목격했다. 성경에 거룩하게 살라는 말씀이 없어서 그들이 죄를 자각하지 못하는 것일까? 그렇지 않다. 바울은 분명히 말한다. "저버리는 자는 사람을 저버림이 아니요 너희에게 그의 성령을 주신 하나님을 저버림이니라."살전 4:8

거룩함에 거부할 수 없을 만큼 아름다운 측면이 있다는 점을 기억하라. 계속해서 읽다 보면 이 점을 분명히 보게 될 것이다.

P1 성경 구절   그를 아노라 하고 그의 계명을 지키지 아니하는 자는 거짓말하는 자요 진리가 그 속에 있지 아니하되. 요일 2:4

P2 요점   성화거룩함는 우리 안에서 이루어진 일이 이제는 밖에서 이루어지는 것이다. 새로워진 우리의 본성이 우리 삶을 통해 외적인 현실로 나타난다.

P3 숙고   거룩함은 하나님의 은혜의 역사다. 하지만 하나님이 그분이 원하시는 일을 우리가 원하고 행하도록 능력을 주실 때 나도 협력해야 한다. 나는 이 진리를 믿는가? 나는 이 진리를 무시했는가? 내가 지위적 거룩함을 행위적 거룩함과 혼동해서 거룩하게 살라는 하나님의 명령을 무시했는가? 혹은 과거의 실패 때문에 내 안에서 이루어지는 하나님의 역사를 믿지 못하고 있는가? 어떻게 하면 이 진리를 다시 믿을 수 있을까? 어떻게 하면 내 삶에서 거룩함이 나타날 수 있을까?

P4 기도   하나님 아버지, 제가 하나님이 기뻐하시는 뜻을 이룰 수 있도록 제 안에서 역사해 주소서. 주님이 저를 위해 이미 이루신 일이 제 삶을 통해 외적으로도 이루어지길 원합니다. 예수님의 이름으로 기도합니다. 아멘.

P5 선언   나는 거룩한 두려움과 떨림으로 내 구원을 이루어 나갈 것이다!

너희 발을 위하여 곧은길을 만들어 ……
거룩함을 따르라.
히브리서 12장 13-14절

거룩함은 그 자체로 목적이 아니다. 그것은 가장 중요한 것으로 들어가는 통로다. 이제 이번 장을 여는 성경 구절을 살피면서 거룩함의 거부할 수 없는 측면에 관한 논의로 넘어가 보자.

거룩함을 따르라 이것이 없이는 아무도 주를 보지 못하리라.
히브리서 12장 14절

여기서 "따르라"는 추구하라는 의미이며, 이에 해당하는 헬라어는 "디오코"다. 이 단어의 정의는 "분명한 목적이나 목표를 품고서 큰 노력을 기울여서 뭔가를 하는 것"이다.[1] 이 정의를 보면 이 구절은 강한 의도를 갖고 거룩함을 열정적으로 추구하라는 뜻이 분명하다.

우리가 던져야 할 첫 번째 질문은 이렇다. 여기서 말하는 거룩함은 '지위적' 거룩함인가, 아니면 '행위적' 거룩함인가? 나와 아내의 결혼에 관한 비유를 다시 사용해 보자. 내 아내가 친한 친구에게 "나는 존의 아내가 되는 것을 열정적으로 추구하고 있어!"라고 말하는 것을 상상할 수 있는가?

그러면 친구는 웃으면서 이렇게 말할 것이다. "넌 이미 그의 아내야! 넌 결혼식 날 그의 아내가 되었어!"

내 아내는 이미 얻은 '아내'의 '지위'를 더는 추구하지 않는다. 대신, 아내로서의 적절한 '행위'는 추구한다. 거룩함도 마찬가지다. 우리는 이미 얻은 '지위'를 추구하지 않는다. 대신, "주께 합당하게 행하"는 길을 추구해야 한다. 골 1:10

성경은 이 명령을 무시한 결과가 '하나님을 보지 못하는 것'이라고 말한다. 정신이 번쩍 든다! 물론 이것은 우리의 영원에 영향을 미치지만 여기서 우리가 논의하는 초점은 그것이 아니다. 여기서 중요한 것은 이것이 이생에서 우리에게 어떤 영향을 끼치느냐는 것이다.

나는 미국 시민이기에 미국 대통령과 '관계'가 있다고 말할 수 있다. 나는 3억 3,200만 명의 다른 미국 시민들과 마찬가지로 대통령의 통치 아래에 있고 대통령이 내리는 결정의 영향을 받는다. 하지만 내가 대통령과 관계가 있다고 해도 지금까지 대통령을 사석에서 직접 만나 본 적은 한 번도 없다. 나는 역대 어느 대통령과도 얼굴을 마주하고 이야기를 나눠 본 적이 없다.

반면, 대통령을 자주 '보는' 미국인들이 있다. 대통령의 친구거나 대통령 곁에서 일하는 사람들이 그렇다. 그들은 백악관에서 사는 이를 나보다 훨씬 더 잘 안다. 그들은 대통령을 더 친밀하게 안다. 반면, 나는 대통령을 국가의 원수로서만 안다.

이와 비슷하게, 예수 그리스도의 통치 아래 있는 신자들은 무수히 많다. 예수님은 그들을 보호하고 사랑하시며 그들에게 필요한 것을 공급하시고 그들의 간구에 응답하신다. 하지만 그들이 그분을 '볼' 수 있는가? 다시 말해, 그들이 그분의 '임재'를 경험하고 있는가?

그날 브라질리아에서 열린 집회에 참석했던 수천 명의 신자들은 하나님의 임재를 경험할 만한 행위를 보이지 못했다. 하지만 회개한 뒤에는 만왕의 왕이신 분을 알현할 기회를 얻었다. 이 역학은 매일, 아니 매 순간 똑같이 작용한다. 거룩한 두려움이 없으면 거룩한 행위를 추구하지 않는다. 그로 인해 하나님의 임재라는 특권을 누릴 수 없다. 예수님은 이렇게 말씀하신다. "나의 계명을 지키는 자라야 …… 나도 그를 사랑하여 그에게 나를 나타내리라."요 14:21

다시 강조할 가치가 있다. "행위적 거룩함이 없으면 하나님을 보는 것도 없다." 이 점이 왜 그토록 중요할까? 첫째, 하나님을 보지 못하면, 하나님의 임재를 경험하지 못하면, 그분을 친밀하게 알 수 없다. 나와 미국 대통령의 관계처럼 그분에 '관해서만' 알 뿐이다. 설상가상으로 가상의 예수를 만들어 냄으로써 자신을 속일 수 있다. 예수님을 전혀 모르면서 안다고 생각하는 것은 매우 위험한 일이다. 야고보는 이렇게 말한다. "너희는 말씀을 행하는 자가 되고 듣기만 하여 자신을 속이는 자가 되지 말라."약 1:22 자신에게 속은 사람은 누군가 혹은 뭔가를 안다고 생각하지만 실상은 전혀 모른다.

두 번째 이유도 마찬가지로 중요하다. 하나님을 보지 않고 그분의 임재 안에 들어가지 않으면 그분처럼 닮아 갈 수 없다. 바울은 하나님을 보는 사람들이 "그와 같은 형상으로 변화하여 영광에서 영광에 이른"다고 말한다. 고후 3:18 이 변화는 내면에서 시작되어 결국 다른 사람에게도 보이게 된다.

우리의 정결은 바리새인들의 정결과 같아서는 안 된다. 예수 님은 바리새인들에 대해서 이렇게 말씀하셨다. "겉으로는 사람에 게 옳게 보이되 안으로는 외식과 불법이 가득하도다."마 23:28 그들 의 동기는 시체처럼 불순하고 더러웠다. 그들 안에는 하나님에 대 한 두려움이 없었다. 그래서 철저히 외적 행동에 기초한 의를 추구 했다. 그들은 좋은 이미지를 표출하는 것에 초점을 맞추었다. 그로 인해 내면의 변화가 이루어지지 않았고, 그것은 그에 상응하는 외적 행위로 나타났다. 그들은 하나님을 안다고 믿었다. 하지만 실상은 아니었다. 그들은 자기 앞에 서 계신 창조주를 알아보지 못했고, 그 결과 그분 뜻에서 벗어났다. 그들은 스스로를 속였다.

오늘날에도 우리가 추구하는 거룩함은 우리 마음에서 시작되어 야 한다. 즉 우리의 생각, 동기, 의도에서 시작되어야 한다. 그러면 변화된 내면이 결국 외적 행위로 표출된다. 이것이 예수님이 이렇 게 말씀하신 이유다. "마음이 청결한 자는 복이 있나니 그들이 하나 님을 볼 것임이요."마 5:8 그분을 보지 못하면 내적 변화진정한 거룩함 가 이루어지지 않고, 그 결과 그분을 보지 못한다. 이렇게 악순환이 반복된다.

경건의 외적 모양을 갖추는 것만으로 충분하지 않다. 내적 욕구 의 변화가 지닌 힘을 간과하지 말아야 한다. 우리는 내면 깊은 곳동기와 의도에서 진리를 갈망해야 한다. 내면의 변화를 추구해야 한다. 사도 야고보는 거룩함을 가볍게 여기는 신자들에게 매우 강한 표현을 써서 말한다.

> 구하여도 받지 못함은 정욕으로 쓰려고 잘못 구하기 때문이라
> **간음한 여인들아** 세상과 벗된 것이 하나님과 원수 됨을 알지
> 못하느냐.
> 야고보서 4장 3-4절

야고보는 "간음한 여인들"이라고 말한다. 이는 결혼의 언약을 깨뜨린 사람을 말한다. 하나님은 우리와 그분 사이의 언약을 설명하기 위해 결혼 비유를 자주 사용하신다. 예수님은 우리의 신랑이시고 우리는 그분의 신부다. 바울은 한 남자와 한 여자 사이의 결혼이 예수 그리스도와 교회가 연합한 모습을 보여 준다고 말한다. 엡 5:31-32

세상은 이기적인 이익이나 교만한 성취를 위해서 산다. 그래서 표출하는 이미지와 보이는 이미지에 초점을 맞춘다. 거룩함을 추구하지 않고 세상의 욕심을 품으면 간음하는 자들이 된다. 그것은 우리의 남편이신 분에 대한 극심한 모욕이다. 심지어 그분의 적으로 돌아서는 짓이다. 그래서 야고보는 계속해서 이렇게 말한다. "두 마음을 품은 자들아 마음을 성결하게 하라."약 4:8 하나님을 두려워해야 진

정한 거룩함을 추구함으로 마음을 깨끗하게 할 수 있다.

나는 아내와 40년 넘게 함께했다. 내가 철저히 아내에게 부끄러운 짓을 하지 않는 데는 분명한 이유들이 있다. 가장 중요한 이유는 내가 하나님을 두려워한다는 것이다. 나는 아내의 반응이나 행동과 상관없이 아내를 사랑하고 돌보기로 하나님 앞에서 결단했다.

두 번째 이유는 이 아름다운 여성과의 친밀함을 잃고 싶지 않기 때문이다. 아내는 가장 깊은 비밀과 마음의 바람을 내게 솔직히 털어놓는다. 나는 그것이 좋다. 한마디로, 나는 아내와 나누는 친밀함이 좋다.

예수님에 대해서도 마찬가지다. 내가 예수님에 대한 간음을 절대적으로 피하는 이유는 그분과 나누는 친밀함을 잃고 싶지 않기 때문이다. 나는 하나님께 가까이 나아가 친밀하게 대화하는 시간이 좋다. 하나님이 내가 알지 못했던 비밀들을 알려 주시는 순간이 좋다. 성경은 이렇게 말한다.

> **여호와의 친밀하심**〔비밀, NKJV〕이 그를 경외하는 자들에게 있음이여 그의 언약을 그들에게 보이시리로다.
> 시편 25편 14절

우리는 거룩함의 거부할 수 없는 측면을 이제 막 발견하기 시작했다. 다음 장에서 이 아름다움을 계속해서 탐구해 보자.

P1 성경 구절 마음의 정결을 사모하는 자의 입술에는 덕이 있으므로 임금이 그의 친구가 되느니라. 잠 22:11

P2 요점 강한 의도를 갖고 행위적 거룩함을 추구하지 않으면 하나님의 임재 안에 들어갈 수 없다. 핵심은 완벽한 거룩함에 이르는 것이 아니라 그런 거룩함을 내면에서부터 추구하는 것이다.

P3 숙고 하나님은 내가 거룩한 행위를 추구하는지 아니면 세상적인 욕심과 교만한 성취를 추구하면서 늘 변명만 하는지를 다 아신다. 모든 것은 내 마음의 의도에서 시작된다. 나는 마음의 청결을 추구함으로 행동의 변화를 얻을 것인가? 주변 사람들이 그렇게 하지 않아도 나는 꿋꿋하게 그렇게 할 것인가?

P4 기도 하나님 아버지, 제가 거룩함을 추구하지 않은 것을 용서해 주소서. 거룩함의 중요성을 보지 못했습니다. 하지만 거룩함을 추구해야 한다는 사실을 깨달았습니다. 거룩함이 주님을 알현하기 위한 열쇠였어요. 제 세상적인 행위와 추구를 용서하시고 예수님의 피로 저를 씻어 주소서. 거룩함을 가볍게 여겼던 태도를 회개합니다. 예수님의 이름으로 기도합니다. 아멘.

P5 선언 나는 전심으로 거룩함을 추구할 것이다! 하나님처럼 거룩해지는 것을 목표로 삼을 것이다!

의인의 길은 정직함이여
정직하신 주께서
의인의 첩경을 평탄하게 하시도다.
이사야 26장 7절

거룩한 삶을 살기 위해 '애써 봤지만' 성공할 때보다 실패할 때가 많아서 답답한가? 하나님과의 친밀함을 원하지만 순종이 뜻대로 되지 않아서 답답한가? 그렇다면 이 말을 꼭 기억하라. 당신이 하나님을 원하는 것보다 하나님이 더 당신을 원하신다. 하나님이 당신 편이시니 기뻐하라! 이 진리를 기억하며 긴장을 풀라.

문제는 당신이 '노력했다'는 사실에 있을 가능성이 높다. 모세의 법은 하나님의 명령을 지키지 못하는 우리의 무능력을 증명해 보였다. 우리는 하나님의 도우심이 필요한 존재다. 이 도움은 다름 아닌 하나님의 은혜다. 대부분의 신자들은 예수 그리스도의 은혜가 우리를 율법의 요구 조건들에서 해방시킨다는 사실을 알고 있다. 하지만 여기서 한 걸음 더 나아가, 은혜가 우리에게 새로운 본성, 죄에서 해방되어 자유로운 삶을 살 잠재력을 준다는 사실은 모르는 사람이 많다. 롬 6:6-7

육체와 영의 모든 더러움에서 깨끗해지라는 바울의 명령을 보면 우리가 자주 간과하는 한 진술이 먼저 나타난다. 몇 문단 전에서 바울은 이렇게 말한다.

> 우리가 하나님과 함께 일하는 자로서 너희를 권하노니 하나님의
> 은혜를 헛되이 받지 말라 이르시되 내가 은혜 베풀 때에 …… 너를

도왔다 하셨으니.

고린도후서 6장 1-2절

하나님이 은혜를 베푸시는 때가 왔다. 이제 우리는 그분의 도우심으로 거룩한 삶을 살 수 있다. 그런데 안타깝게도 하나님의 은혜가 무엇인지 제대로 전해지지 않고 있다. 그래서 많은 이들이 그 잠재력을 제대로 알지 못한다. 그들은 은혜를 영원한 구원, 죄의 용서, 죄 때문에 받을 벌의 면제, 분에 넘치는 선물 정도로만 배웠다. 이런 현실도 분명 사실이지만, 은혜의 능력에 관해서는 널리 알려지지 않았다.

하나님은 사도 바울에게 이렇게 말씀하셨다. "내 은혜가 네게 족하도다 이는 내 능력이 약한 데서 온전하여짐이라."고후 12:9 간단히 말하면 이렇다. "바울아, 네 힘으로 할 수 없는 것을 이제 내 능력으로 할 수 있다. 이것을 은혜라고 부른다."

베드로도 이 진리를 확인시켜 준다. "은혜가 …… 너희에게 더욱 많을지어다 그의 신성한 능력[은혜]으로 생명과 경건에 속한 모든 것을 우리에게 주셨다."벧후 1:2-3, NKJV 이 진리를 NLT 역본은 더 직접적으로 표현한다. "하나님은 신성한 능력[은혜]으로 경건한 삶에 필요한 모든 것을 우리에게 주셨다." 하나님은 우리에게 거룩하게 살 능력을 주신다.

이 진리가 왜 그토록 중요할까? 기독교는 믿음의 종교다. 기독교의 메시지 전체를 "믿음의 말씀"이라고 부른다. 롬 10:8 다시 말해, 우리는 믿기 전까지는 하나님께 아무것도 받지 못한다. 그리고 알지 못하는 것은 믿을 수 없다. 따라서 은혜의 능력을 알지 못하면 계속해서 우리 자신의 능력으로 하나님을 기쁘시게 하려고 시도하게 되어 있다. 그 결과는, 열매 없는 비참한 삶이다.

새로운 탄생을 예로 들어 보자. 하나님이 구원하실 수 있다고 말하면서도 정작 자신은 구원받지 못한 사람이 많다. 그들이 회개하고 복음을 믿기 전까지는 구원하는 은혜를 받지 못한다. 거룩함을 향한 우리의 추구도 마찬가지다. 하나님이 거룩하게 살 능력을 주실 수 있다고 믿는 그리스도인이 많다. 하지만 '은혜의 능력'을 전심으로 믿지 못하면 아무런 소용이 없다.

바울은 고린도 교회 교인들에게 "하나님의 은혜를 헛되이 받지 말라"라고 권면했다. 고후 6:1 뭔가를 헛되이 받는 것이 무슨 의미일까? 간단하다. 그것의 잠재력을 온전히 이용하지 않는 것이다. 농기구와 씨앗을 받으면 먹고살 식량을 기를 수 있다. 하지만 받은 것을 사용하지 않으면 굶어 죽을 것이다. 죽은 뒤에 이웃들은 뭐라고 말할까? "농기구와 씨앗을 헛되이 받았군."

바로 이것이 바울이 하는 말이다. 하나님은 우리가 자기 힘으로는 살 수 없는 삶을 살도록 돕기 위해 은혜를 주셨다. 은혜는 거룩한 삶을 추구하고 이룰 능력을 준다. 불신 때문에 이 힘을 활용하지 못해서는 안 된다.

하나님의 은혜가 단순히 서구 문화에서 널리 가르치는 것이라면 그것을 받을 수 있을까? 그러니까 은혜가 단순히 구원, 용서, 천국행 티켓일 뿐이라면 그것을 허비하기란 불가능하다. 그렇다면 바울의 진술은 말이 되지 않는다.

하지만 사도 바울의 사고 흐름을 따라가 보면 답이 나온다. 고린도 교회는 세속적이었다. 그 교회에는 거룩함을 추구하는 모습이 없었다. 바울은 같은 편지의 좀 더 뒤에서 이 점을 지적한다. "죄를 지은 여러 사람의 그 행한 바 더러움과 음란함과 호색함을 회개하지 아니"했다.^{고후 12:21} 그 전에 6장에서 바울은 이 신자들에게 하나님의 은혜를 허비하지 말라고 촉구하고 나서 그들을 향한 하나님의 사랑을 언급하면서 왜 그 사랑에 보답하지 않느냐고 묻는다. 그러고 나서 핵심 주제로 돌아가, 그들이 불경건한 자들에게 영향을 받아 하나님의 은혜를 경시했다는 점을 지적한다.

> 너희는 믿지 않는 자와 멍에를 함께 메지 말라 의와 불법이 어찌 함께하며 빛과 어둠이 어찌 사귀며.
> 고린도후서 6장 14절

불신자들을 전도하려고 세상 속으로 들어가는 것과 그들에게 영향을 받아 그들처럼 되는 것은 엄연히 다르다는 점을 기억해야 한다. 후자의 경우에는 생명의 길에서 벗어나게 만드는 행동을 하게 된다. 앞서 말했듯이 이를 영적 간음이라고 부른다.

　이어서 바울은 이 육적인 신자들에게 그들이 하나님의 거처라는 사실을 일깨워 준다. 그리고 나서 하나님의 바람desire을 알려 준다. "그들 가운데 거하며 두루 행하여 나는 그들의 하나님이 되고 그들은 나의 백성이 되리라 그러므로 너희는 그들 중에서 나와서 따로 있고 부정한 것을 만지지 말라 **내가 너희를 영접하여.**"고후 6:16-17

　여기서도 우리는 하나님의 임재에 관한 약속을 볼 수 있다. 단, 이번에는 더 큰 수준의 임재에 관한 약속이다. 여기서 하나님은 가끔 우리를 찾아오시는 것이 아니라 아예 우리 안에서 우리와 함께 거하시는 것을 말씀하고 계신다! 이번에도 우리는 '하나님을 보는 것'임재에 관한 약속이 조건적이라는 사실을 볼 수 있다. 세상이 추구하는 이기적이고 교만한 욕심에서 멀리 벗어나면 하나님을 알현하여 영원히 함께하는 삶이 약속된다. "내가 너희를 영접하여." 반대 경우도 성립된다. 세상의 오물로 자신을 더럽히면 하나님을 알현할 수 없다. 그래서 바울은 다음과 같이 촉구한다.

　그런즉 사랑하는 자들아 이 약속을 가진 우리는 하나님을
　두려워하는 가운데서 거룩함을 온전히 이루어 육과 영의 온갖
　더러운 것에서 자신을 깨끗하게 하자.
　고린도후서 7장 1절

이제 우리는 바울이 빌립보 교회 교인들에게 한 말을 더 깊이 이해할 수 있다. "두렵고 떨림으로 너희 구원을 이루라 너희 안에서 행하시는 이는 하나님이시니 자기의 기쁘신 뜻을 위하여 너희에게 **소원을 두고 행하게** 하시나니."빌 2:12-13 하나님에 대한 두려움은 우리가 하나님이 기뻐하시는 일을 '소원하도록' 만들고, 우리 주 예수 그리스도의 은혜는 그 일을 '행할' 능력을 우리에게 준다.

반면, 거룩한 두려움이 없는 탓에 스스로 소원하지 않으면 자연히 능력을 활용하지도 않게 된다. 그러면 능력을 헛되이 받은 꼴이다! 이것이 오래도록 열매를 맺기 위해 거룩한 두려움이 반드시 필요한 이유다.

이제 정결이 거룩함의 중요한 측면 중 하나라는 점을 분명히 알게 되었으리라 믿는다. 하지만 정결이 거룩함의 전부는 아니다. 다시 말하지만, 거룩함의 주된 정의는 "하나님께 바쳐지는 것, 전적으로 하나님의 소유가 되는 것"이다. 거룩함의 핵심적인 의미를 더 온전히 보여 주는 예를 들어 보겠다. 신부는 신랑과 결혼할 때 그에게 자신을 전적으로 내준다. 이런 헌신에는 지위와 행동 모두의 정결이 포함된다. 하지만 정결이 궁극적인 목표가 아니다. 신랑에게 온전히 바쳐진 신부가 되는 것이 목표이며, 거기에 정결이 포함되는 것이다.

따라서 진정한 거룩함은 초월적이고 헌신적인 정결이다. 이는 하나님과의 깊은 친밀함으로 들어가는 문을 열어 준다. 이 책을 마치기 전까지 이런 '거부할 수 없는 측면'에 관해 계속해서 이야기할 것이다. 하지만 먼저 신랑께 바쳐진 삶이란 구체적으로 무엇인지 더 살펴봐야 한다. 답은 한 단어에 있다. 바로, 순종!

P1 성경 구절   너는 그리스도 예수 안에 있는 은혜 가운데서 강하고. 딤후 2:1

P2 요점   은혜의 능력을 알지 못하면 계속해서 자기 능력으로 하나님을 기쁘시게 하려고 시도하게 되어 있다. 이는 하나님의 은혜를 헛되이 받는 꼴이다.

P3 숙고   거룩한 삶을 살기 위해 '애썼지만' 성공보다 실패를 더 많이 했는가? 나는 내 능력으로 노력했는가, 아니면 거룩하게 살 능력을 주시는 하나님의 은혜를 의지했는가? 내 능력으로 노력해 왔다면 앞으로 어떻게 달라질 수 있을까?

P4 기도   하나님 아버지, 제가 경건한 삶으로 주님의 영광스러운 임재를 누릴 수 있는 유일한 길은 주님의 은혜의 능력을 통하는 것뿐임을 깨달았습니다. 제 힘으로 시도했던 것을 회개하오니 용서해 주소서. 지금부터는 예수님을 영화롭게 하는 구별된 삶을 살기 위해 주님의 은혜 안에서 강해지겠습니다. 예수님의 이름으로 기도합니다. 아멘.

P5 선언   나는 거룩한 두려움으로 거룩함을 구하고 하나님 은혜의 능력으로 거룩함을 이룰 것이다!

The
Awe
of
God

Ⅳ. 하나님 말씀을
두려워하는
훈련

나로 하여금 주의 계명들의 길로
행하게 하소서
내가 이를 즐거워함이니이다.
시편 119편 35절

1부에서 우리는 '하나님에 대한 두려움'을 '하나님의 임재'에 떠는 것과 '하나님의 말씀'에 떠는 것, 이렇게 두 범주로 나눌 수 있다는 점을 보았다. 지금까지 우리는 하나님의 영광스러운 임재에 관해 논했다. 하지만 우리가 논해야 할 것은 아직도 무궁무진하다. 우리는 하나님의 임재에 영원토록 놀라워하게 될 것이기 때문이다. 이번 파트에서는 우리가 하나님의 말씀에 어떻게 반응해야 하는지에 관한 이야기로 넘어가 보자.

일단, 하나님의 백성이 그분과의 진정한 관계에서 벗어나 한낱 형식적인 관계로 흘렀던 시절에 관해 생각해 보자. 하나님은 그들을 깨우치기 위해 이렇게 물으셨다. "하늘은 나의 보좌요 땅은 나의 발판이니 너희가 나를 위하여 무슨 집을 지으랴 내가 안식할 처소가 어디랴."사 66:1

이사야 66장의 처음 다섯 구절을 전체 배경에서 보면, 전능자께서는 자기 마음대로 그분과 관계를 맺으려고 했던 사람들에게 말씀하고 계신다. 그들은 하나님의 뜻을 건성으로 따르는 시늉만 하면서도 하나님이 기뻐하시리라 생각했다. 이에 하나님은 그들 마음대로 선택한 길이 마음에 들지 않는다는 점을 분명히 밝히고 나서 진정한 관계를 위해 필요한 것을 단도직입적으로 알려 주신다.

무릇 마음이 가난하고 심령에 통회하며 **내 말을 듣고 떠는** 자 그
사람은 내가 돌보려니와.

이사야 66장 2절

여기서 "돌보려니와"에 해당하는 히브리어는 "나바트"다. 이 단
어의 정의는 이렇다. "돌보는 것, 지켜보는 것, 주시하는 것. 뭔가를
다소 집중해서 본다는 의미를 함축하고 있다." 따라서 하나님은 사
실상 이렇게 말씀하고 계신 것이다. "그 사람은 내가 주목해서 볼 것
이다." 여기서 세 덕목이 나열되어 있다. 겸손, 통회하는 마음, "내
말을 듣고 떠는" 자. 여기서 우리의 초점은 이 세 번째 덕목이다.

하나님의 말씀에 떠는 사람은 언제나 그분의 말씀을 가장 중시
한다. 그에게 하나님의 말씀보다 더 중요한 것은 없다. 이는 거룩한
두려움의 진정한 증거다. 이 사람은 가장 복을 받은 사람이다. 같은
관점에서 바울은 이렇게 말한다.

나의 사랑하는 자들아 너희가 **나 있을 때뿐 아니라 더욱 지금 나
없을 때에도** 항상 복종하여 두렵고 떨림으로 너희 구원을 이루라.

빌립보서 2장 12절

이 구절을 바울이 빌립보 교회 신자들에게 하는 말이 아니라 하
나님이 우리에게 직접 하시는 말씀으로 생각하라. 여기서 "항상 복

종하여"라는 표현에 주목하라. 이는 무조건이라는 뜻이다. 하나님의 임재가 느껴지든 느껴지지 않든, 우리를 위한 하나님의 역사가 보이든 보이지 않든, 기도가 기대한 시간 안에 이루어지든 이루어지지 않든 그에 상관없이 순종하라.

사람들이 서로에게 친절하게 굴고 하나님의 임재가 강하게 느껴지는 집회 현장에서는 하나님께 순종하기가 쉽다. 하지만 믿었던 팀원이 당신을 모함하는 바람에 당신이 해고를 당한다면? 하나님의 말씀에 따라 그를 용서할 것인가, 아니면 복수할 것인가?

멀리 출장을 갔는데 외로움이 밀려온다. 문득, 배우자가 당신에게 심한 말을 했던 순간이 떠오른다. 그런데 그때 외모가 출중한 이성 동료가 당신을 칭찬하고 위로한다. 그러더니 갑자기 밤에 자신의 호텔 방으로 오라고 당신을 유혹한다. 아무에게도 들킬 일이 없다. 어떤가? 도망칠 것인가, 받아들일 것인가?

밤늦게 컴퓨터 앞에서 일을 하면서 필요한 정보를 찾기 위해 웹서핑을 하고 있는데 갑자기 포르노 사이트가 나타난다. 클릭하고 들어갈 것인가?

이런 순간은 하나님의 임재가 느껴지지 않는 순간이다. 하나님의 말씀에 떠는 자라면 어떤 상황에서도 그 말씀에 순종할 것이다. 그에게는 말씀보다 더 중요한 것이 없기 때문이다. 이것이 바로 거룩한 두려움을 품고 사는 것이다. "여호와를 경외함으로 말미암아 악에서 떠나게 되느니라."잠 16:6

시편 기자는 이렇게 말한다.

여호와를 경외하며 그의 계명을 크게 즐거워하는 자는 복이
있도다.
시편 112편 1절

하나님을 두려워하는 사람은 그냥 순종하는 것이 아니라 더없
이 즐겁게 순종한다. 그에게 순종은 부담이 아니라 기쁨이다. 이 사
람은 하나님이 우리의 창조주이시기에 무엇이 우리에게 유익하고
해로운지를 분명히 아신다고 확신한다.

우리 네 아들이 다 아이였던 시절이 기억난다. 아빠에게 성탄절
은 쉬는 날이 아니다. 어린 자녀를 둔 아빠들은 이제부터 내가 하는
말을 이해할 것이다. 성탄절 선물 상자를 개봉하다 보면 조립이 필
요한 선물들이 나온다. 나 역시 전형적인 아빠였다. 나는 상자를 열
어 조립품들을 바닥에 쏟아붓고 상자와 설명서는 한쪽으로 던져 놓
고서 빠르게 조립하기 시작했다. 선물에 따라 대충 한두 시간이면
조립이 끝났다. 그런데 열 조각이 바닥에 그대로 남아 있었다. 조립
된 완성품의 스위치를 켜도 아무런 반응이 없었다. 어떻게 해야 할
까? 나는 서둘러 설명서를 찾고 장난감을 해체한 뒤에 설명서에 따
라 다시 조립했다. 이번에는 제대로 움직였다.

하나님을 두려워하는 사람은 항상 순종하기 마련이다. 이 사람

은 다음과 같은 근본 진리에서 절대 떠나지 않는다.

1. 하나님은 내게 가장 좋은 것이 무엇인지 아시는 분이다.
2. 하나님은 순전한 사랑이시며, 나는 그 사랑의 초점이다.
3. 하나님은 내게 해로운 것을 절대 시키시지 않는다. 하나님이 하라고 하시는 것은 언제나 최상의 결과로 이어진다.
4. 따라서 하나님이 뭐라고 하시든 나는 기꺼이 순종할 것이다.

이스라엘 자손들은 늘 불평했다. 그들은 하나님이 자신들을 이끄시는 방식과 자기 삶에서 일어나는 상황이 마음에 들지 않았다. 그들은 뭐든 불편하고 부족하면 하나님께 불만을 터뜨렸다. 그들에게는 거룩한 두려움이 없었다. 그래서 하나님의 말씀에 떨지 않았다. 이에 하나님은 다음과 같이 말씀하셨다.

네가 모든 것이 풍족하여도 **기쁨과 즐거운 마음**으로 네 하나님 여호와를 섬기지 아니함으로 말미암아 …… 적군을 섬기게 될 것이니.
신명기 28장 47-48절

하나님의 말씀에 떠는 것은 존재 깊은 곳에서의 기쁨과 즐거움을 동반한다. 마음에 기쁨이 없다면 그런 마음 상태가 드러나는 것은 시간문제다. 상황이 안 좋아지면 바로 불평이 터져 나온다. 내가 이스라엘 백성이 운명의 땅에 이르지 못하도록 발목을 잡은 다섯 가지 죄를 발견했던 순간을 평생 잊지 못하리라. 악한 것을 열망하는 것, 우상숭배, 성적 음란, 하나님을 시험하는 것, 불평.고전 10:6-10 불평이란 단어를 보고 깜짝 놀라서 나도 모르게 소리를 쳤다. "뭐라고? 불평? 어떻게 불평이 이런 '큰' 죄들과 나란히 놓일 수 있지?"

그때 성령의 음성이 느껴졌다. "아들아, 내 눈에 불평은 심각한 죄다." 이어서 성령은 불평이 "하나님, 하나님 방법이 마음에 들지 않아요! 저라면 다르게 했을 겁니다"라고 따지는 것임을 보여 주셨다.

계속해서 성령은 이렇게 말씀하셨다. "불평은 내 성품에 대한 모욕이다. 불평은 내 뜻에 대한 반항이다. 무엇보다도 불평은 거룩한 두려움이 전혀 없다는 뜻이다."

나는 아내에게 이 이야기를 나눈 뒤에 불평은 반항이라는 이해를 바탕으로 자녀를 훈계하기로 합의했다. 나는 이것을 심각하게 받아들였다. 그때부터 어떤 불평도 하지 않으려고 노력했다. 단 한 마디의 불평도 하지 않기로 마음먹었다. 하지만 나중에 나흘간 금식하던 중에 성령의 속삭이심이 들려왔다. "아들아, 네 마음속에서 불평이 들리는구나."

나는 즉시 무릎을 꿇고 회개했다. 나중에 하나님은 내가 "기쁨"과 "즐거운 마음으로" 하나님을 섬기지 않고 원수에게 넘어갔다는 사실을 보여 주셨다. 바울의 말을 다시 보자.

그러므로 나의 사랑하는 자들아 너희가 나 있을 때뿐 아니라 더욱 지금 나 없을 때에도 항상 복종하여 두렵고 떨림으로 너희 구원을 이루라 너희 안에서 행하시는 이는 하나님이시니 자기의 기쁘신 뜻을 위하여 너희에게 소원을 두고 행하게 하시나니 **모든 일을 원망과 시비가**〔불평이, KNJV〕 **없이 하라.**

빌립보서 2장 12-14절

사흘간의 금식 후 나는 이 구절의 깊은 의미를 발견했다. 나는 불평이 거룩한 두려움의 정반대라는 사실을 보게 되었다. 불평은 하나님의 말씀에 떨지 않는 것이다. 불만의 태도로 생각하거나 말하는 것은 하나님과 그분의 말씀을 모욕하는 것이다.

하나님을 두려워하는 자들은 순종보다 더 중요하거나 유익한 것은 없다는 사실을 절대적으로 확신한다. 그들은 어떤 대가가 따르더라도 무조건 순종한다. 그들은 현대 사회의 문화나 흐름에 따라 하나님의 말씀을 순화시키거나 왜곡시키지 않는다. 또한 다른 신자들의 행동을 보며 하나님의 말씀에 순종할지를 결정하지 않는다. 그들은 그냥 순종한다.

P1 성경 구절 너희가 **즐겨 순종하면** 땅의 아름다운 소산을 먹을 것이요. 사 1:19

P2 요점 거룩한 두려움의 증거는 어떤 상황에서도 옳은 태도와 행동을 유지하는 순종이다.

P3 숙고 내가 상황이 좋을 때만 순종하는가? 상황이 내 뜻대로 풀리지 않으면 불평하는 경향이 있는가? 어떻게 해야 항상 기뻐하고 감사하는 태도를 유지할 수 있을까? 어떻게 해야 순종할 결심을 확고히 할 수 있을까?

P4 기도 하나님 아버지, 주님의 말씀에 떨지 않을 것을 회개하오니 용서해 주소서. 제 순종은 조건적이었습니다. 제 태도는 기쁨과 감사가 아니었습니다. 회개하오니 용서해 주소서. 거룩한 두려움을 품겠습니다. 항상 기쁨으로 순종하도록 가르쳐 주시고 능력을 부어 주소서. 예수님의 이름으로 기도합니다. 아멘.

P5 선언 나는 하나님을 두려워할 것이다! 그래서 그분이 기뻐하시는 일을 원하고 행할 것이다!

목청이 터져라 외치는 것보다
하나님의 말씀에 떨고
하나님의 사랑의 무한한 위엄 앞에
엎드리는 편이 낫다.
C. H. 스펄전

거룩한 두려움의 중요한 속성 중 하나는 하나님의 말씀에 무조건 순종하는 것이다. 이는 우리의 삶에 놀라운 유익을 가져온다. 하나님의 말씀에 떠는 것에는 다섯 가지 측면이 있다. 오늘부터 5일에 걸쳐서 각 측면을 살펴보자. 자, 첫 번째 측면을 소개한다.

<u>1. 하나님께 즉시 순종한다.</u>

순종은 하나님을 두려워하는 사람들에게 가장 중요한 속성이다. 그들은 하나님이 명령하신 일을 이루는 것보다 자신의 이익을 중시하는 법이 결코 없다. 거룩한 두려움은 순종하려는 사람들의 마음속에 '하나님께 중요한 것이 내게 최우선 사항이다'라는 생각을 불어넣는다.

이와 관련해서 살펴볼 성경 구절이 수없이 많지만 그중에서 예수님이 하신 두 가지 말씀을 살펴보자.

이런 문제에서 나는 너희가 이렇게 행동하기를 바란다. 네가 예배당에 들어가서 헌금을 드리려는데 갑자기 어떤 친구가 너에게 원한을 품고 있는 것이 생각나거든, 헌금을 내려놓고 **즉시** 나가 그 친구에게 가서 화해하여라. 반드시 그렇게 하고 난 뒤에, 돌아와 하나님과의 일을 마무리하여라.

마태복음 5장 23-24절, 메시지

여기에서 "즉시"라는 단어를 눈여겨보라. 이사야 66장처럼 이번에도 예수님은 하나님이 이미 시키신 일에 순종하지 않으면서 '하나님을 위해 뭔가를 하려고' 하지 말라고 강조하신다. 여기서 예수님은 특별히 원한과 관련해서 말씀하시지만 전반적인 원칙은 모든 상황에 적용된다.

앞서, 음란을 일삼으면서도 사업이 잘되게 해 달라는 기도가 응답되지 않는다고 답답해한 남자의 이야기를 기억하는가? 잠시 그 상황을 생각해 보자. 음란을 멀리하라는 하나님의 말씀에 순종하는 것을 최우선으로 삼지 않으면서 왜 하나님이 자신의 사업을 최우선적으로 챙겨 주시길 바라는가?

이스라엘의 대제사장 엘리에게는 두 아들이 있었다. 그들도 아버지 아래서 제사장으로 사역했지만 둘 다 악했다. 그들은 간음을 저지르고 헌금을 강제로 취했다. 하지만 엘리는 두 아들의 악함을 다루는 일을 '미루었다.' 그가 아들들을 방치한 일에 대한 하나님의 반응은 이러했다. "어찌하여 …… 네 아들들을 나보다 더 중히 여겨."삼상 2:29

우리가 어떤 사람이나 목적을 위해 하나님께 순종하는 일을 미루거나 소홀히 하면 그것은 하나님보다 그 사람이나 목적을 더 중시

하는 것이다. 그것은 곧 거룩한 두려움이 없다는 뜻이다. 하나님은
이어서 이렇게 말씀하신다.

> 나를 존중히 여기는 자를 내가 존중히 여기고 나를 **멸시하는** 자를
> 내가 **경멸하리라.**
>
> 사무엘상 2장 30절

하나같이 정신이 번쩍 들게 하는 표현들이다. 하나님의 말씀
에 순종하는 일을 미루거나 소홀히 하는 것은 곧 하나님을 "멸시하
는" 것이다. 하나님은 그분을 "멸시"하는 자들을 "경멸"하신다. 여기
서 멸시하다에 해당하는 히브리어는 "칼랄"이다. 이 단어는 "사소한
것, 하찮은 것"으로 정의된다. 가치나 중요성이 적다는 뜻이다. 이
진술은 우리가 하나님의 말씀을 하찮게 여기면 그분도 우리에게 중
요한 것을 하찮게 여기신다는 뜻으로 해석할 수 있다. 아무도 이런
상황을 원하지 않으리라.

그 사업가가 음란에 관한 하나님의 말씀을 중시해서 순종했다면
아마도 하나님은 그의 사업을 중요하게 여기셨을 것이다. 하지만 그
렇지 않았기에 그의 사업은 그분 눈에 하찮은 것이었을 뿐이다.

즉각적인 순종의 중요성을 보여 주는 또 다른 구절은 에베소 교
회 교인들을 향한 예수님의 말씀이다.

회개하여 처음 행위를 가지라 만일 그리하지 아니하고 회개하지 아니하면 내가 네게 [곧바로, NKJV] 가서 네 촛대를 그 자리에서 옮기리라.

요한계시록 2장 5절

회개란 하나님의 말씀에 일치하도록 생각, 나아가 행동을 바꾸는 것을 의미한다. 이 교회가 이런 순종을 미루면 복의 자리에 머물 기회를 놓칠 수밖에 없다. 예수님이 "곧바로" 오셔서 그들의 영향력을 없애실 것이다. 역시 정신이 번쩍 나게 하는 말씀이다.

누가복음을 보면 타이밍과 우선순위로 인해 기회를 놓친 이들에 관한 이야기가 등장한다. 예수님은 이렇게 말씀하신다. "어떤 사람이 큰 잔치를 베풀고 많은 사람을 청하였더니 잔치할 시각에 그 청하였던 자들에게 종을 보내어 이르되 오소서 모든 것이 준비되었나이다."눅 14:16-17 이 초대는 하나님의 말씀이다. 잔치가 이미 완벽히 준비되어 있다! 어서 와서 참여해야 한다. 타이밍이 중요하다.

그런데 초청받은 사람들의 반응을 보라. "다 일치하게 사양하여."18절 그들은 잔치에 참여하지 못하는 데에 합당해 보이는 이유를 댄다. 한 사람은 땅을 샀고, 다른 사람은 사업을 돌봐야 하며, 또 한 사람은 돌봐야 할 아내가 있다고 한다. 언뜻 들으면 그들의 변명에는 간음, 도둑질, 살인처럼 죄로 분류할 만한 것은 전혀 없다. 하지만 그 자체로는 죄가 아니라 해도 하나님의 말씀보다 우선하면 그게 무엇이든 죄가 된다.

종이 돌아와 초대받은 사람들의 변명을 전하자 "집 주인이 노하여."21절 그냥 기분이 나쁜 것이 아니라 노했다고? 왜일까? 사람들이 자신의 초대를 가볍게 여겼기 때문이다. 사람들에게 그 초대가 최우선이 아니었기 때문이다.

그래서 주인은 어떻게 했을까? 그는 처음에 초대받지 못했던 사람들을 초대한다. 예수님은 이 이야기를 이렇게 마무리하신다. "전에 청하였던 그 사람들은 하나도 내 잔치를 맛보지 못하리라."24절 기회가 한순간에 날아갔다. 그들의 변명은 나빠 보이지 않았지만, 우리 생각에 나쁘지 않은 것도 하나님의 뜻을 이루지 못하도록 방해할 수 있다는 점을 기억해야 한다. 하나님에 대한 두려움이 우리 마음속에 없을 때 이런 일이 쉽게 발생한다.

성경에는 순종을 미룬 탓에 기회가 사라진 사례가 훨씬 더 많이 나타난다. 사실, 나열하지 못할 정도로 많다. 하지만 흥미로운 이야기를 하나만 더 살펴보자. 누가복음 9장에서 예수님은 두 사람을 초대하신다. "나를 따르라." 이 얼마나 엄청난 초대인가. 온 피조 세계의 창조주께서 같이 가자고 하신다! 그런데 첫 번째 남자는 따르겠다고 하되 한 가지 조건을 붙인다. "나로 **먼저** 가서 내 아버지를 장사하게 허락하옵소서."59절

그는 예수님을 따르겠다고 말하지만 먼저 개인적인 일부터 챙길 생각이다. 다시 말해, 순종을 '미룬다.' 학자들은 당시 장남이 아

버지를 장사 지내면 다른 아들들보다 유산의 두 배를 받는다고 말한다. 하지만 장남이 그 의무를 다하지 않으면 그 혜택은 차남에게 돌아갔다. 따라서 그의 변명은 합당해 보인다. 단순히 일을 미루는 것은 죄의 범주에 들어가지 않는다. 그럼에도 그는 남겨진다. 안타깝게도 그는 기회를 놓치고 만다.

다른 남자도 같은 초대를 받았는데 그는 이렇게 대답한다. "주여 내가 주를 따르겠나이다마는 나로 **먼저** 내 가족을 작별하게 허락하소서."61절 이번에도 "먼저"라는 단어가 등장한다. 그리고 이번에도 지체에 대한 그의 변명은 악하다고 말할 수 없다. 그럼에도 그는 천지를 지으신 창조주와 가까이서 동행할 기회를 놓친다.

다음 장은 이렇게 말한다. "그 후에 주께서 따로 칠십 인을 세우사 친히 가시려는 각 동네와 각 지역으로 둘씩 앞서 보내시며."눅 10:1 이 두 사람은 이 70명에 포함될 수 있었다. 하지만 경건한 두려움이 없어 순종을 미룬 탓에 그 기회를 놓쳤을 가능성이 높다.

오랫동안 사역을 해 왔는데도 신자들이 대수롭지 않게 이렇게 말하는 말을 들을 때면 여전히 경악을 금할 수 없다. "하나님이 이 문제로 몇 달간 저를 괴롭히고 계시죠." 그들은 재미있는 상황인 것처럼 씩 웃는다. 하지만 자신이 거룩한 두려움이 없는 것을 자랑하고 있다는 사실을 알면 과연 웃음이 나올까?

모세가 양을 치는 바쁜 활동을 멈추고 불타는 떨기나무를 보러 산에 올라가는 일을 미루었다면?출 3장

노아가 방주 짓는 일을 미루었다면?

아브라함이 가나안으로 가는 일을 미루었다면? 그의 아버지는 그 일을 미루었다. 아브라함에 앞서 그의 아버지가 먼저 가나안으로 부름을 받았다. 아브라함은 자신의 아버지가 지체해 놓친 그 일을 완성했다. 창 11:31

느헤미야가 두 리더인 산발랏과 게셈의 요청에 따라하던 일을 멈추고 그들을 만나러 갔다면? 그래서 성벽 재건을 지체했다면? 하지만 느헤미야는 하나님을 두려워했기에 이렇게 반응했다. "내가 이제 큰 역사를 하니 내려가지 못하겠노라 어찌하여 역사를 중지하게 하고 너희에게로 내려가겠느냐."느 6:3

예를 들자면 끝이 없다. 요점은 이것이다. 하나님의 말씀에 떨면 하나님께 즉시 순종하게 되어 있다.

P1 성경 구절 나를 존중히 여기는 자를 내가 존중히 여기고 나를 **멸시하는** 자를 내가 **경멸하리라.** 삼상 2:30

P2 요점 개인적인 사유로 하나님의 말씀에 대한 순종을 미루는 것은 곧 그분의 뜻이 중요도에서 밀린다고 말하는 것이다.

P3 숙고 나쁘지 않은 일이 하나님의 뜻을 이루지 못하도록 방해할 수 있다. 죄가 아닌 것이라 해도 그것이 하나님의 말씀보다 우선하면 죄가 된다. 나는 개인적인 일에 바빠 순종을 미룬 적이 있는가? 어떻게 해야 그런 태도를 바꿀 수 있을까?

P4 기도 하나님 아버지, 주님의 말씀을 선택 사항으로 여기거나 가장 중요하게 여기지 않았던 적이 많았습니다. 회개하오니 용서해 주소서. 그것이 주님께 중요한 것이 제게는 하찮다고 말한 것이나 다름없다는 사실을 깨달았습니다. 회개하며 용서해 주소서. 주님이 원하시는 일을 최우선으로 여기겠습니다. 예수님의 이름으로 기도합니다. 아멘.

P5 선언 나는 하나님의 뜻을 알자마자 순종할 것이다!

우리는 인간의 이성에 따라 살도록
부름받지 않았다.
가장 중요한 것은 하나님의 말씀과
우리 삶에서 나타나는 그분의 인도하심에
순종하는 것이다.
하나님의 뜻 안이야말로
세상에서 가장 안전한 곳이다.
브라더 윤

성령이 당신에게 이해되지 않는 일을 시키신 적이 있는가? 하나님과 어느 정도 오랫동안 친밀하게 동행한 사람이라면 대부분은 그렇다고 대답할 것이다. 하지만 한 가지만 더 묻자. 순종하고 나서는 이해가 되었는가? 때로는 순종하자마자, 혹은 얼마 뒤에 이해가 되었는가? 거의 대부분의 경우, 나중에는 이해가 되었을 것이다. "거의 대부분"이라고 말한 것은 심판대에 이르기 전까지는 이해가 되지 않는 경우가 '드물게' 있기 때문이다. 하나님의 말씀에 떠는 것이 무슨 의미인지 탐구를 계속해 보자. 거룩한 두려움을 진정으로 품고 살아가는 사람은 다음과 같이 한다.

1. 하나님께 즉시 순종한다.
2. 말이 되지 않아도 하나님께 순종한다.

하나님이 우리로서는 이해할 수 없는 일을 시키시는 경우가 흔하지는 않다. 하지만 그런 경우가 분명히 있다.

눈먼 사람에게 진흙에 침을 뱉어 이긴 뒤에 눈에 바르고 나서 씻으라는 말이 이해가 되었을까? 당시에는 이해가 되지 않았다. 하지만 이 명령지혜은 눈먼 사람을 보게 만들었다.

혼인잔치 중에 포도주가 더 필요할 때 정결 의식에 쓰이는 항아리에 물을 부으라는 것이 이해가 되었을까? 당시에는 이해가 되지 않았다. 하지만 이 명령지혜은 혼인잔치에서 가장 좋은 품질의 포도주를 탄생시켰다.

노련한 뱃사람들에게 구명보트가 준비되어 있는 상황에서도 직감과 경험을 잊고 가라앉는 배를 버리지 말라는 것이 이해가 되었을까? 당시에는 이해가 되지 않았다. 하지만 이 명령지혜은 배 안에 있던 276명 모두의 목숨을 구했다. 단 한 명의 목숨도 사라지지 않았다. 행 27:27-36

자신이 시작한 성 전체의 부흥 집회를 그냥 두고서 사막 한복판으로 가라는 명령이 이해가 되었을까? 당시에는 이해가 되지 않았다. 하지만 이 명령지혜은 에티오피아 서열 3위의 인물을 구원받게 했다.

높고 거대한 요새의 성벽 주위를 6일 동안 조용히 돌다가 일곱째 날에는 같은 행동을 일곱 번 반복하고서 마지막으로 나팔을 불며 고함을 지르라는 것이 이해가 되었을까? 당시에는 이해가 되지 않았다. 하지만 이 명령지혜은 적의 성벽이 와르르 무너지는 결과를 낳았다.

독이 들은 국에 밀가루를 붓고 나서 사역자 수련생들에게 먹으라고 한 것이 이해가 되었을까? 당시에는 이해가 되지 않았다. 하지만 이 명령지혜은 모든 사람이 배불리 먹고도 아무도 아프지 않은 결과로 이어졌다. 왕하 4:38-41

우리나 우리 가족, 우리와 가까운 누군가에게 상처를 준 사람을 용서하라는 것이 이해가 되는가? 그들은 죗값을 치러야 하는 것 아닌가?

우리를 미워하는 자들을 사랑하라는 것이 이해가 되는가? 그들을 냉대해야 옳지 않은가?

우리에게 악하게 대한 자들을 선대하라는 것이 이해가 되는가? 그들에게 똑같이 갚아 줘야 마땅하지 않은가?

악한 짓을 일삼는 윗사람을 공경하라는 것이 이해가 되는가? 불평하고 반항해야 마땅하지 않은가?

무례하게 구는 자들에게 친절하게 굴라는 것이 이해가 되는가? 그런 자들에게는 한마디 강하게 쏘아붙여야 하지 않을까?

성경에서 이해가 되지 않는 명령을 들자면 이번 장 내내, 아니 이 책 내내 나열해도 모자랄 것이다. 하지만 그 결과를 보면 이 모든 명령은 하나같이 하나님의 지혜임이 판명이 났다. 하나님의 명령에 두려워 떨며 순종한 자들은 복을 받았고, 거룩한 두려움이 없는 탓에 순종을 미루거나 아예 불순종한 자들은 대가를 치렀다. 이제 하나님에 대한 두려움이 어떻게 해서 지혜의 시작인지를 더 분명히 보게 되었으리라 믿는다. 시 111:10 성경은 이렇게 말한다.

너는 마음을 다하여 여호와를 신뢰하고 네 명철을 **의지하지 말라**
너는 범사에 그를 인정하라 그리하면 네 길을 지도하시리라.
잠언 3장 5-6절

하나님의 지혜는 우리의 명철을 훨씬 뛰어넘는다. 따라서 우리의 명철을 의지하지 말아야 한다. 궁극적으로 우리에게 유익한 명령이라도 그것이 논리적이지 않을 때 우리는 순종하지 않기가 쉽다. 하지만 하나님을 두려워하는 사람은 이해가 되지 않을 때도 기꺼이 순종한다.

몇 해 전 한 억만장자를 만난 적이 있다. 그는 처음 사업을 시작할 때만 해도 일이 잘 풀리지 않아 고생을 많이 했다고 말했다. 그는 사업 성공에 관한 온갖 베스트셀러를 읽고 여기저기서 주워들은 조언대로 실천했다. 하지만 여전히 사업은 날개를 펴지 못했다.

하루는 교회에서 설교를 듣던 중 그의 머릿속에 한 가지 생각이 떠올랐다. '목사님은 복음을 전하라는 소명을 받고 그 평생의 소명을 이루는 데 성령님을 의지한다. 나는 사업으로 부름을 받았다. 나도 부름받은 일을 이루는 데 성령님을 의지한다면?'

그는 매일 아침 일찍 일어나 하나님께 인도하심을 구하기로 결심했다. 그는 노트를 펴서 하나님이 마음속에 주시는 모든 것을 적기 시작했다. 그리고 하루 종일, 심지어 회의 중에도 한쪽 귀는 항상 성령의 음성을 향해 열어 놓았다.

그러던 어느 날, 그는 인수 합병을 위한 회의에 참여하기로 되어 있었다. 그런데 그날 아침 성령은 그에게 아주 사소해 보이는 일을 지시하셨다. 도무지 이해할 수 없었지만 그는 그대로 따르기로 결심했다.

성령은 그에게 특정한 행동을 반복적으로 하라고 지시하셨다. 그는 엘리사 선지자에게 화살로 땅을 치라는 지시를 받았던 왕을 떠올렸다. 그 왕은 땅을 세 번 쳤다가 선지자에게 더 치지 않는다고 꾸지람을 들었다. 왕하 13:14-19 그래서 그 사업가는 같은 행동을 스무 번이나 반복해서 했다. 나중에 그는 내게 이렇게 말했다. "그날 우리 회사는 베트남에 있는 병원 스무 곳을 인수했습니다."

그는 유럽에서 세계 최대 은행 중 한 곳을 인수한 과정도 이야기했다. 그 과정은 병원 인수보다도 더 기상천외했다. 이 사업가는 기도 중에 어떤 지시를 받은 논리적인지 아닌지를 따지지 않고 무조건 순종하기로 선택했다. 그 결과는 번영이었다!

한번은 10대 후반이었던 우리 아들아이에게 말이 안 되는 일을 시킨 적이 있다. 아이는 말이 되지 않는 일이라고 길길이 날뛰었지만 나는 뜻을 굽히지 않았다. 답답해진 아이가 결국 목소리를 높였다. "아빠, 나는 밀레니얼 세대라고요. 우리 세대는 뭐든 하기 전에 '이유'를 알아야 한다고요!"

나는 아들에게 이렇게 말했다. "좋다. 이렇게 해 보자. 아빠가 실제로 있었던 이야기를 해 주마. 하나님은 유다의 한 젊은 선지자에게 베델로 가서 이스라엘 왕에게 예언을 전한 뒤에 왔던 길로 돌아가지 말고, 심지어 여행 중에 아무것도 먹지 말라고 명령하셨어. 젊은 선지자는 성령의 지시에 순종하지 않았다가 그만한 대가를 톡톡히 치렀지. 그는 여행이 끝나기 전에 사자에게 죽임을 당했단다. 왕상 13:16, 23-26 자, 이 젊은 선지자가 이런 지시를 받은 '이유'를 네가 알아내면 나도 내 지시의 '이유'를 말해 줄게."

아이는 지금까지도 그 '이유'를 알아내지 못했다. 사실, 나도 아직까지 그 이유를 모른다. 하나님이 우리의 머리로는 이해할 수 없는 일을 명령하실 때가 있다. 하지만 그분의 지혜는 언제나 결과로 확인된다. 이것이 예수님이 이렇게 말씀하시는 이유다. "지혜는 그 행한 일로 인하여 옳다 함을 얻느니라."마 11:19

베드로는 밤새 바다에서 수고했지만 아무런 수확도 얻지 못한 뒤 다시 더 깊은 바다로 들어가서 다시 한번 그물을 던지라는 예수님의 말씀에 순종했다. 우리도 그렇게 해야 한다. 지칠 대로 지친 사람에게는 이 명령이 더더욱 어렵다. 베드로의 반응이 실로 아름답지 않은가? "우리들이 밤이 새도록 수고하였으되 잡은 것이 없지마는 말씀에 의지하여 내가 그물을 내리리이다."눅 5:5 결과는 두 배를 가득 채우고도 남을 만큼 많은 물고기였다.

P1 성경 구절 자기의 마음을 믿는 자는 미련한 자요 지혜롭게 행하는 자는 구원을 얻을 자니라. 잠 28:26

P2 요점 하나님의 지혜는 우리의 명철을 훨씬 초월한다. 따라서 자신의 명철을 의지하지 말아야 한다. 자기 명철을 의지하면 자신에게 진정으로 유익한 순종을 하지 않기가 쉽다. 하지만 하나님을 두려워하는 사람은 이해가 되지 않을 때도 기꺼이 순종한다.

P3 숙고 나는 하나님의 지혜를 잘 신뢰하지 못하는 사람인가? 하나님의 지혜를 믿지 못하고 내가 볼 때 논리적인 길로 간 적이 있는가? 그 결과는 어떠했는가? 하나님을 믿고 그분의 지시에 따랐다면 어떻게 되었을까? 이제는 하나님께 순종하기로 결단할 수 있을까?

P4 기도 하나님 아버지, 하나님의 지혜보다 제 지혜를 더 믿었던 것을 회개하오니 용서해 주소서. 주님의 말씀을 읽고 기도하며 주님을 두려워하는 이들의 경건한 권면을 들을 때 주님의 지혜를 받아들일 믿음을 주소서. 제 머리로 이해가 되지 않을 때도 믿고 순종할 힘을 주소서. 예수님의 이름으로 기도합니다. 아멘.

P5 선언 나는 '하나님보다 인간의 능력을 더 믿는 사람들'의 목소리와 내 지혜를 따르는 대신 하나님의 지혜에 순종할 것이다!

보상에 대한 기대나
형벌에 대한 두려움이 없을 때도
하나님을 사랑하고 두려워하는 것이
인간의 의무다.
마이모니데스

대학에 들어간 아들이나 딸이 돈이 필요할 때만 전화한다는 부모들의 푸념을 들어 본 적이 있을 것이다. 대학생 아들딸은 부모와 대화하고 싶어서 전화한 것처럼 말하지만 실상은 필요한 게 있어서 전화하는 경우가 있다. 거룩한 두려움은 우리가 하늘 아버지를 이렇게 대하지 않도록 해 준다. 바로 이것이 하나님의 말씀에 떠는 것이 지닌 또 다른 의미다. 새로운 의미를 추가하면서 기존의 의미를 복습해 보자. 우리는 다음과 같이 해야 한다.

1. 하나님께 즉시 순종한다.
2. 말이 되지 않아도 하나님께 순종한다.
3. <u>개인적인 유익이 보이지 않아도 하나님께 순종한다.</u>

40년 넘게 사역을 하면서 나는 특히 서구 교회에서 한 가지 안타까운 현실을 자주 목격했다. 신자들을 순종으로 이끌고자 교회가 순종의 '유익'을 강조할 때가 너무도 많다. 생각해 보라. 단순히 거룩함에 관한 메시지를 듣기 위해 30분 일찍 와서 맨 앞자리에 앉는 사람이 얼마나 될까? 그냥 순종만 강조하는 책이 베스트셀러에 올라 있던가? 설교자들도 이런 세태에 발맞추어 듣기 부담스러운 진리를 웬만해서는 전하지 않고 있다. 예수님을 따르기 위해 자신을 부인하는 삶을 촉구하는 대신 훈훈한 이야기로 사람들의 귀를 즐겁게 해 주어야 한다는 압박에 굴복한 목회자가 얼마나 많은가.

이런 세태가 왜 그토록 슬픈 현실인가? 하나님의 지혜를 피해 다니면 우리 자신에게 손해이기 때문이다. 하나님의 명령, 명철, 지혜는 궁극적으로 이생과 내세에 가장 큰 복을 가져온다. 성경은 하나님의 말씀을 "지킴으로 상이 크니이다"라고 말한다. 시 19:11 우리는 하나님의 후하심을 따라갈 수가 없다. 우리가 하나님을 위해서 아무리 큰일을 한다 해도 보상은 언제나 그보다 훨씬 더 크다.

그럼에도 보상을 따지는 태도는 위험하다. 보상을 따지는 사람이 유익이 분명히 보이지 않는데도 변함없이 하나님의 명령에 순종할까? 십중팔구 자신의 개인적인 일에 더 신경 쓸 것이다. 이래서 하나님에 대한 두려움이 중요하다. 거룩한 두려움이 있는 사람은 눈에 보상이 보이든 보이지 않든 상관없이 순종한다.

바사페르시아가 대제국을 이루었을 당시에는 수많은 나라를 정복했고, 그 제국의 왕 아하수에로는 세계에서 가장 강한 사람이었다. 그는 에스더라는 유다인 여성과 결혼했다.

아하수에로 밑에는 하만이라는 최고위 관리가 있었는데, 왕의 관리였던 에스더의 삼촌 모르드개에게 매우 기분 상하는 일을 당했다. 화가 난 그는 모르드개뿐 아니라 유다 민족 전체를 말살하기로 마음먹었다. 그런데 그는 여느 사람들처럼 에스더 왕비가 유다인이라는 사실을 모르고 있었다.

하만은 왕 앞에서 유다인들을 심하게 비방하면서 유다 민족 전체를 하루 만에 말살해야 한다고 청했다. 그의 계략은 성공했다. 왕은 그의 청을 허락했고 조서를 내린 뒤 인장 반지를 내주었다.

모르드개는 이 소식을 듣고서 조카인 에스더 왕비에게 사자를 보냈다. 그는 에스더에게 왕을 찾아가 유다인들의 목숨을 살려 달라는 간청을 하라고 부탁했다.

이에 에스더는 이렇게 대답했다. "왕의 신하들과 왕의 각 지방 백성이 다 알거니와 남녀를 막론하고 부름을 받지 아니하고 안뜰에 들어가서 왕에게 나가면 오직 죽이는 법이요 왕이 그 자에게 금 규를 내밀어야 살 것이라 이제 내가 부름을 입어 왕에게 나가지 못한 지가 이미 삼십 일이라."에 4:11 에스더는 아하수에로의 아내였지만 그가 부르지 않는데도 임의로 찾아가면 처형당할 가능성이 높았다.

한번 찬찬히 생각해 보자. 에스더는 왕비였다. 그런 만큼 꿈같은 삶을 살고 있었다. 원하는 것은 뭐든 가질 수 있었다. 하나님의 백성을 위해 왕을 찾아가는 모험을 감행해서 개인적으로 얻을 수 있는 것은 아무것도 없었다. 이익은커녕 목숨을 비롯해 전부를 잃을 가능성이 높았다. 그런데 그녀가 모르드개에게 뭐라고 말했는지 보라.

당신은 가서 수산에 있는 유다인을 다 모으고 나를 위하여
금식하되 밤낮 삼 일을 먹지도 말고 마시지도 마소서 나도
나의 시녀와 더불어 이렇게 금식한 후에 규례를 어기고 왕에게
나아가리니 **죽으면 죽으리이다.**

에스더 4장 16절

에스더는 거룩한 두려움을 품었기에 자신의 안녕보다 하나님
나라를 더 중시했다. 그녀가 순종함으로 그녀가 누리던 안위, 안
전, 부, 지위가 모두 위험에 처했다. 아무리 봐도 얻을 것은 없고 잃
을 것만 있었다. 하지만 하나님께 중요한 것이 그녀에게도 가장 중
요했다. 그녀는 하나님의 말씀에 떨었다. 그녀는 하나님을 두려워
했다.

2015년, 아내와 나는 아르메니아 예레반에서 3,500명의 기독교
사역자가 모인 집회에서 메시지를 전했다. 동유럽과 중동 전역에서
메시지를 들으려는 목사들이 날아왔다. 이란에서도 많은 목사들이
차로 이동해 왔다. 예레반은 이란 국경에서 45킬로미터쯤 떨어져 있
다. 당시에는 이란인들이 아르메니아에 가는 것이 허용되어서 수많
은 지하 교회 사역자들이 참석했다. 집회 분위기는 아주 뜨거웠다.

마지막 모임이 끝나고 아내와 나는 바람을 쐬려고 예레반의 도
심을 산책하기로 했다. 그런데 한 식당에서 20대 중반의 두 여성이
뛰어나와 우리를 맞았다. 알고 보니 그들은 이란에서 온 여성 사역

자들이었다. 눈부시게 아름답고 명랑했다.

우리 부부는 그들과 20여 분쯤 이야기를 나누었다. 말을 들어 보니 종교 경찰들이 그들을 추적하고 있었다. 집회 중에도 이란 당국에서 그들의 소재를 확인하는 전화가 수시로 걸려 왔다. 그중 한 사람은 경고성 문자 메시지를 받았다고도 말했다.

그때 내 40년 목회 인생에서 가장 어리석은 말 중 하나가 내 입에서 튀어나왔다. "그런데 왜 돌아가려고 하나요? 망명하지 않고?"

그녀는 온화한 가운데서도 결심이 서린 표정으로 나를 바라보며 대답했다. "저희가 돌아가지 않으면 누가 이란 사람들에게 예수님을 전하나요?"

뜻밖의 말에 나는 깊은 감명을 받았다. 자신을 보호하려는 본능을 내려놓은 숭고한 여인들. 자신의 나라에서 하나님 나라가 이루어지기를 바라는 열정이 그 본능을 압도했다. 그들은 에스더처럼 거룩한 두려움을 품고서 살았다. 그들은 개인적인 유익이 눈에 보이지 않아도, 아니 자기 목숨이 위험에 처해도 상관없이 하나님께 순종했다. 나는 찔림과 감동을 동시에 받았다.

이 젊은 여성들은 어쩌다 한 번 순종의 행위를 보인 것이 아니었다. 오랜 시간에 걸쳐 삶으로 뿌리를 내린 순종의 자세가 그들의 마음속에 있었다. 이처럼 우리는 순간순간 내리는 사소해 보이는 결정 가운데서도 순종을 실천해야 한다. 지극히 작은 일에서도 하나님의 말씀과 성령의 인도하심에 순종해야 한다. 바쁜 일정 속에서 갑자기 누군가에게 전화해야겠다는 마음이 불같이 일어난다. 아무런 이유도, 눈앞에 보이는 유익도 없다. 그래도 전화를 걸면 나중에야 그 '이유'를 알게 되는 경우가 많다.

혹은 누군가가 우리를 험담했다는 사실을 알게 된다. 그 사람을 용서하고 화해의 손을 내밀며 나아가 그를 축복해 봐야 우리에게 당장 눈에 보이는 유익은 없다. 그래도 우리는 "서로 용서하기를 하나님이 그리스도 안에서 너희를 용서하심과 같이 하라", "너희를 저주하는 자를 위하여 축복하며"라는 명령에 순종해야 한다. 엡 4:32; 눅 6:28

우리를 미워하는 사람에게 크게 당한 일이 있다고 하자. "너희 원수를 사랑하며 너희를 박해하는 자를 위하여 기도하라"라는 예수님의 말씀에 순종하면 눈에 보이는 어떤 유익이 있는가? 마 5:44 혹은 기독교에 적대적인 국가의 신자들이 자신들을 핍박하고 고문하며 심지어 그들의 신앙으로 인해 가족까지 죽인 자들을 축복해 봐야 당장 무슨 유익이 따를까? 하지만 나와 아내는 이런 일이 실제로 일어나는 지역에서 사역하는 목사들이 그럼에도 불구하고 큰 기쁨과 풍성한 삶을 누리는 모습을 바로 눈앞에서 지켜보았다.

다른 나라 사람들을 위해 열정적으로 기도해 봐야 우리에게 무슨 유익이 있는가? 보답할 능력이 없는 다른 나라 사람들에게 도움을 베풀어 봐야 무슨 소용인가? 예를 들자면 끝이 없다. 자, 중요한 질문은 이것이다. 우리의 마음속에서 타오르는 거룩한 두려움에 따라 하나님께 변함없이 순종할 것인가, 아니면 개인적인 유익이 눈에 들어올 때까지 기다릴 것인가?

P1 성경 구절　누구든지 **제 목숨을 구원하고자** 하면 잃을 것이요 누구든지 나를 위하여 제 목숨을 잃으면 찾으리라. 마 16:25

P2 요점　우리에게 개인적으로 유익이 없어 보이는 하나님의 지혜를 피하면 가장 큰 복을 놓치기 쉽다. 그것이 장기적으로는 우리에게 손해다. 우리는 하나님의 후하심을 따라갈 수 없다.

P3 숙고　예수님의 말씀에서 "제 목숨을 구원하고자"는 무슨 뜻일까? 나는 순교와 같은 극단적인 상황의 관점에서만 이 성경 구절을 보았는가, 아니면 내가 매일 내리는 작은 결정들에도 이 말씀을 적용했는가? 내가 그렇게 했다면 어떻게 되었을까? 그렇게 했다면 내 삶의 방식이 어떻게 변했을까?

P4 기도　하나님 아버지, 개인적으로 유익해 보이는 주님의 지혜만을 갈구하고 그런 지혜에만 순종했던 것을 용서해 주소서. 이런 태도를 회개하고 용서를 구합니다. 지금부터는 더 이상 제 목숨을 부지하려 하지 않고 예수님을 위해 내놓겠습니다. 당장 제게 유익해 보이지 않는 지혜도 갈구하겠습니다. 예수님의 이름으로 기도합니다. 아멘.

P5 선언　나는 매 순간 내 주 예수님의 뜻과 지혜를 따르기 위해 내 생명을 내놓을 것이다!

순종을 떠나서는 구원이 있을 수 없다.
순종 없는 구원은
자기 모순적이며 불가능한 일이다.
A. W. 토저

여성이 아기를 낳는 것은 유쾌한 경험이 아니다. 이 과정은 어렵고도 고통스럽다. 하지만 그 결과는 기다리던 새 가족의 탄생이다. 임신과 출산이라는 불편 없이는 아름다운 새 생명이 세상에 나올 수 없다. 하나님의 말씀에 떠는 것의 다음 측면도 비슷하다. 처음 세 가지와 함께 새로운 측면을 나열하면 다음과 같다.

1. 하나님께 즉시 순종한다.
2. 말이 되지 않아도 하나님께 순종한다.
3. 개인적인 유익이 보이지 않아도 하나님께 순종한다.
4. 고통스럽더라도 하나님께 순종한다.

이 책의 핵심 성경 구절 중 하나인 빌립보서 2장 12-13절로 돌아가 보면, 그 구절은 두려움과 떨림으로 우리의 구원을 이루라고 말한다. 우리의 '순종'을 촉구하는 이 구절 직전에 바울은 본보기를 보여 주시는 예수님을 가리킨다. 우리 주님은 신적인 특권을 포기하시고 "자기를 낮추시고 죽기까지 **복종하셨으니** 곧 십자가에 죽으"셨다. 빌 2:8 예수님은 극심한 고통을 감내해야 하는 줄 알면서도 아버지 하나님의 요청에 기꺼이 순종하셨다.

십자가에 달리기 전날 밤 겟세마네 동산에서 예수님은 고통 속에서 울부짖으셨다. "내 아버지여 만일 할 만하시거든 이 잔을 내게서 지나가게 하옵소서 그러나 나의 원대로 마시옵고 아버지의 원대로 하옵소서."마 26:39 순종과 자기 보호 사이의 이 갈등이 얼마나 극심했던지 예수님의 몸에서 굵직한 땀이 핏방울같이 되어 떨어질 정도였다. 예수님은 "모든 일에 우리와 똑같이 시험을 받으신 이로되 죄는 없으시니라"라는 사실을 기억하라.히 4:15 그래서 예수님은 곧 닥칠 끔찍한 고난을 미리 아시고서 아버지의 뜻을 이룰 다른 길을 간청하셨지만 결국 아버지의 뜻을 따를 수밖에 없으셨다. 어떻게 해서 이런 엄청난 순종이 가능했을까?

> 예수께서 육신으로 세상에 계실 때에, 자기를 죽음에서 구원하실 수 있는 분께 큰 부르짖음과 많은 눈물로써 기도와 탄원을 올리셨습니다. 하나님께서는 예수의 경외심을 보시어서, 그 간구를 **들어주셨습니다.**
> 히브리서 5장 7절, 새번역

경건하심, 곧 거룩한 두려움으로 인해 예수님은 인간의 본성으로는 피할 수밖에 없는 그 일을 감내하셨다. 이로 인해 성경은 우리에게 이렇게 명령한다.

> 그리스도께서 이미 육체의 고난을 받으셨으니 너희도 같은

마음으로 **갑옷을 삼으라** 이는 육체의 고난을 받은 자는 죄를
그쳤음이니.

베드로전서 4장 1절

이 논의를 더 하기 전에 중요한 요점 하나를 짚고 넘어가자. 거
짓 종교는 신을 달래기 위해 고통을 추구한다. 반면, 참된 기독교는
하나님께 순종하기를 추구한다. 그리고 그 과정에서 타락한 세상의
저항을 맞닥뜨리며, 그 결과는 대개 고난이다. 고난 자체를 추구하
는 것은 하나님이 기뻐하시는 게 아니다. 하나님이 기뻐하시는 것
은 순종이다. 어쨌든 고난은 육체적으로나 정신적으로나 다 다가올
수 있다. 어떤 경우든 고통은 매우 실질적이다.

베드로는 "갑옷을 삼으라", 즉 자신을 무장하라고 강권한다. 비
행기나 군함, 탱크, 총, 총알, 칼 같은 것이 전혀 없는 비무장 상태로
전쟁터에 나가는 군인이 상상이 가는가? 생각만 해도 황당하다. 마
찬가지로, 신자가 고난을 준비하지 않는 것은 미친 짓이다. 하지만
이러한 신자가 너무도 많다. 무장하지 않은 신자는 자신을 보호하
려고 고난을 회피하기 쉽다. 하지만 하나님에 대한 두려움은 우리
를 무장시킨다. 그 두려움은 어떤 고난이 닥쳐도 하나님께 순종할
깊은 결단을 이끌어 낸다.

1990년 초 선교 여행 중에 일어난 이야기다. 나와 아내, 우리 아
이들은 목사를 떠나 보낸 지 얼마 되지 않은 어느 작은 마을의 한 교

회에서 사역 중이었다. 그 목사는 교인들을 버리고 더 큰 교회로 떠났다.

처음 몇 번의 집회는 힘들었다. 대다수 교인이 관심이 없었고, 심지어 젊은이들은 뒤편에 앉아 서로 농담하며 웃고 떠들었다. 하지만 세 번째 집회에서 변화가 나타났다. 강력한 역사가 임했다. 이제 젊은이들도 앞자리에 앉으려고 일찍 왔다. 참석자는 급증했고, 집회는 몇 주간이나 지속되었다. 사람들은 매일 밤 발 디딜 틈 없이 꽉 찬 작은 교회로 모여들었다. 적지 않은 사람이 구원을 받았고 대부분의 신자들이 신앙의 회복을 경험했다.

오랜 기도 끝에 우리는 새로운 목사를 맞을 준비가 될 때까지 몇 달이고 상관없이 그곳에 머물며 집회를 하겠다고 제안했다. 그런데 뜻밖에도 당회는 정해진 일정과 기존 방식이 흔들리는 것을 못마땅하게 여겼다. 그들이 보인 불만 중 하나는 젊은이들이 앞자리를 차지한다는 것이었다. 그 말에 얼마나 큰 충격을 받았는지 모른다. 그 외에도 불만이 한두 가지가 아니었다. 하지만 일일이 나열할 가치도 없다. 결국 그들은 내 제안을 받아들일지 우리를 떠나게 할지를 놓고 투표를 했다.

투표가 이루어진 날 밤 저녁, 나는 교인들에게 다음 날 저녁이 마지막 집회가 될 것이라고 선언했다. 그러자 여기저기서 실망의 탄식이 터져 나왔다. 강한 반응도 나오며 순식간에 시끌벅적해졌다. 불편한 순간이었다.

다음 날 그 교회는 그 집회에 참석했다가 불만을 품은 한 사람에게 전화를 받았다. 그는 마지막 집회 도중에 교회 건물을 폭파시키겠다고 위협했다. 나는 경찰서에서 전화가 걸려 오기 전까지는 그 문제를 대수롭지 않게 여겼다.

경찰관의 전화에 나는 반박했다. "그런 일은 없을 겁니다."

그러자 경찰관은 이렇게 대답했다. "선생님, 저희는 그자를 잘 압니다. 우두머리급 마약 운반책 혐의를 받고 있는 자입니다. 술만 몇 잔 들어가도 충분히 그런 짓을 하고도 남을 인간이에요."

갑자기 걱정이 들기 시작한 나는 이렇게 물었다. "저를 보호할 경찰관들 좀 보내 주실 수는 없을까요?"

그의 대답은 너무 뜻밖이었다. "저희 경찰서가 그 마을에서 가장 가까이에 있는데도 50킬로미터 넘게 떨어져 있습니다. 저는 오늘 저녁 6시에 퇴근하고요. 여기는 인력이 모자라서 그곳까지 갈 경찰관이 없습니다."

황당한 답변에 나는 전화를 끊었다. 그때부터 불안이 마구 몰려왔다. 당장 짐을 싸서 그 마을을 떠나고 싶었다. 우리는 들판에 주차된 한 교인의 이동식 주택에서 지내던 터라 테러에 완전히 무방비 상태였다. 우리는 불안감에 떨기 시작했다. '당회에서 우리를 퇴짜놓았는데 뭣 하러 저녁까지 기다려? 당장 마을을 떠나야 해!'

하지만 그것이 이기적인 생각이라는 것을 곧 알아차렸다. 우리가 2주간 사역하는 동안 많은 사람이 변화를 경험했다. 그런데 우리가 위협에 못 이겨 할 일을 마치지도 않고 도망치면 그들은 또다시 리더에게 버림받은 배신감에 치를 떨 수밖에 없을 것이다. 또한 그 한 번의 타협은 우리 가족의 삶에도 타협의 패턴으로 자리 잡을 수 있었다. 나는 예수님의 말씀을 떠올렸다. "삯꾼은 목자가 아니요 양도 제 양이 아니라 이리가 오는 것을 보면 양을 버리고 달아나나니."요 10:12

우리는 몇 시간 동안 뜨겁게 기도했다. 하나님의 임재 안에 거하는 사람은 "그의 마음에 서원한 것은 해로울지라도 변하지 아니" 한다는 성경 말씀이 마음속에서 반복해서 들려왔다.시 15:4 마침내 불안감은 물러가고 우리 마음에 평안이 찾아왔다. 그날 저녁 우리는 뜨거운 집회를 감동적으로 마쳤다. 테러는 없었고, 우리는 교인들에게 잘 인사하고 헤어질 수 있었다.

우리는 하나님의 길에 반하고 심지어 적대적이기까지 한 타락한 세상에서 살고 있다. 이것이 성경에서 우리에게 이렇게 말하는 이유다. "그리스도를 위하여 너희에게 은혜를 주신 것은 다만 그를 믿을 뿐 아니라 또한 그를 위하여 고난도 받게 하려 하심이라."빌 1:29 바울뿐 아니라 베드로도 같은 말을 한다.

이를 위하여 너희가 부르심을 받았으니 그리스도도 너희를 위하여 고난을 받으사 너희에게 본을 끼쳐 그 자취를 따라오게 하려 하셨느니라 그는 죄를 범하지 아니하시고 그 입에 거짓도

없으시며 욕을 당하시되 맞대어 욕하지 아니하시고 고난을
당하시되 위협하지 아니하시고 오직 공의로 심판하시는 이에게
부탁하시며.

베드로전서 2장 21-23절

우리는 보복하지 말아야 한다. 대신 그 어떤 부당한 대우도 하
나님 손에 맡겨야 한다. 그 일을 무시하지는 말되 기도 가운데 하나
님께 넘겨야 한다. 하나님이 그분의 때에 그분의 방식으로 갚아 주
실 것이다.

하나님 나라의 영웅들은 믿음으로 위대한 승리를 거두었다. 하
지만 그들 중 일부는 하나님께 순종하다가 조롱, 결박, 고문, 학대,
투옥, 사막에서의 방황, 동굴살이를 비롯한 온갖 불편하거나 고통스
러운 상황을 겪었다. 왜일까? 그들은 하나님 나라에 적대적인 타락
한 세상에서 살았기 때문이다. 히 11:36-39

그들 모두에게는 두 가지 공통점이 있었다. 그것은 거룩한 두려
움 때문에 설령 해를 당하는 일이 있어도 순종을 포기하지 않았다는
것이다. 그리고 그들 모두는 이 약속을 확신했다. "눈물을 흘리며
씨를 뿌리는 자는 기쁨으로 거두리로다 …… 반드시 기쁨으로 그 곡
식 단을 가지고 돌아오리로다."시 126:5-6

P1 성경 구절 여호와를 경외하는 자에게는 견고한 의뢰가 있나니 그 자녀들에게 피난처가 있으리라. 잠 14:26

P2 요점 하나님에 대한 두려움은 역경 속에서도 하나님께 순종할 수 있도록 강한 결단력으로 우리를 무장시켜 준다.

P3 숙고 나를 보호하기 위해 하나님 말씀에 대한 순종을 포기한 적이 있는가? 그에 대해 하나님께 회개하고 하나님에 대한 두려움을 품을 것인가? 금전적으로나 사회적, 심지어 육체적으로 손해가 되더라도 하나님을 사랑하고 그분께 순종하기로 선택할 것인가?

P4 기도 하나님 아버지, 저를 보호하기 위해 하나님의 말씀에 순종하지 않았던 것을 용서해 주소서. 지혜롭지 못했습니다. 주님의 보호하심은 완벽하고 지속적이지만 저는 스스로를 보호해 봤자 잠시뿐이지요. 지금부터는 주님에 대한 두려움을 품고 살겠습니다. 어떤 손해를 보더라도 주님께 순종하기로 결단합니다. 그럴 힘을 주실 줄 믿고 감사를 드립니다. 예수님의 이름으로 기도합니다. 아멘.

P5 선언 나는 고난을 겪더라도 하나님께 순종할 수 있도록 거룩한 두려움으로 무장할 것이다! 내 영혼을 공의로 심판하시는 분께 맡길 것이다!

네 발이 행할 길을 평탄하게 하며
네 모든 길을 든든히 하라.
잠언 4장 26절

이번 장을 시작하면서 한 가지 질문을 던지고 싶다. 어떤 프로젝트든 끝까지 완수하지 않고서 그 잠재력을 온전히 이루는 것이 가능할까? 답은 당연히 "아니다"이다. 우리 주님은 거대한 프로젝트를 이미 진행 중이시다. 그 프로젝트의 중심에는 한 나라를 건설하는 일이 있다. 그분은 우리 각자에게 하위 프로젝트들에 대한 책임을 맡기셨다. 우리가 이 프로젝트들을 끝까지 완수하면 하나님의 영광스러운 나라의 일이 완성될 것이다.

이 진리를 기억하면서 하나님의 말씀에 순종하는 것에 대한 마지막 측면으로 넘어가 보자. 처음 네 가지와 함께 새로운 측면을 나열하면 다음과 같다.

1. 하나님께 즉시 순종한다.
2. 말이 되지 않아도 하나님께 순종한다.
3. 개인적인 유익이 보이지 않아도 하나님께 순종한다.
4. 고통스럽더라도 하나님께 순종한다.
5. 하나님께 온전히 순종한다.

이스라엘의 초대 왕 사울은 하나님의 말씀에 떨지 않는 사람을 보여 주는 전형적인 예다. 그는 이해되지 않거나 유익이 분명히 보이지 않거나 자신의 목적과 부합하지 않을 때면 쉽게 순종을 포기했다. 그는 거룩한 두려움이 없는 탓에 툭하면 다른 사람들에게 고통이나 해를 가했다.

하지만 원래부터 그랬던 것은 아니었다. 사울은 왕의 자리에 오르기 전만 해도 겸손하고 하나님을 두려워하던 청년이었다. 이 두 가지 덕목은 언제나 짝을 이룬다. 유명한 선지자인 사무엘이 찾아오자 그는 이렇게 말했다. "왜 저를 주목하십니까? 저는 이스라엘에서 가장 작은 지파 출신입니다. 게다가 제 가문은 제 지파에서 가장 보잘것없고요."삼상 9:21, 내가 풀어 씀 나중에 이스라엘의 첫 왕을 보기 위해 온 백성이 모였다. 그리고 긴 과정을 거친 끝에 사울이 뽑혔다. 하지만 리더들이 그를 아무리 찾아도 찾을 수 없었다. 알고 보니 그는 눈에 띄지 않는 곳에 숨어 있었다. 그는 남들에게 인정받고 싶은 마음이 조금도 없었다. 삼상 10:20-24

하지만 거룩한 두려움이 그에게는 보배가 아니었다. 솔로몬과 마찬가지로 그는 성공, 명성, 리더 위치가 주는 혜택들을 경험한 뒤에 결국 그 두려움을 버렸다. 사울왕을 비롯해서 대부분의 경우, 거룩한 두려움을 잃는 과정은 처음에는 미묘하게 진행된다. 처음에는 작은 일에서 신념을 따르지 않는 일로 시작된다. 그런 일이 반복될수록 양심은 점점 더 무뎌져만 간다. 결국, 더 중요한 문제 앞에서 자신도 모르게 불순종을 하기에 이른다.

사울왕이 그랬다. 거룩한 두려움을 잃었다는 증거가 표면 위로 드러나기 시작했다. 삼상 13:5-14 하지만 그 와중에도 그는 큰 성공을 경험하고 있었기에 그것을 깨닫기가 힘들었다. 삼상 14:47

얼마 뒤 사울왕은 이런 명령을 받았다. "지금 가서 아말렉을 쳐서 그들의 모든 소유를 남기지 말고 진멸하되 남녀와 소아와 젖 먹는 아이와 우양과 낙타와 나귀를 죽이라." 삼상 15:3 하나님은 이 나라의 악한 행위에 벌을 내리실 참이었다.

사울은 21만 명의 군대를 동원했다. 그 군대는 모든 인간과 가축을 도륙했다. 단, 아말렉 왕 아각과 가장 좋은 가축들만 빼고. 삼상 15:7-9

한번 찬찬히 생각해 보자. 사울이 이만한 규모의 군대를 동원했을 정도면 아말렉에는 최소한 25만 명의 시민이 있었을 것이다. 사울의 군대는 말하자면 그들 중 249,999명을 죽였다. 사울은 맡은 임무의 99.99퍼센트를 완수했다. 하지만 '거의' 완벽한 순종에 대한 하나님의 반응이 어땠는지 보라.

> 내가 사울을 왕으로 세운 것을 후회하노니 그가 돌이켜서 나를 따르지 아니하며 내 명령을 **행하지 아니하였음이니라**(내 명령에 순종하기를 거절했음이니라, NLT).
>
> 사무엘상 15장 11절

사무엘은 이 메시지를 사울에게 전하면서 그의 행위를 "거역"으로 규정했다. 삼상 15:23 사울은 의심의 여지없이 '죄'를 지었다. 잠시 죄에 관해서 논해 보자. 사도 요한은 죄가 "불법"이라고 말한다. 요일 3:4 죄에 대한 그의 정의는 하나님의 권위에 대한 반항이다. 이 죄를 이런 관점에서 보라. 예를 들어, 에덴동산에서 아담은 창녀와 한 침대에 눕거나 은행 강도질을 하거나 살인하지 않았다. 단순히 그는 하나님이 하신 말씀에 불순종했다. 마찬가지로, 사울은 하나님이 시키신 일에 '온전히' 순종하지 않았다.

더 깊이 들어가 보자. 사울은 전쟁에 나서라는 명령을 받고서 짜증을 내며 "저는 할 수 없습니다!"라고 말하지 않았다. 그런 식으로 말했다면 대부분이 거역이라고 말할 것이다. 사울은 하나님의 명령을 무시하고 자기 일만 챙기지도 않았다. 그랬다면 대부분의 사람들은 "그는 순종을 우선시하지 않는 죄를 지었다"라고 말할 것이다. 하지만 사울의 행위에 대해서는 대부분이 거역으로 보지는 않을 것이다.

사울은 임무의 99.99퍼센트를 완수했기 때문에 대부분이 잘했다고 말할 것이다. 그 행동을 거역이라고 말할 사람은 거의 없을 것이다. 사울의 입장이 되어서 그런 지적을 받으면 누구나 "너무하는군! 왜 작은 실수만 따지는 거야? 내가 이룬 많은 성과를 인정해 줄 수는 없어?"라고 따질 것이다. 하지만 분명히 말하건대 '거의 완벽한' 순종은 전혀 순종이 아니다.

왜 이렇게 강한 표현을 사용했는지를 생각해 보자. 첫째, 당시에 왕이 다른 나라를 정복하고서 적국의 왕을 산 채로 잡아 오는 것은 왕궁에 살아 있는 트로피를 진열하는 것과도 같았다. 이는 스스로도 기분이 우쭐해지고 왕궁에 들어오는 사람들에게 자신의 위대함을 늘 각인시킬 수 있는 방법이었다.

둘째, 왜 가장 좋은 가축들을 남겼을까? 이에 대한 답을 말하기 전에, 이 상황이 왜 복잡한지를 생각해 보자. 사울은 하나님께 바치기 위해 가장 좋은 가축들을 죽이지 않고 살렸다. 그가 사무엘 선지자에게 어떻게 항변했는지를 들어 보라. "그것은 무리가 아말렉 사람에게서 끌어온 것인데 백성이 당신의 하나님 여호와께 제사하려 하여 양들과 소들 중에서 가장 좋은 것을 남김이요 그 외의 것은 우리가 진멸하였나이다."삼상 15:15

그는 왜 이렇게 했을까? 백성들의 지지를 받기 위해서가 아니었을까? 이 나라는 하나님을 섬기는 나라였다. 병사, 제사장, 백성들은 십중팔구 서로에게 이렇게 말했을 것이다. "정말 경건한 왕이야. 항상 하나님을 가장 먼저 챙긴다니까. 이번에도 하나님께 가장 좋은 것들을 드린다잖아." 백성들은 하나님의 명령이 모든 것을 완전히 파괴하는 것이라는 사실을 몰랐다. 사울은 자신의 평판을 높이려고 노력하고 있었다. 그의 행동 이면에 자리한 동기는 사람에 대한 두려움이었다. 그는 자신감이 없는 사람이었다.

요즘 시대는 자신감이 없는 사람들을 불쌍하게 여기는 편이다. 하지만 불안감 이면에는 불순종의 대가를 치르더라도 인정과 사랑을 받으려는 욕구가 있다. 그들은 창조주께서 자신을 무조건적으로 받아 주시고 얼마나 깊이 사랑하시는지를 깨닫지 못하고 있다. 내 불안감의 정체를 정확히 알아야 한다. 그것은 위험한 함정이다.

사울은 거룩한 두려움이 없는 탓에 명령을 완수하지 않았다. 예수님의 본보기로 돌아가 보자. 예수님은 거부, 수치, 미움, 심한 반대, 매질, 끔찍한 십자가 처형을 당하셨다. 성전 경비들이 그분을 체포하러 왔을 때 제자들은 그들을 막으며 그분을 보호하려고 했다. 하지만 그분의 반응은 다음과 같았다.

> 너는 내가 내 아버지께 구하여 지금 열두 군단 더 되는 천사를 보내시게 할 수 없는 줄로 아느냐 내가 만일 그렇게 하면 이런 일이 있으리라 한 성경이 어떻게 이루어지겠느냐.
> 마태복음 26장 53-54절

예수님께는 온전히 순종하는 것이 가장 중요했다.

고등학교 시절 우리 학교 라커룸에 흥미로운 포스터 한 장이 걸려 있었다. 나는 매일 오후 농구 연습이 끝날 때마다 그 포스터를 보았다. 포스터에는 고개를 푹 숙인 채 "그만두겠어"라고 말하는 한 운동선수가 그려져 있었다. 그리고 그 그림 아래에는 십자가에 달려서 "나는 그만두지 않았다"라고 말씀하시는 예수님의 그림이 있었다.

당시 나는 신자가 아니었음에도 그 이미지는 내 안에 깊이 각인

되었다. 예수님이 극심한 고초와 잔혹한 죽음을 피할 수도 있었지만 마침내 "다 이루었다"라고 말씀하실 때까지 계속해서 순종하셨다는 사실을 알기에 그 이미지가 내게 훨씬 큰 의미로 다가온다. 예수님은 우리를 위해 온전한 순종의 본, 하나님이 무엇을 맡기시든 끝까지 완수하는 본을 보이셨다.

이제 더 큰 믿음을 달라고 부르짖는 제자들에게 예수님이 주신 명령을 더 잘 이해하게 되었으리라 믿는다.

이와 같이 너희도 명령받은 것을 다 행한 후에 이르기를 우리는 무익한 종이라 우리가 하여야 할 일을 한 것뿐이라 할지니라.
누가복음 17장 10절

이제 "다"라는 말씀의 의미가 전혀 새로운 의미로 다가오리라 믿는다. 언제나 온전히 순종하자.

P1 성경 구절 절대로 멈추지 마십시오! ······ 오직 **예수**만 바라보십시오. 그분은 우리가 참여한 이 경주를 시작하고 완주하신 분이십니다. 그분이 어떻게 하셨는지 배우십시오. 그분은 앞에 있는 것, 곧 하나님 안에서 그리고 하나님과 함께 결승점을 지나는 기쁨에서 눈을 떼지 않으셨기에, 달려가는 길에서 무엇을 만나든, ······ 참으실 수 있었습니다. ······ 여러분의 믿음이 시들해지거든, 그분 이야기를 하나하나 되새기고, 그분이 참아 내신 적대 행위의 긴 목록을 살펴보십시오. **그러면** 여러분의 영혼에 새로운 힘이 힘차게 솟구칠 것입니다. 히 12:2-3, 메시지

P2 요점 '거의 완벽한' 순종은 전혀 순종이 아니다. 예수님은 우리를 위해 온전한 순종의 본, 하나님이 무엇을 맡기시든 끝까지 완수하는 본을 보이셨다.

P3 숙고 하나님 말씀에 순종하기를 시작했다가 향락 같은 것에 한눈을 팔거나 저항, 다른 사람들의 반대, 역경에 부딪혀 마무리하지 못한 적이 있는가? 이런 성향을 어떻게 바꿀 수 있을까?

P4 기도 하나님 아버지, 주님이 명령하신 일에 순종하기 시작했다가 제 이익에 눈이 멀어 마무리하지 못한 것을 용서해 주소서. 거룩한 두려움이 없어서 그랬습니다. 회개하오니 용서해 주소서. 예수님의 이름으로 기도합니다. 아멘.

P5 선언 나는 하나님의 말씀에 온전히 순종할 것이다!

사람이 하나님을 더 이상 두려워하지 않으면
그분의 법을 망설임 없이 어기게 된다.
하나님에 대한 두려움이 사라지면
결과에 대한 두려움도 죄를 막지 못한다.
A. W. 토저

이전 장에서 말했듯이 거룩한 두려움을 잃어 가고 있다는 초기 신호는 포착하기 힘들다. 이 과정이 워낙 교묘하게 진행되기 때문에 이 중요한 문제에 관해 좀 더 자세히 살펴볼 필요가 있다. 문제가될 만한 일을 하려고 할 때 마음속에서 울리는 경고음을 들어 본 적이 있는가? 우리 모두는 그 소리가 우리를 지키는 '양심'의 소리라는 것을 알고 있다. 하지만 양심의 명료함과 강도가 변할 수 있다는 점을 생각하지 못하는 사람이 너무도 많다.

우리 양심은 가볍게 여겨서는 안 될 하나님의 선물이다. 양심은 우리 '마음'의 중요한 일부다. 거룩한 두려움은 양심을 민감하게 만드는 반면, 거룩한 두려움이 없으면 양심은 무뎌진다. 그래서 성경은 이렇게 경고한다. "모든 지킬 만한 것 중에 더욱 네 **마음을** 지키라 생명의 근원이 이에서 남이니라."잠 4:23

내가 30대 초반에 한 유명한 목사 한 분이 나를 점심 식사에 초대했다. 식사 도중 그는 내게 이렇게 물었다. "어떻게 해야 제가 여느 리더들처럼 무너지지 않을 수 있을까요?"

그 말에 그만 먹던 음식이 목에 걸릴 뻔했다. 왜 내게 그런 질문을 던졌을까? 나는 젊었고, 그는 내가 그리스도인으로 살아온 기간보다도 더 오래 목회를 해 왔다. 하지만 나는 잠시 눈을 감고 조용히 물었다. "성령님, 제가 어떻게 대답해야 할까요?"

즉시 음성이 들려왔다. "양심을 가장 소중한 보배로 여겨 잘 지키라고 말하라."

나는 들은 대로 말했다. 그런데 이어서 갑자기 내 영혼에서 이런 말도 함께 나왔다. "목사님은 좋은 기회들을 마주할 겁니다. 하지만 그중에는 양심에 어긋나고 옳지 않고 문제의 소지가 있고 다른 사람들에게 해를 끼칠 만한 기회들도 있을 겁니다. 양심의 소리에 귀를 기울이십시오. 양심의 경고음을 흘려듣지 마십시오. 양심을 무시하면 하나님에 대한 민감성을 잃을 겁니다."

그리고 얼마 뒤에 나는 "양심"이란 단어가 성경에 자주 등장한다는 사실을 발견했다. 전에는 전혀 몰랐던 사실이다. 찾아보니 신약에서만도 그 단어가 약 30번 정도 등장했다. 예를 들어 바울은 디모데에게 이렇게 말했다.

믿음과 착한 **양심**을 가지라 어떤 이들은 이 **양심**을 버렸고 그 믿음에 관하여는 파선하였느니라.
디모데전서 1장 19절

믿음의 파선은 사소한 문제가 아니다. 앞서 말한 그 점심 식사 자리 덕분에 나는 바울의 진술이 지니는 무게를 깨닫게 되었다. 그가 한 말은 많은 이들이 마무리를 잘하지 못하는 이유를 보여 준다.

성경에서 양심을 지키라고 권고하는 것은 처음에는 양심이 좋은 상태에 있다는 뜻이다. 예수님의 피는 우리의 양심을 깨끗하게 씻어 준다. 딤전 3:9; 히 9:9, 14 이런 정화는 새로운 탄생이 주는 큰 유익 중 하나다. 예레미야 선지자도 양심에 관해 말하는데, 그의 말은 잘못 적용되는 경우가 많다. "만물보다 거짓되고 심히 부패한 것은 마음이라 누가 능히 이를 알리요마는."렘 17:9 여기서 그는 예수님을 닮은 새로운 본성을 갖고 다시 태어난 사람들에 관해서 말하는 것이 아니다. 구약 시대 사람들은 새로운 마음을 가지지 못했다. 대신 하나님은 그들에게 이렇게 약속하셨다. "새 영을 너희 속에 두고 새 마음을 너희에게 주되."겔 36:26 예수님이 우리의 본성을 구속하고 그분의 본성을 주실 때 이런 일이 일어난다.

그리스도 안에서 새로운 사람이 되는 기적 덕분에 우리는 믿을 만한 양심을 지녔다. 문제는 그 양심을 깨끗하게 지키는 것이다. 그렇다면 어떻게 하면 양심이 더러워지는가? 완전한 부패는 한순간에 이루어지지 않는다. 대개 부패는 작은 문제에서 시작되곤 한다. 하지만 그 상황을 방치하면 끝내 파선으로 이어진다. 야고보는 이렇게 말한다.

> 너희는 말씀을 **행하는** 자가 되고 듣기만 하여 자신을 속이는 자가 되지 말라.
>
> 야고보서 1장 22절

여기서도 순종을 이야기하고 있다. 앞서 우리는 거룩한 두려움이 이해가 가지 않거나 유익이 눈에 분명히 보이지 않거나 손해가 되어도 즉각적이고도 온전히 순종하게 만든다는 점을 살펴보았다. 이렇게 말씀에 따라 행하는 사람은 자신을 속이지 않는다.

잠시 이 점에 관해 생각해 보자. 지인을 속이는 것은 얼마든지 가능하다. 심지어 가까운 친구와 가족도 속일 수 있다. 하지만 자신을 속이는 것은 전혀 다른 문제다. 그런데 불순종은 자신을 속이는 것이다. 하나님 말씀에 순종하지 않을수록 진리의 보호막이 약해지고 도덕 관념이 흐려진다. 자신이 해로운 길에 들어섰다는 사실을 점점 덜 인식하게 된다.

예를 들어 보겠다. 누군가를 헐뜯는 말을 한 적이 있는가? 그 순간, 당신은 마음을 찌르는 것 같은 날카로운 느낌을 받았을 것이다. 그 느낌이 바로 양심의 소리다. 그때 당신이 그 소리를 듣자마자 바로 회개하고 즉시 자신의 말을 바로잡았기를 바란다. 하지만 우리는 그런 행동을 정당화할 때가 너무도 많다. '뭐, 틀린 말을 한 것도 아니잖아!' 우리는 스스로를 합리화하기 쉽다. 안타깝게도 이러한 그릇된 논리가 이기곤 한다. 그래서 내면의 경고음을 무시한 채 잘못을 바로잡지 않는다. 그렇게 부패 과정이 시작되고, 양심의 민감도는 점점 약해지기 시작한다.

다음번에 누군가를 비방할 때는 칼에 찔리는 느낌이 나지 않는다. 그냥 마음을 강하게 꼬집히는 느낌 정도다. 양심이 다시 목소리를 내지만 이번에는 전만큼 분명하지 않다. 이제 내적 갈등이 전만큼 세지 않다. 그래서 경고음을 무시하고 자신의 말을 정당화하기가 더 쉽다. 그렇게 마음은 더 더러워지고 양심의 민감도는 더 약해진다.

누군가를 다시 비방하면 이번에는 강하게 꼬집히는 느낌조차 없다. 그냥 살짝 따끔거리기만 한다. 아니, 때로는 그것마저 잘 느껴지지 않는다. 이제 자신을 설득할 필요도 없다. 양심의 소리가 너무 작아서 신경도 쓰이지 않는다. 자신의 행동을 정당화하기가 훨씬 더 쉬워진다. 양심의 민감도는 바닥에 가까워진다.

마침내 아무것도 느껴지지 않는다. 양심이 완전히 마비된다. 분별력이 흐려지는 수준을 넘어 아예 사라진다. 이제 도덕관념은 없다. 믿음의 파선이 임박했다. 이제 우리는 완전한 자기기만에 빠진다.

그런데, 그저 회개하기만 하면 이런 결과를 피할 수 있다. 마음을 완전히 바꾸기만 하면 된다. 우리의 지혜가 쓸데없다는 사실을 인정하고 하나님의 지혜를 굳게 부여잡으면 된다. "자기의 죄를 숨기는 자는 형통하지 못하나 죄를 자복하고 버리는 자는 불쌍히 여김을 받으리라."잠 28:13

자비와 회복은 언제라도 가능하지만 거룩한 두려움이 없는 사람은 회개를 미룬다. 그런 사람의 마음은 양심의 자각에 점점 무뎌져서 위험을 자초한다. 반면, 지혜로운 사람은 언제나 양심의 경고음에 귀를 기울여 재빨리 회개한다. 그는 지체할수록 위험하다는 사실을 안다.

성경에도, 우리 시대에도 양심의 소리를 들었으나 회개하기를 미룬 사람들이 많다. 마치 러시안 룰렛과 비슷하다. 한 번은 파선을 피할 수 있을지 몰라도 계속하다가는 언제 양심의 소리가 완전히 사라질지 알 수 없다. 바울은 이렇게 탄식한다.

> 그러나 성령이 밝히 말씀하시기를 후일에 어떤 사람들이 믿음에서 떠나 미혹하는 영과 귀신의 가르침을 따르리라 하셨으니 자기 **양심이 화인을 맞아서** 외식함으로 거짓말하는 자들이라.
>
> 디모데전서 4장 1-2절

뜨겁게 달궈진 쇠로 인간의 살을 지지면 모든 감각을 잃어버린다. 양심도 마찬가지다. 이제 자신의 진짜 모습과 다른 이미지를 표출하면서도 전혀 자각이 없다. 아나니아와 삽비라, 사울왕을 비롯한 많은 사람이 그런 지경에 빠졌다.

불로 지질 때 나타나는 또 다른 결과는 차단되는 것이다. 고기를 구우면 육즙이 빠져나가지 못한다. 바울은 이렇게 말한다. "내가 …… 거짓말을 아니하노라 …… 내 양심이 성령 안에서 나와 더불어 증언하노니."롬 9:1 신자가 양심에 화인을 맞으면 더 이상 성령과 소통할 수 없다. 육즙이 고기를 빠져나가지 못하는 것처럼 성령의 증언이 양심을 뚫고 우리의 영혼에 이를 수 없다. 그러면 인생의 내비게 이션 없이 살게 된다. 그 결과는 물론 멸망의 길로 들어서는 것이다.

　마지막으로 바울이 한 많은 진술 중 두 가지를 유심히 읽어 보라. "여러분 형제들아 오늘까지 나는 범사에 양심을 따라 하나님을 섬겼노라."행 23:1 "나도 하나님과 사람에 대하여 항상 양심에 거리낌이 없기를 힘쓰나이다."행 24:16 우리의 양심을 부지런히 지키자.

P1 성경 구절　우리가 마음에 뿌림을 받아 악한 양심으로부터 벗어나고 몸은 맑은 물로 씻음을 받았으니 참마음과 온전한 믿음으로 하나님께 나아가자. 히 10:22

P2 요점　양심의 명료함과 강도는 변할 수 있다. 거룩한 두려움은 양심을 민감하게 만드는 반면, 거룩한 두려움이 없으면 양심은 무뎌진다.

P3 숙고　우리의 양심은 예수 그리스도의 피로 깨끗해졌다. 내 양심을 깨끗한 상태로 지키기 위해서 어떤 영적 훈련을 실천하면 좋을까?

P4 기도　하나님 아버지, 양심을 무시하고 거슬렀던 순간을 용서해 주소서. 양심을 부지런히 지키지 않은 것을 회개하오니 용서해 주소서. 예수님의 피로 저를 깨끗이 씻겨 주소서. 제 안에 주님의 음성과 인도하심에 예민한 양심과 깨끗한 양심을 회복시켜 주소서. 매사에 주님께 즉시 순종하게 해 주소서. 예수님의 이름으로 기도합니다. 아멘.

P5 선언　나는 마음을 부지런히 지키고 양심의 소리와 인도함에 민감하게 반응할 것이다!

The
Awe
of
God

V. 거룩한 두려움을 품을수록

깊어지는

친밀함

하나님의 음성을
늘 간접적으로만 듣기보다는
그 음성을 직접 듣기 위해
그 어떤 대가도 기꺼이 치를 것이다.
그 대가가 지독히 힘든 상황에
처하는 것이라 해도.
조이 도우슨

　하나님의 영광을 더 분명히 이해할수록 우리 안에서 거룩한 두려움이 자라난다. 이 두려움은 우리의 동기를 정화시켜 사람에 대한 두려움에서 해방시키고 우리 삶에 진정한 거룩함을 낳는다. 거룩한 두려움은 이해되지 않거나 유익이 보이지 않거나 고통스러워도 그에 상관없이 하나님께 즉각적이고도 온전히 순종하는 모습으로 표출된다.

　이 점을 기억하면서 이 독특한 선물이 가져다주는 유익들에 관한 이야기로 넘어가 보자. 5부에서는 그중에서 단연 가장 큰 유익인 하나님과의 친밀함에 초점을 맞출 것이다.

　친밀하다는 뜻의 영단어 "인티밋"intimate은 두 라틴어 단어에서 비롯했다. 하나는 "안"을 의미하는 "인투스"이고, 다른 하나는 "매우 비밀스러운"을 의미하는 "인티무스"다.[1] 이 둘을 합치면 '가장 깊은 곳의 비밀들'이 된다. 이 단어는 친밀함이 무엇인지 잘 보여 준다. 이 단어는 아주 가까운 두 친구가 단순한 지인보다 훨씬 더 깊이 연결되는 상황을 묘사한다. 지인은, 가끔 만나지만 서로를 잘 모르는 상태의 사람을 말한다.

　친밀함은 양방향으로 이루어진다. 양 당사자 모두 서로의 가장 깊은 바람과 생각을 알려고 해야 한다. 그런 의미에서 하나님의 시각과 우리의 시각 둘 다를 살펴보자. 다윗은 이렇게 말한다.

여호와여 주께서 나를 **살펴보셨으므로** 나를 **아시나이다.**

시편 139편 1절

여기서 "살펴보셨으므로"에 해당하는 히브리어는 "하카르"다. 그 정의는 "탐구하다, 살피다, 찾아내다"다. 이 단어는 누군가와 친밀한 관계를 맺으려면 무엇이 필요한지를 정확히 보여 준다. 다른 사람의 가장 깊은 생각과 뜻을 탐구하려면 시간과 노력이 들어간다. 물론 친밀한 관계를 쌓으려고 할 때 그렇게 시간과 노력을 들이는 것은 부담스럽기는커녕 기쁜 일이다.

나는 아내와의 결혼 생활에서 기꺼이 이런 노력을 기울였다. 처음 결혼한 지 얼마 안 됐을 때 나는 아내가 원하는 것, 좋아하는 것이나 싫어하는 것, 경멸하는 것이 무엇인지 잘 몰랐다. 아내의 가장 깊은 생각과 뜻을 알아가는 데 오랜 시간을 들여야 했다. 물론 나는 그 과정을 즐겼다. 아내와 친밀해지려면 정신적·감정적·육체적으로 집중해서 지속적인 노력을 해야 한다.

위의 성경 구절에서 주목해야 할 다음 단어는 "아시나이다"다. 이것에 해당하는 히브리어는 "야다"다. 구약에서 이 단어는 친밀함의 의미를 전달하기 위해 자주 사용된다. 예를 들어 창세기 4장 1절은 "아담이 그의 아내 하와와 동침하매 하와가 임신하여"라고 말하는데 여기서 "동침하매"에 해당하는 단어가 "야다"다. 이렇듯 성령은 두 인간이 이생에서 맺을 수 있는 가장 가까운 관계에 대해 "야

272

다"를 사용하신다. 따라서 이 구절에서 다윗은 사실상 이렇게 말하고 있다. "주님은 저를 매우 깊이 아십니다."

다윗은 "하카르"와 "야다"라는 단어를 둘 다 사용하여 우리와 친밀해지기 위해 우리의 가장 깊은 바람과 뜻을 탐구하시는 하나님의 생생한 이미지를 제시하고 있다. 이번에도 우리 부부의 관계를 예로 들면, 나는 오랜 세월 함께 동고동락한 후에 아내를 훨씬 깊이 알게 되었다. 이제 나는 아내의 깊은 갈망을 알 뿐 아니라 아내의 일상, 특정 상황에서의 아내의 주된 반응, 아내가 여가 시간을 보내는 방식, 아내가 즐겨 하는 활동 등을 안다. 같은 맥락에서 다윗은 이렇게 말한다.

> 주께서 내가 앉고 일어섬을 아시고 멀리서도 나의 생각을 밝히
> 아시오며 나의 모든 길과 내가 눕는 것을 살펴보셨으므로 나의
> 모든 행위를 익히 아시오니 여호와여 내 혀의 말을 알지 못하시는
> 것이 하나도 없으시니이다.
> 시편 139편 2-4절

하나님은 우리에 관해 우리의 이해를 초월할 만큼 자세히 아신다. "하카르" 측면에서 하나님은 다윗을 탐구하기 위해 노력하셨다. 하나님은 우리도 그와 똑같이 대하신다. 하나님은 내가 지난 40년 동안 아내를 탐구했던 것처럼 나를 대하시되 훨씬 더 철저히 탐구하

신다. 사실, 몇 구절 뒤에서 우리 각자를 향한 하나님의 생각이 세상 모래알을 모두 합친 것보다도 많다는 놀라운 진술이 나타난다. 18절 내가 지난 40년 동안 아내의 기호, 버릇, 갈망, 싫어하는 것에 관해 5초 정도마다 한 번씩 생각했다고 해도 신발 상자 하나를 가득 채운 모래알의 숫자만큼도 되지 않을 것이다. 그런데 우리 각자를 향한 하나님의 생각은 '지구상의' 모래알을 합친 것보다도 많다. 그리고 하나님은 절대 과장하시지 않는다. 과장은 결국 거짓말이며, 하나님은 거짓말을 하실 수 없기 때문이다. 이 얼마나 놀라운 사실인가! 우리에 관한 모든 것을 알려는 하나님의 열정이 얼마나 강렬한지 이해가 좀 되는가?

하나님은 우리 각자와 친밀해지기를 간절히 바라신다. 하지만 다시 말하지만, 진정한 친밀함은 한쪽만이 아니라 양 당사자가 '모두' 서로를 잘 알 때 이루어진다. 하나님이 우리의 가장 깊고 내밀한 생각을 탐구하시는 것처럼 우리도 그분과의 진정한 친밀함을 열정적으로 추구해야 한다. 모세는 이런 수준의 관계를 추구하며 이렇게 간청했다.

> 주께서 전에 말씀하시기를 나는 이름으로도 너를 **알고**[야다] 너도 내 앞에 은총을 입었다 하셨사온즉 내가 참으로 주의 목전에 은총을 입었사오면 원하건대 주의 길을 내게 보이사 내게 주를 **알리시고**[야다] 나로 주의 목전에 은총을 입게 하시며.

하나님은 단순히 우리를 수많은 무리 중 하나의 숫자로 '아시는' 것이 아니다. 하나님은 우리 각자를 개인적으로 아신다. 우리 각자의 이름을 일일이 아신다. 이 구절에서 모세는 이 은혜에 보답하기를 원한다. 그래서 그는 하나님을 더 깊이 알기를 원한다. 그는 친밀한 관계를 원한다. 하나님만 모세를 깊이 알기를 원하시는 것이 아니라 모세도 하나님을 깊이 알기를 원한다. 우리는 어떠한가? 성경은 우리에게 이렇게 말한다. "하나님을 가까이하라 그리하면 너희를 가까이하시리라."약 4:8

어떤가? 이제 하나님의 마음속에서 나오는 탄식이 들리지 않는가? 그 탄식의 소리가 점점 더 강해지지 않는가? "나와 친밀해질 수 있는데 왜 이렇게 멀어져 있느냐?" 사실, 하나님과의 친밀함의 수준을 결정할 수 있는 것은 바로 우리다. 더 쉽게 말해 보겠다. 우리가 하나님과 얼마나 가까워질지 결정하는 것은 하나님이 아닌 바로 우리 자신이다! 자, 이것이 하나님에 대한 두려움과 무슨 상관인가? 성경은 이렇게 말한다.

여호와를 경외하는 것이 지식의 근본〔출발점, NKJV〕이거늘.
잠언 1장 7절

무엇에 대한 지식을 말하는 것인가? 잠언 기자가 의학적 지식이나 과학적 지식, 역사적 지식, 혹은 학문적 지식을 말하는 것인가? 대학마다 이런 지식으로 꽉 차 있는 식자들이 수두룩하다. 하지만 그들 중 상당수가 하나님을 별로 혹은 거의 두려워하지 않는다. 이 구절은 사회적 혹은 정치적 지식을 말하는 것인가? 그렇지 않다. 세상의 길은 하나님에 대해 어리석다. 성경 지식을 말하는 것인가? 전혀 아니다. 바리새인들은 성경 전문가들이었지만 하나님을 두려워하지 않고 그분을 매우 노엽게 했다. 답은 다음 구절에서 발견된다.

> 여호와 경외하기를 깨달으며 하나님을 알게[하나님에 대한 지식을 얻게, NLT] 되리니.
> 잠언 2장 5절

성경 용어 사전*Dictionary of Biblical Languages*은 이 "지식"을 "사람에 관한 정보, 그 사람과 관계가 있음을 강하게 함축하는 것"으로 정의한다. 바인 완전 해설 사전*Vine's Complete Expository Dictionary*은 이 단어가 "그분[하나님]에 관한 깊은 경험적 지식을 갖고 있는 것"이라는 의미를 함축하고 있다고 말한다. 이 구절의 약속을 간단히 표현하자면, 하나님에 대한 두려움은 하나님을 친밀히 아는 것의 시작이다.

즉 하나님을 두려워하기 전까지는 하나님을 친밀한 수준에서 아는 것을 시작조차 하지 못한 셈이다. 하나님에 대한 두려움을 품는 것이 곧 출발점이다. 뭐든 출발점 밖에서 시작하면 완수할 수 없다. 100미터 달리기를 출발선에서 엉뚱한 방향으로 50미터 더 나아가서 시작하면 경주에 참여할 수도 완주할 수도 없다. 하나님과의 관계도 마찬가지다. 거룩한 두려움이 없다면 하나님을 친밀히 아는 것이 불가능하다. 감사하게도 하나님은 우리에게 그분을 친밀히 알 길을 마련해 주셨다. 문제는 우리가 그 길로 갈 것인가다.

기억하는가? 하나님을 두려워하면 악 혹은 불법에서 떠나게 된다. 이 점을 기억하면서 예수님이 심판의 날 충격받을 사람들에 관해 하신 예언을 생각해 보라. 이 사람들은 예수님을 주님이라 부르지만 결국 그분께 이런 말을 들을 것이다. "내가 너희를 도무지 **알지** 못하니 **불법을** 행하는 자들아 내게서 떠나가라."마 7:23 여기서 "알지"에 해당하는 헬라어는 "기노스코"다. 히브리어로는 "야다"다. 예수님은 거룩한 두려움이 없는 자들에게 "나는 너희를 친밀히 알지 못한다"라고 말씀하실 것이다. 이것이 다음 장에서 다룰 주제다.

P1 성경 구절 내가 마음으로 주께 말하되 여호와여 내가 주의 얼굴을 찾으리이다 하였나이다. 시 27:8

P2 요점 진정한 친밀함은 한쪽만이 아니라 양 당사자가 '모두' 서로를 잘 알 때 이루어진다.

P3 숙고 함께하고 싶은 사람을 한번 생각해 보라. 그가 굳이 말하지 않아도 그의 생각이나 감정을 얼마나 잘 아는가? 다양한 상황에서 그의 반응을 얼마나 잘 예측하는가? 그를 잘 안다면, 어쩌다 보니 그렇게 되었는가, 아니면 많은 시간을 들여 그를 탐구했는가? 이제 당신에 관한 하나님의 생각이 헤아릴 수 없다는 사실에 관해 생각해 보라. 이 사실이 당신에게 무엇을 말해 주는가? 당신이 가장 친한 친구보다도 하나님의 마음과 뜻을 자주 탐색하고 고민하면 어떤 일이 벌어질까?

P4 기도 하나님, 제가 받은 가장 귀한 초대를 그동안 너무 소홀히 여겼다는 것을 깨달았습니다. 그 초대는 바로 주님과 친밀해지라는 초대입니다. 다른 많은 것에 정신을 파느라 주님과의 친밀함을 챙기는 시간을 내지 못했습니다. 성경책을 펴서 읽고 기도하고 묵상하는 동안 주님을 깊이, 친밀히 알게 되기를 원합니다. 예수님의 이름으로 간구합니다. 아멘.

P5 선언 나는 예수님이 나를 아시는 것만큼 그분을 깊이 알기 위해 노력할 것이다!

어떤 길은 사람이 보기에 바르나
필경은 사망의 길이니라.
잠언 16장 25절

뭔가를 이해하려면 그것의 정반대를 살펴보는 것이 도움이 되는 경우가 많다. 그래서 하나님과의 친밀함에 관해 계속해서 논하기 전에 먼저 다음 이야기를 통해 가짜 친밀함에 관해 살펴보자.

나는 리더십 콘퍼런스에서 메시지를 전하기 위해 하와이에 도착했다. 그런데 내 호텔 방이 아직 손님을 맞을 준비가 되지 않아서 수영장 옆에 있는 파라솔 아래에서 좀 쉬기로 했다. 다른 콘퍼런스에 참석 중인 한 여류 사업가도 자신의 방이 준비되기까지 기다리는 중이었다. 우리는 대화를 나누기 시작했는데 내가 기독교 작가이자 사역자라는 사실을 알고서 그녀는 자신과 예수님의 관계에 관해 자세히 늘어놓기 시작했다.

몇 분 지나지 않아 그녀가 예수님을 알지 못한다는 사실이 분명해졌다. 그녀는 자신이 '믿는' 바를 자신 있게 말했지만 그것들은 성경의 가르침과 전혀 일치하지 않았다. 나는 조용히 성령께 지혜를 요청했고, 잠시 후 성령은 무슨 말을 해야 할지 알려 주셨다.

그녀의 말이 끝나자 나는 이렇게 물었다. "저기 수영장 건너편에 앉아 있는 남자가 보이시나요?"

그녀는 약간 놀란 표정을 지으며 대답했다. ^{필시 내가 느닷없이 주제를 바꿨기 때문이리라.} "네, 보여요."

나는 기분 좋은 목소리로 말했다. "저 남자의 이름은 짐이에요.

캘리포니아주 프레즈노에서 온 친구죠. 철저한 채식주의자랍니다. 저 친구의 꿈은 미국 수구 대표로 올림픽에 출전하는 겁니다. 저 친구는 하루에 세 시간씩 수영장과 헬스클럽에서 운동을 한답니다. 취미는 피클 볼과 스카이다이빙, 그림이죠. 저기 온수 풀에 있는 저 여성이 짐의 부인이랍니다. 이름은 베스고요. 짐보다 열 살이 적어요."

내가 그 남자를 어찌 그리 잘 아는지 궁금해진 그녀는 이렇게 물었다. "저분도 선생님과 함께 콘퍼런스에 오신 건가요?"

나는 즉시 대답했다. "아닙니다."

그녀의 호기심이 더 커졌다. "그러면 저분을 어떻게 그리 잘 아시나요?"

나는 그녀의 눈을 지그시 쳐다보며 대답했다. "사실 저는 저 사람을 만나 본 적도 없습니다."

내 말에 그녀의 안색이 변하면서 의심의 빛이 번졌다. 아마도 나를 스토커나 사설탐정, 혹은 정부 요원으로 생각했던 것 같다.

나는 잠시 뜸을 들였다가 힘주어 말했다. "이것이 내가 저 남자에 관해서 '믿는' 바랍니다."

어안이 벙벙한 눈치였다.

나는 계속해서 이렇게 설명했다. "선생님은 좀 전에 예수님에 관해 '믿는' 바를 아주 자신 있게 말씀하셨죠. 하지만 그 말 대부분은 사실이 아닙니다. 성경의 가르침과 전혀 달라요. 저는 예수님을 알기에 자신 있게 말씀드릴 수 있습니다." 그녀는 더 이상의 대화를 거부했다. 하지만 크게 흔들린 기색이 역력했다.

사도 바울은 자신이 깊이 사랑하는 한 교회의 교인들에게 충격적인 직언을 한다. "만일 누가 가서 우리가 전파하지 아니한 다른 예수를 전파하거나 혹은 너희가 받지 아니한 다른 영을 받게 하거나 혹은 너희가 받지 아니한 다른 복음을 받게 할 때에는 너희가 잘 용납하는구나."고후 11:4 그는 다른 신이 아니라 "다른 예수"라고 말한다. 이 교인들은 예수님을 '믿었지만' 그분을 '알지는' 못했던 것이 분명하다. 왜일까? 그들은 뭐든 자신의 취향에 맞는 것을 믿었고, 그 결과 진짜 예수님에게서 멀어진 삶을 살았다. 이렇게 되는 것은 그리 어렵지 않다. 예수님은 보이지 않는다. 그래서 우리는 얼마든지 우리의 공상 속에서 그분의 본성을 바꿀 수 있다.

이스라엘 자손들은 이와 비슷한 짓을 저질렀다. 애굽이집트에서 나온 것은 세상으로부터 해방된 것이라고 할 수 있다. 성경은 이렇게 말한다. "다 같은 신령한 음료를 마셨으니 이는 그들을 따르는 신령한 반석으로부터 마셨으매 그 반석은 곧 그리스도시라 그러나 그들의 다수를 하나님이 기뻐하지 아니하셨으므로."고전 10:4-5 하나님이 기뻐하시지 않은 이유는 여러 가지였지만 그 모든 이유는 하나로 귀결된다. 그것은 바로 하나님의 말씀에 대한 불순종, 거룩한 두려움의 부재였다.

모세가 40일 동안 산에 올라가 있을 때 이스라엘의 현장 리더인 아론은 황금 송아지를 만들었다. 우리 모두는 이 상황을 보며 "우상숭배!"라고 외칠 것이다. 우상숭배, 맞다. 그런데 많은 사람이 잘 모르는 사실은, 아론을 비롯한 이스라엘 백성이 그 송아지를 "엘로힘"이라고 불렀다는 것이다. 이 히브리어 단어는 구약에서 2,606번 등장한다. 이 단어는 거짓 신들을 지칭할 수도 있지만, 열에 아홉은 '여호와' 곧 한 분이신 참된 하나님을 가리킨다. 예를 들어, 이 단어는 창세기의 첫 번째 장에서 32번 나타나는데, 성경의 첫 구절은 이렇게 말한다. "태초에 하나님〔엘로힘〕이 천지를 창조하시니라."

그들이 그 송아지를 전능하신 하나님이라는 의미에서 엘로힘이라고 부른 것인지 거짓 신이라는 의미에서 엘로힘이라고 부른 것인지는 쉽게 확인할 수 있다. 그에 대한 증거는 아론이 그 송아지를 "여호와"라고 부른 데서 발견된다. 출 32:5 이 표현은 한 분이신 참된 하나님의 신성한 이름이다. 이곳 말고는 성경 그 어디에서도 이 단어를 거짓 신의 이름으로 사용한 구절이 없다. 아론과 이스라엘 백성은 그 송아지를 '오시리스'나 '바알', '이시스' 같은 거짓 신의 이름으로 부르지 않았다. 그들은 이렇게 선포했다. "이분은 우리를 애굽 땅에서 구해 낸 분 곧 '여호와'이시다."출 32:4, 내가 풀어 씀

어떻게 이렇게까지 어리석을 수 있는가? 왜 그들은 모세처럼 살아 계신 참된 하나님을 몰랐을까? 그들은 하나님이 행하신 숱한 기적을 보았다. 그들은 내내 하나님이 만드신 구름 기둥과 불 기둥을 따라왔다. 그런데 왜? 답은 복잡하지 않다. 몇 달 전 하나님이 처음 산에서 내려와 자신을 소개하셨을 때 그들은 뒷걸음질하며 모세에

게 부르짖었다. "당신은 가까이 나아가서 우리 하나님 여호와께서 하시는 말씀을 다 듣고 우리 하나님 여호와께서 당신에게 이르시는 것을 다 우리에게 전하소서 우리가 듣고 행하겠나이다."^{신 5:27}

모세가 얼마나 실망했을지 상상이 간다. 하나님의 임재 안에 머물려는 열망이 어찌 이리 부족할 수 있는가. 어째서 이런 일이 가능한가. 모세는 그 답을 알고자 하나님께 이 문제를 아뢰었다. 하지만 하나님의 반응은 모세의 예상을 빗나가는 것이었다. "이 백성이 네게 말하는 그 말소리를 내가 들은즉 그 말이 다 옳도다."^{신 5:28}

모세는 어리둥절했다. 필시 그는 속으로 이렇게 생각했을 것이다. '잠깐! 저들이 옳다고?' 이어서 그는 하나님께 이런 식으로 말하지 않았을까? "왜 저들은 저처럼 하나님의 임재 안에 들어와 주님을 친밀히 알려고 하지 않습니까?" 이에 하나님은 깊은 안타까움이 담긴 대답을 내놓으셨다.

다만 그들이 항상 이 같은 마음을 품어 **나를 경외하** …… **기를** 원하노라.
신명기 5장 29절

하나님은 탄식하셨다. 그들이 거룩한 두려움을 품기만 했다면 그분의 임재 안에 들어와 친밀한 관계를 누릴 수 있었을 것이다. 그러면 하나님의 말씀에 순종함으로 그들과 그들의 자손이 다 잘

되었을 것이다. 이어서 하나님은 모세에게 다음과 같은 지시를 내리셨다.

> 가서 그들에게 **각기 장막으로 돌아가라** 이르고 너는 여기 **내 곁에** 서 있으라 내가 모든 명령과 규례와 법도를 네게 이르리니.
>
> 신명기 5장 30-31절

이 명령에는 슬픔과 기쁨이 공존한다. 첫째, 이스라엘 백성으로서는 실로 슬픈 일이다. 이스라엘의 가장 어두운 순간은 황금 송아지를 만든 순간이나 약속의 땅 입성을 막은 악한 보고서를 내놓은 순간이 아니었다. 바로 이 순간이 이스라엘의 가장 어두운 순간이었다. 하나님은 이스라엘 백성을 가까이 불러 그분이 그들을 아는 것처럼 그들도 그분을 알도록 하기 위해 그들을 애굽세상에서 구해 내셨다. 하지만 그들은 '거룩한 두려움이 없는 탓에' 하나님의 손을 뿌리쳤다. 이 얼마나 큰 비극인가!

반면, 모세로서는 기쁜 일이었다. 하나님께 가까이 서서 그분의 말씀을 직접 들을 기회를 얻었으니까 말이다. 백성들이 각자의 장막으로 돌아간 사이에 그는 하나님과의 친밀한 관계로 초대받았다.

내가 수영장에서 만난 그 여성은 '다른 예수'를 주장했고, 고린도 교회 교인들은 '다른 예수'를 섬겼으며, 이스라엘 백성은 '다른 하나님'을 따랐다. 어떤가? 패턴이 보이는가? 자기 멋대로 신을 만들고서 예수라는 이름을 붙이지만 하나님 우편에 계신 진짜 예수님은 모르는 것이 가능하다. 더 안타까운 사실은 이스라엘 백성과 고린 도 교회 교인들이 하나님의 능력과 기적을 경험하고도 그런 오류에 빠졌다는 것이다.

심판의 자리에서 예수님을 주라 부르지만 모세가 이스라엘 백 성에 관해 하나님께 들었던 것과 똑같은 말을 듣게 될 사람들이 무 수히 많다. "내게서 떠나가라." 이 무리에게 일어날 일에 관한 예수 님의 예언적인 말씀을 더 자세히 살펴볼 필요가 있다. 이번 장의 첫 머리에서 말했듯이, 그러고 나면 우리 주님과의 친밀함에서 거룩한 두려움이 얼마나 중요한지를 더 분명하게 이해할 수 있을 것이다. 다음 장에서 이 주제를 다루어 보자.

P1 성경 구절 너희가 만일 내가 전한 그 말을 굳게 지키고 헛되이 믿지 아니하였으면 그로 말미암아 구원을 받으리라. 고전 15:2

P2 요점 진짜가 아닌 누군가 혹은 뭔가를 전심으로 믿는 일이 실제로 가능하다.

P3 숙고 내가 가짜 예수가 아닌 진짜 예수님을 믿고 있는지 어떻게 확실히 알 수 있는가? 우리 교회의 리더들이 이런 예수를 가르치고 있으니 이 예수가 진짜 예수님인가? 하지만 아론도 이스라엘 백성을 가르치고 인도하지 않았는가? 내가 성경을 읽고 있으니 진짜 예수님을 믿고 있다고 확신할 수 있는가? 하지만 바리새인들도 성경을 열심히 읽지 않았는가? 내가 진짜 예수님을 믿고 있는지 어떻게 알 수 있을까?

P4 기도 하나님 아버지, 진리를 알고 사랑하고 싶습니다. 주님의 살아 있는 말씀을 가장 높은 권위로 받아들이고, 이해가 되든 되지 않든 그 말씀에 순종하겠습니다. 주님은 제가 그렇게 하면 속임을 당하지 않을 것이라고 약속해 주셨습니다. 주님의 말씀을 읽고 순종할 때 저를 깨우쳐 주소서. 제가 누구이며 우리 구주 예수님이 어떤 분이신지를 알게 해 주소서. 예수님의 이름으로 기도합니다. 아멘.

P5 선언 나는 내 머리로 이해가 되든 되지 않든 하나님의 말씀을 믿을 것이다!

내가 종일 손을 펴서
자기 생각을 따라 옳지 않은 길을 걸어가는
패역한 백성들을 불렀나니.
이사야 65장 2절

계속해서 정반대의 것을 살펴보면 '하나님과의 친밀함'을 더 깊이 이해하고 더 소중히 여기게 될 것이다. 지난 장에 이어서 이번 장의 주제도 삼키기 힘든 알약처럼 쉽지 않을 것이다. 하지만 이 주제에 관한 성경의 경고들은 사실 우리를 깊이 사랑하시는 아버지께서 주시는 사랑과 보호의 선물들이다. 예수님의 말씀은 우리에게 거룩한 두려움을 불어넣으며, 이 두려움은 우리로 하여금 끝까지 생명의 원천께 딱 붙어 있게 해 준다.

성경은 마지막 날에 예수님의 진정한 주 되심이 빠진 가짜 구원을 제시하는 복음이 널리 선포되고 받아들여질 것이라고 경고한다. 이것은 거룩한 두려움의 정반대이며, 많은 고린도 교회 교인들이 받아들였던 것과 비슷한 '가짜 예수'를 만들어 낸다.

바울은 이 헬라인 '신자들'이 '다른 예수'를 따르는 것을 지적한 뒤에 가짜 구원자를 만들어 낸 그들의 마음 상태를 다룬다. "여러분 가운데 많은 사람이 여러분의 오랜 죄들을 포기하지 않았습니다. 여러분은 스스로 더러움과 음란함과 호색적인 육적 쾌락에 대한 열망을 회개하지 않았습니다."^{고후 12:21, NLT} 그들은 예수님을 "주"로 고백하되 그의 말씀에 반하는 삶을 살았다.

이런 일이 초대 교회에서는 드물었지만 현대 교회에는 만연해 있다. 그들은 예수님을 실제 삶의 주인으로 삼지 않고 그저 "주"라는 호칭만 사용했다. 예수님은 이렇게 예언하신다.

> 나더러 주여 주여 하는 자마다 다 천국에 들어갈 것이 아니요 다만
> 하늘에 계신 내 아버지의 뜻대로 행하는 자라야 들어가리라.
> 마태복음 7장 21절

예수님은 마호메트나 조셉 스미스, 부처, 크리슈나, 공자, 혹은 우리 시대의 거짓 선지자를 숭배하는 자들이 아니라 그분만을 "주"로 선포하는 사람들을 인정하신다. 이 구절에서 "주여"가 연속으로 두 번 나타나고 있다는 점에 주목하라. 성경에서 어떤 단어나 어구가 두 번 반복되는 것은 결코 우연이 아니다. 성경 기자는 강조의 의미로 그런 방식을 사용한다. 하지만 이 경우에 반복은 강조만이 아니라 감정의 강렬함을 의미한다. 예를 들어, 아들이 요압 군대에게 죽임을 당했다는 소식을 들었을 때 다윗은 격한 감정 상태로 반응했다. "왕이 그의 얼굴을 가리고 **큰 소리로 부르되** 내 아들 압살롬아 압살롬아 내 아들아 내 아들아 하니."삼하 19:4 다윗이 실제로 "내 아들"을 두 번 말했는지는 알 수 없다. 하지만 그가 슬퍼서 외치는 소리가 너무나 절절했기에 기자는 "내 아들"을 두 번 반복해서 기록했다.

마찬가지로, 주님은 그분을 향한 이 사람들의 강한 감정을 표현하고 계신다. 그들은 예수 그리스도가 하나님의 아들이라는 가르침에 머리로 동의할 뿐 아니라 그 사실을 열정적으로 믿고 있다. 그들

은 자신이 '그리스도인'이라는 사실을 몹시 기뻐하고 있다. 자신의 신앙을 이야기할 때 흥분해서 목소리 톤이 올라가고 예배 시간에 눈물을 흘리는 사람들을 떠올리면 딱이다.

그들은 그리스도의 나라를 말로만 외치지 않고 그 나라를 세우는 일에 열심히 참여한 사람들이다.

> 벌써부터 내 눈에 훤히 보인다. 최후 심판날에 많은 사람들이
> 거들먹거리며 내게 와서 이렇게 말할 것이다. '주님, 우리는
> 메시지를 전했고, 귀신을 혼내 줬으며, 하나님이 후원해 주신 우리
> 사업은 모든 사람들의 입에 오르내렸습니다.'
> 마태복음 7장 22절, 메시지

메시지 성경에서는 그들이 방관자들이 아니라는 점을 가장 잘 표현해 준다. 그들은 자기 교회 사역에 직접 참여하거나 후원하고 있다. 또한 그들은 복음에 대한 믿음을 거리낌 없이 표현한다. "우리는 메시지를 전했고." 요컨대 그들은 사람들의 인생을 좋은 쪽으로 변화시키는 일에 적극 참여한다.

메시지 성경은 "많은"이라는 단어를 사용하지만 여기에 해당하는 헬라어 "폴루스"는 '대부분'이라는 의미로 자주 사용된다. 어떤 경우든, 예수님은 소수의 사람들이 아니라 복음의 가르침을 믿는 다수의 무리에 관해 말씀하고 계신다. 그들은 예수님을 주라 부르며

신앙에 대해서 감정적으로 충만해 있다. 그들은 예수님의 메시지를 선포하고, 그분 사역에 적극 참여하고 있다. 누가 봐도 진정한 그리스도인이라 부를 만한 사람들이다. 그렇다면 무엇이 문제란 말인가? 그들은 어떤 면에서 진정한 신자들과 다른가? 예수님은 이렇게 말씀하신다.

> 그때에 내가 그들에게 밝히 말하되 내가 너희를 도무지 **알지**
> 못하니 불법을 **행하는** 자들아 내게서 떠나가라 하리라.
> 마태복음 7장 23절

여기서 핵심 문장은 "불법을 **행하는**"이다. 다시 말하지만, 불법적인 행위는 하나님 말씀의 권위에 순종하지 않는 것이다. 이 사람들은 '가끔' 불순종하는 사람들이 아니다. 그들은 불순종이 더 이익이라고 판단되면 언제라도 습관적으로 하나님의 말씀을 무시하거나 경시하거나 불순종한다. 그들에게는 거룩한 두려움이 없다.

"내가 너희를 도무지 **알지** 못하니"라는 예수님의 말씀도 살펴볼 필요성이 있다. 이전 장에서 말했듯이 여기서 "알다"는 헬라어 "기노스코"다. 이 단어는 히브리어 "야다"와 같이, 누군가를 친밀히 안다는 뜻이다. 그들은 예수님과 진정으로 친밀한 관계를 맺은 적이 없다. 그들은 예수님을 주라 부르지만 그분의 명령에 순종하지는 않기 때문에 그것은 단순한 호칭에 불과하다. 요한은 이렇게 말한다.

우리가 그의 계명을 지키면 이로써 우리가 그를 아는[기노스코] 줄로 알 것이요 그를 아노라[기노스코] 하고 그의 계명을 지키지 아니하는 자는 거짓말하는 자요 진리가 그 속에 있지 아니하되.

요한일서 2장 3-4절

그래서 예수님은 이 설교의 요점을 이렇게 정리하신다. "그들의 열매[행위]로 그들을 알리라."마 7:20 여기서 행위는 기독교 사역, 메시지 선포, 교회 출석을 말하지 않는다. 예수님께 외면당하는 이들도 이런 부분에서는 흠잡을 데가 없기 때문이다.

물론 참된 신자에게서도 분명 이런 속성을 발견할 수 있다. 사실, 이런 속성 없이는 참된 신자가 될 수 없다. 하지만 이런 속성을 지녔다고 해서 반드시 하나님의 참된 자녀인 것은 아니다. 결정적인 요인은 따로 있다. 그것은 바로, 하나님의 말씀에 순종하는가다.

이는 예수님의 유명한 산상수훈에서 맨 마지막에 나타나는 논의다. 예수님은 이 논의를 이렇게 정리하신다.

그러므로 누구든지 **나의 이 말을** 듣고 **행하는** 자는 그 집을 반석 위에 지은 지혜로운 사람 같으리니 비가 내리고 창수가 나고 바람이 불어 그 집에 부딪치되 무너지지 아니하나니 이는 주추를 반석 위에 놓은 까닭이요 **나의 이 말을** 듣고 **행하지 아니하는** 자는 그 집을 모래 위에 지은 어리석은 사람 같으리니 비가 내리고

창수가 나고 바람이 불어 그 집에 부딪치매 무너져 그 무너짐이
심하니라.
마태복음 7장 24-27절

이 두 그룹의 차이점은 단 한 가지다. 두 그룹이 예수님의 말씀
을 듣지만 첫 번째 그룹은 그 말씀대로 '행하고' 두 번째 그룹은 '행
하지 않는다.' 달리 표현하면, 첫 번째 그룹은 하나님의 말씀에 떤
다. 즉 하나님을 두려워한다. 두 번째 그룹은 하나님의 말씀에 떨지
않는다. 즉 하나님을 두려워하지 않는다.

이 두 그룹은 겉으로 보기에는 매우 비슷하다. 신앙의 기초가
약한 그룹도 기독교 교리를 믿고, 열정적으로 예수님을 주라 부르
고, 사역에 적극 참여한다. 신앙의 기초가 강한 그룹도 같은 속성을
지녔다. 단, 그들은 하나님의 말씀이 자신의 뜻인 것처럼 철저히 순
종했다. 두 집은 모두 같은 재료, 곧 같은 가르침으로 지어졌다. 예
배와 섬김에서는 둘 다 동일하게 보인다. 차이는 보이지 않는 기초
에 있다. 한 그룹은 개인적으로 하나님과의 친밀함을 누리지만, 다
른 그룹은 그렇지 못하다.

하나님과의 친밀함은 거룩한 두려움을 품고 사는 이들에게 약
속하신 것이다. 다음 몇 장에 걸쳐 당신과 내가 초대받은 이 놀라운
특권을 살펴보자.

P1 성경 구절　은혜와 평강이 너희에게 더욱 많을지어다 그의 신기한 능력〔은혜, NLT〕으로 생명과 경건에 속한 모든 것을 우리에게 주셨으니 …… 그 보배롭고 지극히 큰 약속을 우리에게 주사 이 약속으로 말미암아 너희가 정욕 때문에 세상에서 썩어질 것을 피하여 신성한 성품에 참여하는 자가 되게 하려 하셨느니라. 벧후 1:2-4

P2 요점　사람이 예수님과 관계를 맺고 있다는 증거는 자신의 능력 이상으로 그분의 말씀을 지킬 능력을 받은 것이다. 이 능력은 바로 그분의 은혜다.

P3 숙고　나는 내 힘으로 예수님의 말씀에 순종하려 하고 있는가, 아니면 순종을 위해 그분의 은혜, 약속, 신성한 성품에 의지하고 있는가? 어떻게 하면 내 능력보다 그분의 능력을 더 의지할 수 있을까?

P4 기도　하나님 아버지, 제 힘으로 하나님의 말씀에 순종하려고 했던 것을 용서해 주소서. 지금부터 예수님을 제 삶의 가장 높은 주님으로 선포합니다. 다른 무엇보다도 주님의 말씀을 따르겠습니다. 주님의 뜻대로 살기 위해 주님이 주시는 은혜의 능력과 신성한 성품에 전적으로 의지하겠습니다. 주님과의 친밀한 관계 속에서 주님과 함께 이 길을 가겠습니다. 이 놀라운 삶으로 저를 초대해 주셔서 너무 감사합니다. 예수님의 이름으로 기도합니다. 아멘.

P5 선언　나는 하나님의 능력을 믿는 믿음으로 살아갈 것이다! 이제는 내 능력을 의지하지 않고 그분이 주시는 능력을 의지할 것이다!

우리 자신의 생각에서 나오는 것은
우리를 깨우치거나 놀라게 할 수 없다.
하지만 하나님이 말씀하시면
언제나 경이와 경외의 요소가 나타난다.
조이 도우슨

하나님이 비밀을 털어놓으신다

지난 두 장은 힘든 주제, 정신이 번쩍 들게 만드는 주제를 다루었다. 예수님께 "어서 하나님의 기쁨 속으로 들어오렴" 하는 말을 들을 줄 기대했겠지만 "내게서 떠나가라"라는 말을 들을 사람이 많다는 사실에 가슴이 철렁했으리라. 하나님과 전혀 친밀한 관계를 맺고 있지 못하면서 그렇다고 생각하는 것보다 더 큰 기만도 없다. 이 사람들은 자신의 어리석음을 갑자기 깨닫고 충격에 빠질 것이다. 자신이 '하나님과 연합한' 것이 아니라 내내 '하나님을 이용하고' 있었다는 현실을 마주하게 될 것이다. 그들은 하나님의 말씀에 순종할 때 찾아오는 놀라운 사랑을 경험하는 대신, 이기적인 목적으로 그분의 말씀을 이용하고 있다. 예수님은 우리가 미지근한 상태나 자기기만 상태에 빠지지 않도록 우리를 보호하시려고 깊은 사랑 안에서 이 끔찍한 상황을 경고하고 계신다.

이제 가짜 친밀함에 관해 충분히 이해했으니, 창조주와의 진정한 친밀함이라는 아름다운 경험에 관한 논의를 즐겁게 시작해 보자. 이번 장에서 한 가지 시나리오를 살펴보기 시작할 텐데, 다음 몇 장에 걸쳐서 이 시나리오를 철저히 탐구해 보자.

먼저 한 가지 질문을 던지고 싶다. "내게서 떠나가라"라는 끔찍한 말을 듣지 않을 하나님 나라의 시민이면서도 하나님과 친밀해질 기회를 놓칠 수 있을까? 일단, 답은 "그렇다"이다. 성경을 보며 이 문제를 좀 더 자세히 탐구해 보자. 먼저, 내가 가장 좋아하는 구절 중 하나부터 보자.

> 여호와의 **친밀하심**〔비밀, NKJV〕이 그를 경외하는 자들에게 있음이여 그의 언약을 그들에게 보이시리로다.
>
> 시편 25편 14절

여기서 "친밀하심"에 해당하는 히브리어는 "소드"로, "의논 혹은 계획"counsel이라고 정의된다. 사전은 이렇게 말한다. "이 단어의 핵심은 내밀함이다." 따라서 시편 기자는 하나님의 비밀스러운 계획을 말하는 것이다. 하지만 그냥 "비밀"이라고 해도 상관없다. 이 구절은 이렇게 풀이할 수 있다. "하나님은 그분을 두려워하는 자들에게 그분의 비밀을 알려 주신다."

우리는 보통 누구에게 비밀을 털어놓는가? 지인인가, 아니면 절친한 친구인가? 답은 물론 절친한 친구일 것이다. 하나님도 다르시지 않다. 하나님은 친밀하고 가까운 친구들에게 그분의 비밀을 알려 주시며, 그분과 가까운 친구란 거룩한 두려움을 품은 사람이다. ESV 성경은 이 구절을 이렇게 번역한다. "하나님의 우정은 그분을 두려워하는 자들을 위한 것이다."

하나님은 모든 사람의 친구가 아니시다. 더 구체적으로 말하면, 하나님은 교회 안에 있는 모든 사람의 친구가 아니시다. 구약에서

부터 이 개념에 관해 살펴보자. 구약에 하나님의 친구벗로 소개된 두 사람이 있다. 바로, 아브라함과 모세다. 또 다른 사람들은 없는가? 물론 있다. 노아, 다니엘, 에스더, 야곱, 다윗, 욥, 에녹, 이사야 등 하나님과 친밀히 동행했던 인물이 많다. 하지만 이 두 사람의 삶은 하나님과의 우정으로 이어지는 길을 누구보다도 잘 보여 주고 있다.

아브라함부터 시작해 보자. 왜 그는 하나님의 친구로 불리는가? 그가 75세가 되었을 때 하나님은 그의 가장 간절한 소원인 아들을 주겠다고 약속하셨다. 하지만 그 약속은 즉시 이루어지지 않았다. 그의 아내 사라가 기적적으로 이삭을 낳기까지 그는 25년을 더 기다려야 했다. 그토록 오래 기다린 끝에 아들을 품에 안았을 때의 깊은 감사와 기쁨이 머릿속에 그려지는가?

필시 해를 거듭할수록 부자 관계는 점점 더 끈끈해졌을 것이다. 막대한 부를 지닌 기쁨은 아들이 있는 기쁨에 비할 바가 못 되었다. 아브라함에게 아들보다 소중한 것은 없었다. 그에게 아들은 목숨보다도 소중했다.

그런데 어느 날, 아무런 사전 경고도 없이 하나님은 기도하던 아브라함에게 이렇게 말씀하셨다. "네 아들 네 사랑하는 독자 이삭을 데리고 모리아 땅으로 가서 내가 네게 일러 준 한 산 거기서 그를 번제로 드리라."창 22:2

뭐라고? 단순히 하나님이 시키셨다고 해도 인생에서 가장 소중한 사람을 죽인다고? 게다가 아무런 이유도 듣지 않고서? 진심인가?

아브라함의 충격이 얼마나 컸을지 상상이 가는가? 그는 하나님이 자신에게 그토록 어려운 요구를 하실 줄 생각도 못했을 것이다. 하나님은 아브라함의 생명보다도 더한 것을 요구하셨다. 바로, 아브라함의 마음. 이건 도무지 말이 안 되는 요구였다.

여기서 중요한 점 하나를 짚고 넘어가자. '우리'는 지금 이것이 시험이었음을 안다. 성경은 이 사건을 기술하는 시작점에서 이미 "그 일 후에 하나님이 아브라함을 시험하시려고 그를 부르시되"라고 진상을 밝힌다. 1절 하지만 이것이 이미 일어난 역사적 사건을 읽는 독자들에게 불리한 점이다. 우리는 결과를 알고 있다. 대부분의 신자들은 이 이야기를 여러 번 듣거나 읽어서 아주 잘 알고 있다. 그래서 우리는 아브라함이 이것이 시험임을 몰랐다는 사실을 쉽게 잊어버린다. 우리는 시험을 통과하기 전까지는 하나님이 우리를 시험하고 계신다는 사실을 알 수 없다. 그리고 고등학교 시험에서는 부정행위로 통과할 수 있을지 몰라도 하나님이 내 주신 시험에서는 아무도 그럴 수 없다. 마음의 정화를 위해 하나님의 말씀에 순종하는 숙제를 평소에 하지 않았다면 아무리 머리를 굴려도 시험에 통과하기는 어렵다.

아브라함의 후손들이 광야에서 보내는 시간이 하나님의 시험인 줄 알았다면 그들은 아마도 다르게 반응했을 것이다. 아브라함은 그의 후손들과 달랐다. 그에게는 그들에게 없는 것이 있었다. 바로 거룩한 두려움이었다.

어렵기만 한 하나님의 명령에 대한 아브라함의 반응은 실로 아름답다. "아브라함이 아침에 일찍이 일어나."3절 그는 곧장 행동에 돌입했다! 그는 며칠이나 몇 주간씩 고민하지 않았다. 친구들을 찾아가 의견을 구하지도 않았다. 그는 하나님의 명령을 무시하거나 거부하지 않았다. 그와 이삭과 두 종은 이튿날 아침 일찍 일어나 짐을 챙겨서 길을 나섰다.

전날 밤 하나님의 음성을 듣고 난 직후에는 그나마 순종하기가 쉬웠을지 모른다. 하지만 이틀 하고 반나절 뒤에는 어떠했을까? 그동안 하늘에서 한마디도 듣지 못한 뒤에는? 막상 가장 소중한 보물을 희생시킬 산 앞에 이르러서는? 아무런 이유도 모른 채 그냥 하나님이 죽이라고 하시니까 죽여야 하는 상황.

아브라함은 계속해서 산발치로 올라갔고 종들에게 기다리라고 명령했다. 그는 이삭만을 데리고 산 위로 올라가 제단을 쌓았다. 그러는 내내 가슴속에서 소용돌이치는 감정과 솟구치는 눈물을 억지로 감추었다. 제사에 필요한 준비를 하려면 온몸에 남아 있는 의지력과 정신력을 남김없이 짜내야 했다. 마침내 시간이 다가왔다. 하나님이 마음을 바꾸실 일말의 희망조차 완전히 사라진 것만 같았다. 아브라함은 극심한 고통 가운데 이삭을 묶고 칼을 들어 아들의 심장을 찌를 준비를 했다. 아무 이유도 듣지 못했지만 하나님이 시키신 일이니 실행하려고 했다.

그때 갑자기 하나님의 사자가 나타났다. "그 아이에게 네 손을 대지 말라 그에게 아무 일도 하지 말라 네가 네 아들 네 독자까지도 내게 아끼지 아니하였으니 내가 **이제야 네가 하나님을 경외하는 줄을 아노라.**"창 22:12

하나님의 사자는 아브라함이 하나님을 두려워하는 줄 어떻게 알았을까? 아브라함이 이해가 되지 않고 자신에게 아무런 유익도 보이지 않고 오히려 손해가 되는 상황에서도 즉시 그리고 온전하게 순종했기 때문이다.

아브라함은 그제야 칼을 내려놓고 이삭을 풀었다. 눈을 들어 바라보니 수풀에 걸린 숫양 한 마리가 보였다. 그의 입에서 "여호와 이레"라는 말이 나왔다. 이는 "하나님이 공급하실 것이다"라는 뜻이다.창 22:14 대체 무슨 일이 일어난 것인가? 그 순간, 하나님은 아브라함에게 그분의 속성을 보여 주셨다. 이것은 전에는 아무도 알지 못했던 하나님의 속성이다. 하나님은 왜 그러셨을까? 바로 아브라함이 하나님의 친구였기 때문이다.

더 이해하기 쉽게 설명해 보겠다. 이 책을 읽고 있는 모든 독자는 나를 저자 존 비비어로 알고 있다. 개중에 콘퍼런스나 교회에서 내 메시지를 들은 사람들은 나를 강사 존 비비어로 알 것이다. 하지만 나를 남편 존 비비어이자 애들 아빠 존 비비어, 할아버지 존 비비어, 가장 친한 친구 존 비비어, 사랑하는 사람 존 비비어로 아는 여성이 있다. 내 정체성의 이 모든 면을 아는 사람은 극소수다. 오직 나와 가장 가까운 사람들만 이런 면을 안다. 특히, 마지막 측면은 오직 내 아내만 아는 것이다.

그날 아브라함은 하나님과 더 가까운 친구가 되었다. 다음 장에서 이 두 친구 사이의 놀라운 역학을 탐구할 것이다. 어떻게 하면 우리도 그런 관계를 누릴 수 있는지도 생각해 보자.

P1 성경 구절　여호와의 친밀하심(비밀, NKJV)이 그를 경외하는 자들에게 있음이여 그의 언약을 그들에게 보이시리로다. 시 25:14

P2 요점　하나님은 가까운 친구들에게 그분의 비밀을 털어놓으시며, 그분의 가까운 친구란 바로 거룩한 두려움을 품은 이들이다.

P3 숙고　친구란 무엇인가? 친구들은 함께하는 삶을 어떻게 즐기는가? 어떻게 해야 우정이 더 깊어지는가? 나는 하나님의 친구가 되고 싶은가? 하나님은 어떤 사람을 친구로 삼으실까? 내가 하나님께 좋은 친구였는가? 그렇지 않다면 무엇을 바꾸어야 할까? 내가 하나님의 친구가 되려는 이유는 무엇인가?

P4 기도　하나님 아버지, 주님의 친밀한 친구가 되기를 원합니다. 주님도 그러기를 원하시는 줄 압니다. 친한 친구란 무엇인가를 고민하다가 제가 주님께 충실한 친구가 아니었다는 사실을 깨달았습니다. 주님의 뜻을 가장 중시하지 않은 것을 용서해 주소서. 저는 주님의 친구답게 살아가지 못했습니다. 주님에 대한 제 반응은 친구답지 못했습니다. 용서해 주소서. 그리고 영원히 주님의 친구가 될 수 있는 은혜를 부어 주소서. 예수님의 이름으로 기도합니다. 아멘.

P5 선언　나는 하나님의 친구가 되기를 구하고, 다른 그 무엇도 그분보다 중시하지 않을 것이다!

하나님에 대한 두려움은 영혼을 깨우치고,
악을 없애고, 정욕을 약화시키고,
영혼에서 어두움을 몰아내 깨끗하게 만든다.
하나님에 대한 두려움은 지혜의 최고봉이다.
하나님에 대한 두려움이 없는 곳에서는
그 어떤 좋은 것도 찾을 수 없다.
누구든지 하나님에 대한 두려움이 없으면
끔찍한 타락에 빠질 수밖에 없다.
시리아인 에프렘

앞서 하나님과 아브라함의 우정이 쌓이는 과정을 살펴보았다. 그 과정을 보면 우리가 어떻게 하나님과 친밀한 관계를 맺을 수 있을지를 알 수 있다. 그 방법을 다루기 전에 아브라함의 이야기를 조금 더 살펴보겠다. 성경은 이렇게 말한다.

> 우리 조상 아브라함이 그 아들 이삭을 제단에 바칠 때에 **행함으로** 의롭다 하심을 받은 것이 아니냐 …… 그는 **하나님의 벗이라 칭함**을 받았나니.
> 야고보서 2장 21, 23절

사도 야고보는 아브라함과 하나님의 우정을 이야기하는데, 야고보와 하나님의 사자가 한 말이 일치하는 것은 우연이 아니다. 그렇다. 이 관계를 형성시킨 것은 아브라함이 지닌 거룩한 두려움이었고, 그 두려움은 즉각적이고도 온전한 순종행동에서 분명히 드러났다. 하나님의 명령이 이해되지 않고 분명한 유익이 보이지 않고 고통스러웠지만 아브라함은 하나님의 말씀에 떨었다. 거룩한 두려움은 하나님이 시키시는 일을 간절히 원하고 실제로 그 일을 행하게 한다. 거룩한 두려움은 하나님과의 친밀함으로 가는 문을 열어준다.

어느 날 하나님은 마므레의 상수리나무 숲 근처에서 아브라함을 방문했을 때 동행한 두 천사에게 이렇게 말씀하셨다. "내가 하려는 것을 아브라함에게 숨기겠느냐."창 18:17

그러고 나서 하나님은 아브라함 쪽으로 몸을 돌려 그분의 계획에 관해 의논하셨고, 두 천사는 계속해서 소돔과 고모라성으로 갔다. 이제부터 그다음 상황을 이해하기 쉽게 풀어쓰려고 한다. 하나님이 아브라함에게 하신 말씀의 요점은 이렇다. "아브라함아, 죄가 너무도 극악해서 이 두 성을 멸망시킬 계획이다. 어떻게 생각하느냐?"

창조주께 이런 말씀을 듣는다면 어떨 것 같은가? 아브라함은 충격에 빠져 대답한다. "소돔이요?"

하나님은 대답하신다. "그렇다. 고모라도 멸망시킬 것이다. 이 문제에 관해 네 생각은 어떠하냐?"

아브라함은 겁에 질린 채 속으로 생각한다. '아브라함, 생각을 해 보자. 그래. 조카 롯이 거기 있지. 조카를 비롯한 무고한 사람들을 위해 내가 나서야겠어.' 아브라함은 묘안을 떠올린다.

주께서 의인을 악인과 함께 멸하려 하시나이까 그 성중에 의인 오십 명이 있을지라도 주께서 그곳을 멸하시고 그 오십 의인을 위하여 용서하지 아니하시리이까 주께서 이같이 하사 의인을 악인과 함께 죽이심은 부당하오며 의인과 악인을 같이 하심도 부당하니이다 세상을 심판하시는 이가 정의를 행하실 것이 아니니이까.

창세기 18장 23-25절

언약의 사람이 이렇게 말하는 것을 들었을 때 하나님의 기뻐하심과 흐뭇함이 그려지지 않는가? 하나님은 분명 이렇게 말씀하셨을 것이다. "좋은 지적이다! 좋다. 그곳에 의인 50명만 있으면 두 성을 멸하지 않으마. 내 친구 아브라함과 이야기를 나누니 정말 좋구나."

하지만 아브라함은 만족스럽지 않았다. 만약 그곳에 의인이 50명도 없다면? 그래서 그는 같은 논리를 내세워 숫자를 45명으로 줄인다.

하나님은 이렇게 대답하신다. "좋다. 그곳에 의인 45명만 있으면 그 성들을 멸하지 않으마. 내 친구 아브라함과 이렇게 의논을 하니까 정말 좋구나."

아브라함은 여기서 멈추지 않는다. 그는 계속해서 숫자를 줄여 나간다. 45명에서 40명으로, 40명에서 30명으로, 30명에서 20명으로, 마침내, 10명으로. 이제 그는 속으로 생각한다. '설마 10명은 되겠지. 내 조카를 빼면 나머지 9명만 있으면 돼.'

오직 친구만이 심판의 권세를 지닌 왕에게 이런 식으로 말할 수 있다. 종이나 신하가 이런 식으로 말하는 것은 심히 무례한 행동이다. 하나님은 이 모든 요청을 들어주셨다. 이어서 성경은 이렇게 말한다. "여호와께서 아브라함과 말씀을 마치시고 가시니 아브라함도

자기 곳으로 돌아갔더라."창 18:33

명심하라. 하나님을 두려워하는 것은 그분이 사랑하시는 것을 사랑하고 그분이 미워하시는 것을 미워한다는 뜻이다. 한번은 내가 나를 가혹하게 대한 사람에게 사랑으로 치유의 말을 했더니 하나님이 내게 이렇게 말씀하셨다. "아들아, 내가 아끼는 것사람들을 네가 아끼면 내 계획을 너와 의논할 것이다." 거룩한 두려움은 하나님뿐아니라 다른 사람들을 더 진정으로, 더 깊이 사랑하게 한다.

성경은 소돔과 고모라 사람들이 "먹고 마시고 사고 팔고 심고 집을 짓더니"라고 말한다.눅 17:28 이 도시들은 지구상에서 흔적도 없이 사라지기 일보 직전인데도 그곳 사람들은 아무것도 모른 채 흥청망청 쾌락을 즐기며 불경을 일삼고 있었다. 하지만 가장 안타까운 사실은 이게 아니다.

가장 충격적인 사실은 성경에서 "의로운" 사람이라 불린 롯도 여느 불경한 사람들과 전혀 다르지 않게, 곧 닥칠 일을 전혀 모르고 있었다는 것이다.벧후 2:7 결국 두 천사가 가서 그와 그의 가족들을 피신시켜야 했다. 이것은 전적으로 아브라함이 기도한 덕분이었다.창 19:1-29

이 상황을 좀 더 이해하기 쉽게 정리해 보자. 두 명의 의로운 사람이 있다. 둘 다 구원받고 거듭난 그리스도인들이다. 한 의인은 하나님이 무슨 일을 하실지 사전에 알고서 하나님이 그 일을 어떻게 하실지 결정하는 데 자신의 의견을 반영시킨다. 다른 의인은 다가올 심판에 대해 악인들처럼 전혀 알지 못한다. 왜일까? 첫 번째 의인은 하나님을 두려워한다. 그래서 그는 "하나님의 벗친구"이고, 그래서 하나님의 비밀을 안다. 두 번째 의인은 하나님을 두려워하지 않는다. 그래서 그는 하나님의 친구가 아니고, 그래서 하나님의 비밀을 모른다.

롯은 의인으로 불렸지만 세속적인 사람이었다. 그는 고린도 교회 교인들, 나아가 현대 서구 교회 교인들처럼 속으로는 자신의 이익을 먼저 챙기는 신자들의 전형적인 모습을 보여 준다. 이 '의로운' 사람들과 하나님과의 관계는 나와 미국 대통령의 관계와 별다르지 않다. 나는 대통령의 결정과 리더십의 혜택을 보긴 하지만 대통령의 극비 정보, 계획, 개인 감정, 결정을 사전에 알지는 못한다.

롯의 인격은 그가 고른 동네와 아내, 근친상간을 통해 낳은 자식들모압과 암몬 족속에서 여실히 드러난다. 롯은 늘 자신에게 가장 좋아 보이는 것을 선택했다. 아브라함은 롯과 갈라설 때가 되자 그에게 먼저 살 곳을 정하게 해 주었다. 자신은 그가 정한 곳과 반대 방향으로 가기로 약속했다. 성경은 이렇게 말한다. "이에 롯이 눈을 들어 요단 지역을 바라본즉."창 13:10 이때 롯은 그 평야 도시들이 얼마나 악한지를 알았다. 그래서 필시 그는 그 땅을 바라보면서, 세상의 혜택들을 누리면서도 세상에 휩쓸리지 않을 방안을 고민했을 것이다. 고민 끝에 그는 악의 소굴에서 적당히 떨어진 평야에 장막을 치기로 했다. 창 13:12 하지만 이런 타협안은 통하지 않았다. 나중에 그와 식구들은 결국 성문 안으로 들어갔다. 그는 결국 세상에 휩쓸렸다.

거룩한 두려움이 없으면 세상에 휩쓸리지 않고도 최대한 세상에 가까이 다가갈 방법을 찾게 되어 있다. 하지만 세상에 휩쓸리는 것은 시간문제다. 우리가 세상의 일부가 되기 위해서가 아니라 잃은 자들을 구하기 위해 세상 가운데 부름받았다는 사실을 잊지 말아야 한다.

롯의 삶은 우리 모두에게 반면교사 역할을 한다. 아브라함의 중보가 아니었다면 심판은 야밤을 틈탄 도둑처럼 롯에게 갑자기 임했을 것이다. 그의 세속적인 삶에는 끔찍한 대가가 따랐다. 앞서 말했듯이 롯의 후손들은 몹시 불경했다. 그의 아내는 소돔에 푹 빠져서 뒤를 돌아보지 말라는 천사들의 명령을 거역했다가 심판을 맞았다. 그녀는 즉시 소금 기둥으로 변했다. 예수님은 사랑 안에서 우리에게 "롯의 처를 기억하라"라고 경고하신다. 눅 17:32

자, 이런 수준의 우정이 하나님의 모든 자녀를 위한 것일까? 이 질문을 다루기 전에 먼저 구약에 소개된 하나님의 또 다른 친구를 살펴보자.

내 것으로 삼기 5P 훈련

P1 성경 구절　하나님을 가까이하라 그리하면 너희를 가까이하시리라 죄인들아 손을 깨끗이 하라 두 마음을 품은 자들아 마음을 성결하게 하라. 약 4:8

P2 요점　하나님은 그분을 두려워하는 자들에게 그분의 계획을 알려 주신다. 하나님은 그분과 세상 사이에서 오락가락하는 자들에게는 그분의 계획을 숨기신다.

P3 숙고　예수님은 이렇게 말씀하신다. "진리의 성령이 오시면 …… 장래 일을 너희에게 알리시리라." 요 16:13 이 말씀이 하나님과 아브라함의 교제와 무슨 상관인가? 하나님이 그분의 계획을 내게 알려 주시는 것이 내가 바라는 바인가?

P4 기도　하나님 아버지, 주님의 비밀스러운 계획을 듣기를 원합니다. 제가 롯처럼 세상에 한 발을 담근 채 살았음을 깨달았습니다. 사실상 주님의 내밀한 계획을 들을 기회를 제 스스로 걷어찬 꼴이지요. 회개합니다. 내 주 예수 그리스도의 피로 저를 깨끗이 씻어 주소서. 저를 주님의 계획을 나눌 사람으로 받아 주소서. 예수님의 이름으로 기도합니다. 아멘.

P5 선언　나는 세상이 아니라 하나님을 선택할 것이다!

하나님의 임재 안에서
압도적인 경외감에 사로잡힐 때
비로소 영과 진리로
하나님을 예배하기 시작할 수 있다.
알리스테어 벡

이제 하나님과의 관계에서 "친구"로 불린 구약의 다른 인물을 살펴보자.

> 사람이 자기의 **친구**와 이야기함같이 여호와께서는 모세와
> **대면하여** 말씀하시며.
> 출애굽기 33장 11절

성경에서 하나님과 모세의 우정에 대해 "대면하여"라는 표현을 사용하는 것은 거의 이해하기 힘들 정도다. 생각해 보라. 이분은 길거리에서 흔히 만날 수 있는 사람이 아니다. 심지어 유명한 인물도 아니다. 이분은 무려 전능하신 하나님이시다. 이제 이 표현이 얼마나 엄청난지 이해가 가는가? 친밀함을 묘사하는 이 표현은 성경에서 한 번만 사용되고 있지는 않다. 이 표현은 하나님이 모세를 비판하는 아론과 미리암에게 분노하셨을 때 두 번째로 사용된다. 하나님은 지엄한 음성으로 이렇게 선언하셨다.

> 그는 내 온 집에 **충성함이라**〔내가 신뢰하는 사람이다, NLT〕 그와는
> 내가 **대면하여** 명백히 말하고 은밀한 말로 하지 아니하며 그는 또
> 여호와의 형상을 보거늘.

민수기 12장 7-8절

하나님께 "내가 너를 신뢰한다"라는 말을 듣는 것은 인간이 받을 수 있는 최고의 칭찬 중 하나다. 여기서 하나님과의 우정에 관한 또 다른 사실을 발견할 수 있다. 하나님과의 우정은 신뢰라는 기초 위에서 이루어진다. 그렇다면 하나님과의 신뢰를 어떻게 쌓을 수 있을까?

- 무조건적인 순종: 항상 시키는 대로 하는 것
- 절대적인 언행일치: 항상 말한 대로 지키는 것
- 흔들리지 않는 우선순위: 언제나 하나님의 뜻을 최우선시하는 것
- 하나님의 마음을 아는 것: 결정을 내릴 때 언제나 하나님의 뜻을 선택하는 것

이 네 가지 모든 측면에서 일관성을 갖추는 것이 더없이 중요하다. 어느 한 영역이 무너지면 재빨리 진심으로 회개해야 한다. 그러면 신뢰 회복의 길로 접어들 수 있다. 거룩한 두려움은 이 네 가지 영역 모두에서 신뢰성을 갖추게 만든다. 이번 장에서는 세 번째와 네 번째 영역, 즉 항상 하나님의 마음을 알고 선택하는 것에 초점을 맞출 것이다.

모세의 삶을 생각해 보라. 처음 40년간은 막대한 부와 각종 산

해진미, 화려한 옷과 최고의 물질로 가득한 삶이었다. 으리으리한 집에서 살았던 그는 뭐든 원하는 대로 즐길 수 있었다. 온 천지에 그의 할아버지인 바로보다 더 부유하거나 강력한 사람은 없었다. 그런데 성경은 이렇게 말한다.

> 그는 애굽의 보화를 갖는 것 대신 그리스도를 위해 받는 고통을 **선택했다. 그가 그분의 큰 보상을** 바라보았기 때문이다.
> 히브리서 11장 25-26절, NLT

모세는 그 모든 안락에서 떠나기로 마음먹었다. 사실 그는 왕궁 안에서 하나님을 섬기기로 결정할 수도 있었다. 하지만 그는 애굽에서 얻을 수 없는 "그분의 큰 보상"을 "선택"했다. 그 상은 약속의 땅 가나안이었을까? 그렇지 않았을 것이다. 젖과 꿀이 흐르는 땅이 줄 수 있는 모든 것을 이미 그가 누리고 있었기 때문이다.

그렇다면 그가 가장 열렬히 추구한 것이 무엇인지를 알기 위해서 그가 왕궁을 나간 뒤의 삶을 살펴보자. 그가 왕궁의 모든 부귀영화를 떠나기로 한 선택이 현명해 보이는가? 삶의 환경이 애굽 왕자 시절보다 좋아졌는가? 그가 사람들을 다스리는 일을 버리고 한 일은 광야에서 기껏 양이나 치는 것이었다. 그것도 무려 40년 동안이나! 정말 긴 시간이다. 그다음에는 하나님의 백성을 바로에게서 해방시키는, 매우 골치 아프고도 지지부진한 시간을 지나야 했다. 그것도 모자라 그는 온갖 위험이 도사리는 황량한 광야에서 장막텐트를 치며 살았다. 그가 이끄는 사람들은 툭하면 그의 리더십에 불만을 터뜨리고 말썽을 일으켰다.

이런 상황의 한복판에서 하나님은 모세에게 스트레스와 피곤을 크게 덜어 줄 제안을 하신다. 하나님은 모세에게 사람들을 모아 약속의 땅으로 들어가라고 지시하신다. 그리고 그들을 인도하여 모든 적국을 몰아낼 천사를 엄선해 배정하신다. 하나님은 모세에게 그곳이 매우 풍요롭고 비옥한 땅이라는 점을 상기시키신다. 그런데 마지막으로 이렇게 선언하신다. "나는 너희와 함께 올라가지 아니하리니."출 33:3

잠시 모세와 이스라엘 백성들이 매일같이 마주한 현실을 떠올려 보자. 광야는 다채로울 게 전혀 없다. 아름다운 골짜기나 강, 숲, 비옥한 땅, 정원, 수목원, 초장 따위는 찾아볼 수도 없었다. 따뜻한 목욕을 하고, 푹신한 침대에서 자고, 깨끗한 옷으로 갈아입고, 느긋하게 쇼핑을 한 적이 언제인지 기억도 안 났다. 지긋지긋한 메뉴에 신선한 과일이나 채소, 생선, 소고기, 디저트는 구경한 지 오래였다. 매일 아침 땅 위에 놓여 있는 만나가 끼니의 전부였다. 땅콩버터나 잼을 바르거나 소시지를 끼워 넣은 빵이 아니었다.

애굽에서의 노예 생활은 끔찍했지만 메마른 사막에서 방황하는 생활은 그보다 나을 게 없었다. 어떤 식으로 힘드냐만 달라졌지 극도로 힘들기는 매한가지였다. 하지만 광야에서는 소망이 있었다.

풍요롭고 비옥하고 아름다운 땅을 얻으리라는 소망. 그들은 그 땅을 위해 수 세대를 기다렸다!

　하나님의 놀라운 말씀을 듣는 순간이 그려지는가? 나 같으면 당장 산 아래로 달려 내려가 온 백성에게 이 놀라운 소식을 전했을 것이다. 사람들은 기뻐하며 그를 다시 위대한 리더로 치켜세웠을 것이다. 모든 백성이 그토록 기대했던 약속의 땅으로 힘차게 한 걸음을 내딛었을 것이다. 하지만 하나님의 제안에 대한 모세의 반응을 들어 보라.

> 주께서 친히 가지 아니하시려거든 우리를 **이곳**에서 올려 보내지 마옵소서.
>
> 출애굽기 33장 15절

　"이곳"은 어디인가? 바로 역경과 스트레스와 고난이 점철된 광야다. 모세는 깨닫지 못한 자들에게는 당혹스럽고 심지어 황당무계하게 들리는 대답을 내놓았다. 그는 사실상 이렇게 선언했다. "하나님의 '임재'와 '복들' 중에서 하나를 선택해야 한다면 무조건 하나님의 임재를 선택하겠습니다!" 왜일까? 누군가와 함께 있지 않고도 그에 관해서 알 수 있지만 그와 친밀해질 수는 없기 때문이다. 바로 이것이 모세가 간절히 원했던 보상이다.

　이렇게 묻는 사람이 있을지 모르겠다. 모세가 하나님이 시키는

대로 하기를 거부하는데 하나님은 왜 기뻐하시는가? 모세는 하나
님의 마음을 알았다. 이렇게 생각해 보라. 사랑하는 사람에게 혼자
서만 즐길 수 있는 뭔가를 제시한다고 해 보자. 사심 없이 제시했는
데 그가 뜻밖에도 이렇게 말한다. "됐어요. 저는 당신과 함께 있는
것이 더 좋아요. 당신이 없으면 세상 부귀영화가 다 무슨 소용인가
요?" 이런 반응이 물론 드물긴 하지만 얼마나 놀랍고 아름다운 반응
인가.

모세는 하나님을 두려워했다. 그래서 그에게는 하나님께 중요
한 것이 항상 최우선이었다. 그는 하나님의 마음을 품었기에 그분
의 신뢰를 얻었다. 하지만 그가 이끈 사람들은 다른 마음을 품었다.
성경은 이렇게 말한다.

> 그(하나님)는 모세에게 그의 **속성**을, 이스라엘 백성에게 그의 **행사**를
> 보이셨다.
> 시편 103편 7절, NLT

하나님은 아브라함에게 그러신 것처럼 모세에게도 그분의 "속
성"을 밝히셨다. GNT 역본은 하나님이 모세에게 그분의 "계획"을
밝히셨다고 번역한다. 다시 말해, 하나님은 그분의 비밀을 모세에
게 밝히셨다. 단, 이스라엘 백성에게는 밝히지 않으셨다. 이스라엘
백성은 하나님의 기도 응답 곧 그분의 "행사"를 통해서만 그분을 알

왔다.

오늘날 기도 응답을 통해서만 하나님을 아는 신자들이 얼마나 많은가. 그들과 하나님과의 관계는 친밀한 관계보다는 거래 관계에 더 가깝다. 그들은 하나님의 말씀은 알지만 그분의 마음은 모른다. 그들에게 성경은 주로 규칙과 역사 이야기처럼 보일 뿐이다. 혹은 교훈을 얻기 위한 자료로만 사용될 뿐이다. 심지어 그들은 하나님의 마음을 보여 주는 인생 변화의 진리들을 받아들이는 대신, 자신들의 불법적인 행위를 정당화하기 위해 성경을 왜곡하기까지 한다.

아브라함과 롯과 다를 바 없이 모세와 이스라엘 백성은 모두 의로웠다. 하지만 하나님을 두려워하는 자들만이 그분의 마음그분의 속성, 비밀, 계획을 알 수 있다. 왜 하나님은 모세는 신뢰하시고 이스라엘 백성은 신뢰하지 않으셨을까? 하나님은 모세가 언제나 모세 자신에게 좋아 보이는 것보다 그분의 마음을 선택할 줄 아셨기 때문이다. 바로 이것이 거룩한 두려움을 지니고 사는 삶이다.

출애굽기에서 이스라엘 백성이 금송아지를 만들자 하나님은 진노 가운데 이렇게 선언하셨다.

그런즉 내가 하는 대로 두라 내가 그들에게 진노하여 그들을 진멸하고 너를 큰 나라가 되게 하리라.
출애굽기 32장 10절

이번에도 구미가 당길 만한 제안이 등장했다. 하나님은 모세를 통해 큰 나라를 이루겠다고 말씀하신다. 이 얼마나 멋진 제안인가. 하지만 모세의 반응은 또 어떠했는가? 이번에도 그는 자신이 아닌 하나님께 좋은 쪽을 선택했다. 그는 애굽을 비롯한 지켜보는 세상 속에서 하나님의 평판을 생각해서 이 제안을 거두어 달라고 요청했다. 그는 다른 사람들이 하나님을 신뢰를 저버린 분으로 부를 것이라고 말했다. 그는 "뜻을 돌이키"시라며 대담하게 간구했다. 12절 그에게는 진노한 하나님께 마음을 바꾸시라고 요청드릴 만한 배짱이 있었다. 하나님을 두려워해서 그분의 마음과 뜻을 제대로 모르는 사람이라면 감히 이렇게 말할 수 없다.

이것이 하나님이 모세를 신뢰하셨지만 이스라엘 백성은 구원해 주시면서도 신뢰하지는 않으신 이유다. 하나님은 이스라엘 백성을 애굽의 강한 마수에서 기적적으로 건져 내셨지만 그들에게 마음을 터놓지는 않으셨다. 우정에 대한 이런 조건이 신약 시대를 사는 하나님의 자녀에게도 그대로 적용될까? 다음 장에서는 이 문제를 살펴보자.

P1 성경 구절　내 아버지께서 모든 것을 내게 **주셨으니**(맡기고 넘겨주셨으니, AMPC) …… 아들 …… 외에는 아버지를 아는 자가 없느니라. 마 11:27

P2 요점　하나님께 "내가 너를 신뢰한다"라는 말을 듣는 것은 인간이 받을 수 있는 최고의 칭찬 중 하나다. 하나님과의 우정을 누리려면 신뢰라는 기초가 필수다. 그리고 이 기초는 하나님을 두려워하는 사람에게서 발견된다.

P3 숙고　모세는 하나님을 두려워하고 그분의 마음을 알아 그분께 신뢰를 받았다. 예수님은 하나님에 대한 두려움을 기뻐하고 아버지의 마음을 아셨다. 그래서 하나님은 예수님에게 모든 것을 맡기고 넘겨주셨다. 거룩한 두려움과 신뢰 사이에는 어떤 상관관계가 있는가? 거룩한 두려움을 기뻐하면 어떤 일이 벌어지는가?

P4 기도　하나님 아버지, 주님께 신뢰받기를 원합니다. 주님께 순종하지 않고 제가 한 말을 지키지 않으면서 주님의 뜻을 제 뜻보다 중시하지 않았던 것을 용서해 주소서. 이런 삶에서 벗어나고 싶습니다. 제가 삶의 변화를 이룰 수 있도록 제 안에 거룩한 두려움을 가득 채워 주소서. 예수님의 이름으로 기도합니다. 아멘.

P5 선언　나는 내 주 예수 그리스도께 신뢰받는 사람이 될 것이다!

길에서 우리에게 말씀하시고
우리에게 성경을 풀어 주실 때에
우리 속에서 마음이 뜨겁지 아니하더냐.
누가복음 24장 32절

아브라함과 모세의 삶은 하나님과 우정의 관계를 맺으려면 무엇이 필요한지를 잘 보여 준다. 하나님은 모세에 대해 이렇게까지 말씀하셨다. "그는 **내 온 집**에서 내가 신뢰하는 사람이다."민 12:7, NLT 하나님은 그 세대에 그분의 온 백성 중에서 모세보다 더 신뢰하는 사람은 없다고 선포하셨다. 이 얼마나 놀라운 선포인가.

예수님은 이 기준을 바꾸셨을까? 예수님은 그분을 믿는 모든 사람에게 우정의 문을 활짝 여셨을까? 일단, 답은 "아니다"이다. 요한이 예수님의 사역 초기에 관해 쓴 글을 보면서 이 문제를 살펴보자.

> 유월절에 예수께서 예루살렘에 계시니 많은 사람이 그의 행하시는 표적을 보고 그의 이름을 **믿었으나** 예수는 그의 몸을 그들에게 **의탁하지** 아니하셨으니 이는 친히 모든 사람을 아심이요.
> 요한복음 2장 23-24절

여기서 "의탁하다"에 해당하는 헬라어는 "완전히 믿고 의지할 만큼 신뢰하는 것. 확신을 갖는 것"으로 정의된다.[1] 흥미롭게도 하나님은 사람들의 신뢰에 같은 신뢰로 반응하시지 않았다. 사람들은 예수님을 전적으로 믿고 의지할 정도로 신뢰했지만 예수님은 그들을 신뢰하시지 않았다. 그것은 대다수 인간들이 믿을 만하지 않다는 사실을 아셨기 때문이다. 물론 예수님은 그들을 사랑하고 섬기셨다. 하지만 그들을 친구로까지 여기시지는 않았다. 예수님 육신으로 오신 하나님은 그분을 단순히 믿기만 하는 자들에 대해 하나님이 모세를 신뢰하시듯 신뢰하지 않으셨다.

시간을 빨리 돌려, 최후의 만찬 현장으로 가 보자. 예수님이 사역하신 지난 3년간, 그분을 믿었던 사람들 대부분은 믿을 만하지 않았다. 많은 이들이 남몰래, 혹은 멀찍이 떨어져서, 혹은 자신에게 이익이 될 때만 예수님을 따랐다. 많은 제자들이 그분을 떠났고, 가룟 유다는 그분을 배신했다.[2] 이제 예수님이 왜 그들을 신뢰하시지 않았는지 이해가 가는가?

식사 자리에서 이제 예수님은 가장 가까운 이들과 함께 앉아 계신다. 그분은 감사와 애정을 담아 말씀하신다. "너희는 나의 모든 시험 중에 항상 나와 함께한 자들인즉."눅 22:28 요컨대 그들은 믿을 만한 모습을 보여 왔다. 베드로는 그날 밤 큰 실수를 저지르긴 하지만 결국 회개하고 더 충성스러운 마음을 품고 돌아오게 된다. 예수님은 그것을 아셨다.

가룟 유다는 배신을 저지르려고 이미 자리를 뜬 상태다. 예수님은 남은 열한 제자에게 말씀하신다. "이제부터는 너희를 종이라 하지 아니하리니."요 15:15 "이제부터는"이라는 말씀은 이 제자들이 전에는 종이었다는 뜻이다. 바울은 이 원칙을 이렇게 풀이한다.

유업을 이을 자가 모든 것의 주인이나 어렸을 동안에는 종과
다름이 없어서.

갈라디아서 4장 1절

궁금하지 않은가? 왜 하나님은 하나님 나라의 상속자인 우리를
종의 위치에 머물게 하시는가? 우리를 보호하기 위해서다! 하나님은
우리가 아나니아와 삽비라 같은 운명을 맞기를 원하시지 않는다.

1980년대에 아내와 나는 두 군데 국제 사역 단체에서 일했다.
한 단체는 직원이 450명이었고 다른 단체는 150명이었다. 그런데
두 단체 모두에서 리더십의 문제를 본 우리는 직접 사역 단체를 시
작하면서 그런 리더십은 발휘하지 말자는 생각이 지나쳐 그만 반대
편 극단으로 흐르고 말았다. 개중에는 좋은 아이디어도 있었지만
그렇지 못한 아이디어도 있었다. 당시 우리가 추구한 패러다임 중
하나는 "모든 직원의 가장 좋은 친구가 된다"였다. 딱 봐도 어리석음
이 보이지 않는가?

우리의 첫 직원은 한 젊은이였다. 여기서는 저스틴이라고 부르
자. 나는 그를 둘도 없는 친구처럼 대했다. 우리는 함께 농구를 하고
영화를 보고 자주 식사를 했다. 우리는 절친한 친구들이 하는 모든
활동을 했다. 처음에는 그렇게 좋을 수가 없었다. 그런데 1년쯤 뒤
그에게 사소한 지적을 해야 할 일이 생겼다. 그는 내 책상 건너편에
앉아 있었고, 나는 부드러운 말로 대화를 시작했다. "저스틴, 나와

함께 다닐 때 우리가 제공하는 자료를 구하러 오는 사람들을 친절하게 대해야 해요. 웃으면서 이야기하도록 해요. 그들은 하나님께 귀한 존재들이니까요."

그다음 상황은 실로 충격이었다. 저스틴은 내게 삿대질을 해 가며 내가 온갖 그릇된 행동을 했다고 비난했다. 그는 내가 옳지 않게 행동한 것들을 일일이 나열했다. 나는 어리둥절했다. '내가 그런 행동을 했었나?' 하지만 곧 그가 지닌 비판적인 시각 탓에 나를 왜곡해서 바라보고 있음을 깨달았다. 나는 잠시 멈춰서 성령께 어떻게 해야 할지를 물었다. 곧 성령의 부드러운 음성이 들려왔다. "그를 내보내라."

내가 "저스틴, 이 일을 그만두도록 해요"라고 말하자 그는 길길이 날뛰었다.

그는 씩씩거리며 우리 집 문을 박차고 나갔다. 그를 아끼고 사랑했기에 가슴이 찢어졌다. 갑자기 성령이 내게 속삭이셨다. "그는 두 배로 충성스러워져서 돌아올 것이다."

세 달 뒤 저스틴에게서 전화 한 통이 걸려 왔다. "하나님이 분명한 음성을 통해 저를 바로잡아 주셨습니다. 용서를 구하려고 전화를 드렸습니다. 하나님이 저를 두 분의 삶에서 어느 위치에 두셨는지를 망각했습니다. 또한 하나님이 두 분을 제 삶에서 어느 위치에 두셨는지를 잊어버렸습니다. 그래서 목사님을 리더가 아닌 동료로 대했습니다. 정말 죄송합니다."

나는 즉시 "용서합니다"라고 대답했다. 계속해서 화해의 말이 오간 뒤에 나는 그에게 다시 와서 일해 달라고 부탁했다. 그는 기꺼이 수락했고, 그 뒤로는 더 이상 똑같은 문제가 발생하지 않았다.

이제 나는 전과 다른 마음가짐으로 사역을 한다. 다른 직원들이 저스틴이 놓친 것을 깨닫기 전까지는 그들에게 마음 깊은 곳에 있는 비밀을 함부로 털어놓지 않는다. 직원들에게 거리를 두고 그들을 비인격적으로 대하려고 그러는 것이 아니다. 오히려 그들을 보호하기 위해서다. 그들이 저스틴처럼 되기를 바라지 않기 때문이다. 하지만 그들이 자신의 위치를 정확히 알고 나면 친구처럼 가까이 대한다. 실제로 우리 직원 중 몇몇은 내 가장 가까운 친구들이다.

하나님은 우리에게 사실상 이렇게 말씀하신다. "네 삶 속에서 내가 누구이고 나와의 관계에서 네가 누구인지를 정확히 알고 나를 두려워하기 전까지는 네가 아무리 상속자요 내 나라의 아들딸이라 해도 종의 위치에 머물게 할 수밖에 없다. 이것은 네가 아나니아와 삽비라 같은 운명을 맞지 않도록 보호하기 위해서다."

예수님은 제자들에게 이렇게 말씀하신다.

> 이제부터는 너희를 **종**이라 하지 아니하리니 종은 주인이 하는 것을 알지 못함이라 너희를 **친구**라 하였노니 내가 내 아버지께 들은 것을 다 너희에게 알게 하였음이라.
> 요한복음 15장 15절

예수님은 사실상 이렇게 말씀하고 계신다. "지금까지는 너희에게 극비 정보, 그러니까 내 비밀스러운 계획이나 내 마음의 내밀한 부분을 알려 주지 않았다. 하지만 이제는 내가 모세와 아브라함을 신뢰했던 것처럼 너희를 신뢰할 수 있다." 이것이 예수님이 우리 모두에게 이렇게 말씀하시는 이유다.

너희는 ······하면 곧 나의 친구라.

요한복음 15장 14절

우리는 예수님이 우리의 친구시라는 내용의 찬양을 부르고 설교를 하고 일상에서도 그렇게 말한다. 우리는 예수님이 우리의 절친한 친구인 것처럼 말한다. 하지만 앞 구절에서 예수님의 말씀을 완성하는 사람은 별로 없다. "~하면"이란 단어는 조건을 의미한다. 우리는 자동적으로 예수님의 친구가 되지 않는다. 심지어 예수님을 믿는다고 해서 바로 그분의 친구가 되지 않는다. 예수님과의 우정의 조건은 무엇인가?

"너희는 **내가 명하는 대로 행하면** 곧 나의 친구라."

조건이 있다. 그 조건은 바로 하나님을 두려워하는 것이다. 그분의 말씀에 떠는 것이다. 이해가 되지 않거나 유익이 눈에 보이지 않거나 고통스러워도 그분의 명령에 즉각적이고도 온전히 순종하는 것이다. 아브라함과 모세는 하나님을 경외해 그분과의 우정으로 들어갔다. 우리도 다르지 않다. 우리가 하나님의 마음과 뜻을 최우선으로 여기면 그분은 우리를 신뢰하고 우정이라는 관계 속으로 받아 주신다. 우주의 창조주의 친구가 되는 것이 얼마나 엄청난 명예요 특권이며 얼마나 신나는 일인가!

이번 장을 마치기 전에 당신의 머릿속에 남아 있을지 모르는 질문을 다루어 보자. "하나님이 우리에게 명령을 주시는가?" 그렇다. 신약에만도 500개 이상의 명령이 기록되어 있다. 단, 이것들은 구원에 필요한 명령은 아니다. 구원은 값없이 받는 선물이기 때문이다. 이것들은 하나님을 영화롭게 하기 위한 명령들이며, 거룩한 두려움을 품을 때 이 명령들을 지킬 수 있다. 예수님이 승천하시기 전에 주신 마지막 말씀은 이것이다. "그러므로 너희는 가서 모든 민족을 제자로 삼아 …… **내가 너희에게 분부한** 모든 것을 가르쳐 지키게 하라."마 28:19-20

거룩한 두려움이 지닌 가장 큰 유익은 예수님과의 우정으로 들어가는 것이다. 다음 장에서는 거룩한 두려움의 다른 유익들을 살펴보자.

P1 성경 구절 너희는 **내가 명하는 대로 행하면** 곧 나의 친구라. 요 15:14

P2 요점 예수님을 단순히 믿기만 해서는 그분의 신뢰를 얻을 수 없다. 하나님과의 우정은 그분을 두려워하는 사람의 것이다.

P3 숙고 이해가 되지 않아도, 개인적으로 유익이 없어 보여도, 고통스러워도 예수님께 즉각적이고도 온전히 순종할 가치가 있을까? 그분과의 우정이라는 유익이 그만한 가치가 있을까?

P4 기도 하나님 아버지, 무엇보다도 주님의 친밀한 친구가 되고 싶습니다. 주님을 멀리서만 알고 싶지 않습니다. 주님과 가까이서 동행하고 싶습니다. 그래서 주님에 대한 두려움을 품겠습니다. 주님께 무조건 순종하겠습니다. 주님을 마음과 목숨과 뜻과 힘을 다해 사랑하고, 주님처럼 진리 안에서 사람들을 사랑하겠습니다. 예수님의 이름으로 기도합니다. 아멘.

P5 선언 나는 예수님의 친구가 될 것이다! 예수님이 내게 무슨 명령을 하시든 그대로 순종할 것이다!

The
Awe
of
God

VI. 사랑하는 하나님을 경외하리라, 영원토록

네 발이 행할 길을 평탄하게 하며
네 모든 길을 든든히 하라.
잠언 4장 26절

이제 거룩한 두려움이 주는 수많은 유익으로 관심을 돌려 보자. 우리는 이미 몇 가지 유익을 살펴보았다. 그중에서 가장 큰 유익은 하나님과의 친밀함이었다. "주를 두려워하는 자를 위하여 쌓아 두신 은혜 …… 가 어찌 그리 큰"지 계속해서 탐구해 보자. 시 31:19

이 흥미진진한 논의를 시작하기 전에 먼저 흔한 오해를 바로잡아야 한다. 많은 사람이 성경에 비추어 삶을 경험해 나가려 하지 않고, 자신이나 다른 사람들의 경험이라는 렌즈로 성경을 해석한다. 예를 들어, 하나님의 약속을 "되면 좋고 안 되면 말고"라는 식으로 바라본다. "하나님이 이 약속을 지켜 주시면 좋지만 그렇지 않다 해도 그분은 주권자이시니 그냥 받아들여야 해." 이런 믿음은 하나님을 자녀들에게 편파적인 분으로 보게 만든다. 그렇게 되면 하나님에게 남몰래 분노를 품게 되기가 쉽다. 하지만 하나님은 전혀 그런 분이 아니시다.

현실은 이와 전혀 다르다. 하나님이 말씀하시는 것을 우리가 쟁취해야 할 때가 많다. 대부분의 사람들이 자동적으로 이루어졌다고 생각하는 성경의 한 가지 약속을 보자. 하나님은 아브라함에게 이렇게 말씀하셨다. "이삭에게서 나는 자라야 네 씨라 부를 것임이니라."창 21:12 이 말씀을 이전 말씀들과 함께 보면 하나님의 약속은 분명해진다. 아브라함이 한 나라의 조상이 되고 메시아가 오시는 일은 이삭의 후손을 통해 이루어질 것이었다.

　이 점을 기억하면서 이삭의 가문이 어떻게 시작되었는지를 보자. 하나님이 이삭과 결혼할 여자를 어떻게 고르셨는가? 아브라함의 종은 이삭의 신부를 찾기 위해 주인의 고향까지 찾아갔다. 오랜 여행 끝에 그는 마을의 우물 앞에 이르렀고 거기서 하나님께 분명한 신호를 달라고 기도했다. 자신이 요구하지 않았는데도 자신의 낙타 열 필에게 물을 주는 여성이 나타나면 "주께서 주의 종 이삭을 위하여 정하신 자"로 알겠다고 기도했다. 창 24:14

　여기서 알아야 할 사실은 낙타 한 필이 오랜 사막 여행 끝에 마실 수 있는 물의 양은 15분에 거의 200리터라는 점이다. 그런 낙타가 열 필이니 한 여자가 자발적으로 길어 오기에는 너무 많은 양의 물이다. 종의 기도가 이루어지려면 기적이 필요했다. 하지만 리브가는 그의 기도를 완벽히 이루었다! 그녀가 하나님이 선택하신 이삭의 아내라는 사실에는 의심의 여지가 없었다.

　종이 리브가를 데리고 아브라함에게 돌아온 후 이삭과 리브가는 결혼식을 올렸다. 그런데 약속의 성취에는 커다란 걸림돌이 있었다. 리브가가 자녀를 낳지 못하는 것이었다! 하나님이 실수를 하신 것일까? 하나님은 리브가가 임신할 수 없는 것을 모르셨던 것일까? 그 약속은 도대체 어떻게 이루어질 수 있는가? 하나님은 왜 리브가를 선택하셨을까? 이삭과 리브가는 어떻게 해야 할까? 약속이 성취될 때까지 기다려야 할까? 언젠가 리브가의 태가 기적적으로 열릴 때까지 그냥 기다려야만 할까?

답을 찾기 위해 아브라함에게서 첫 번째 단서를 확인해 보자. 아브라함은 담대하게 기도하는 사람이었다. 그는 하나님께 그분의 본성에 걸맞게 열 명의 의인을 위해 소돔과 고모라를 멸하지 마시라고 촉구했던 사람이다. 우리는 성경을 통해 그가 아들에게도 그런 신앙을 가르쳤다는 것을 알 수 있다. 창 18:19 이 사실을 기억하면서 다음 구절을 읽어 보라.

> 이삭이 그의 아내가 임신하지 못하므로 그를 위하여 여호와께 **간구하매** 여호와께서 **그의 간구를 들으셨으므로** 그의 아내 리브가가 임신하였더니.
> 창세기 25장 21절

리브가가 임신하는 일은 인간의 행동으로는 이루어질 수 없는 약속처럼 보인다. 하지만 그렇지 않다. 하나님의 약속이 이루어지려면 이삭의 매우 특별한 행동이 필요했다. 그가 "간구"해야 했다. 히브리어 사전을 보면 "이 단어의 기본적인 의미는 하나님께 부르짖는 것이다." 따라서 이것은 평상시에 하는 기도가 아니라 간절한 간구였다. 응답을 받기 전까지는 물러나지 않겠다는 각오로 부르짖는 기도. 하나님은 이런 기도를 기뻐하신다.

의인의 간구는 역사하는 힘이 큽이니라.

야고보서 5장 16절

사도 야고보는 간절한 간구의 예로 비를 내려 달라는 엘리야의 기도를 소개한다. 엘리야는 고개를 무릎 사이에 파묻고 일곱 번 간절히 기도했다. 그는 매번 기도가 끝날 때마다 종을 보내 비구름이 나타났는지 확인하게 했다. 그의 믿음은 하나님의 약속이 이 땅에서 이루어질 때까지 포기를 거부했다. 왕상 18:41-45

이삭은 하나님의 뜻을 알고 그 뜻이 땅에서 이루어지기를 간절히 부르짖었다. 이런 기도는 모든 신자에게 똑같이 요구된다. 성경은 이렇게 말한다.

여호와여 주의 말씀은 영원히 하늘에 **굳게 섰사오며**(확정되었사오며, NKJV).

시편 119편 89절

하나님의 말씀은 하늘에서 확정되었다. 여기서 땅이 언급되지 않고 하늘만 언급된 것은 우연이 아니다. 왜일까? 시편 기자는 이렇게 말한다. "하늘은 여호와의 하늘이라도 땅은 사람에게 주셨도다."시 115:16 하늘과 땅을 소유하신 하나님이시지만고전 10:26 한동안 인류에게 그 땅을 임대해 주셨다.

신혼 초에 우리 부부는 아파트를 임대해서 살았다. 주인은 따로 있지만 그곳에서 살 권리는 우리에게 있었다. 주인이 와서 우리가 가구를 어디에 놓고 집을 어떻게 꾸며야 하는지 일일이 간섭하는 일은 없었다. 다만 우리가 요청하면 주인의 도움을 받을 수는 있었다.

이와 비슷하게 하나님은 땅을 소유하시되 인류에게 임대해 주셨다. 이것은 하나님이 에덴동산으로 내려와 아담의 손에서 열매를 낚아채시지 않은 이유를 설명해 준다. 창 1:26-28 이런 이해의 바탕 위에서 우리는 이렇게 물어야 한다. 하나님의 말씀이 어떻게 이 땅에서 확정되는가? 성경은 이렇게 말한다. "두세 증인의 **입으로** 말마다 확정하리라."고후 13:1 이사야서에서는 하나님이 다음과 같이 선포하신다.

> 내 **입**에서 나가는 말도 이와 같이 헛되이 내게로 되돌아오지
> 아니하고 나의 기뻐하는 뜻을 이루며.
> 이사야 55장 11절

흥미롭게도 두 구절 모두에서 "입"이라고 명시하고 있다. 하나님의 입은 그분이 원하시는 뜻을 말씀하시지만, 그 뜻이 땅에서 확정되려면 이 땅에서 권위를 받은 사람들의 입에서 그 뜻이 나와야 한다. 요컨대 우리가 하나님께 이 땅에 오셔서 도와 달라고 요청해야 한다. 그러면 이제 그분의 약속은 하늘에서처럼 땅에서 확정된

다. 쉽게 말해, 하나님은 우리가 그분의 뜻이 이루어지기를 요청하기 전까지는 우리에게 '임대한 땅'에서 그 뜻을 억지로 이루시지 않는다.

하나님은 아브라함에게 약속을 말씀하셨다. 이삭의 간구가 상상이 가는가? "내 아버지의 하나님, 하나님은 제게서 한 나라가 나오고 제 후손들이 복을 받을 것이라고 약속해 주셨습니다. 제 아내의 태가 열려 아이를 갖게 해 주소서. 아멘." 간구한 결과는? 하나님의 뜻이 확정되었다.

이제 우리의 가장 위대한 본보기이신 예수님을 보자.

> 예수께서 육신으로 세상에 계실 때에, 자기를 죽음에서 구원하실
> 수 있는 분께 큰 부르짖음과 많은 눈물로써 기도와 탄원을
> 올리셨습니다. 하나님께서는 예수의 경외심을 보시어서, 그
> 간구를 **들어주셨습니다.**
> 히브리서 5장 7절, 새번역

이번에도 "간구"라는 단어가 나타난다. 하지만 이번에는 "경외심"과 함께 나타난다. 또 다른 열쇠가 나타났다. 하나님이 그분의 백성들에게 주신 약속이 이 땅에서 확정되려면 끝까지 부르짖는 불굴의 믿음뿐 아니라 하나님에 대한 두려움이 있어야 한다. 보다시피 하나님은 예수님의 기도를 '들어주셨다.' 기도만 한다고 되는 것

340

이 아니다. 하나님이 들어주셔야 한다. 하나님이 듣지 않으시는 기도가 있는가? 물론이다. 야고보는 이렇게 말한다. "구하여도 받지 못함은 정욕으로 쓰려고 잘못 구하기 때문이라."[약 4:3] 다시 말하지만 우리의 동기를 살펴야 하며, 하나님에 대한 두려움은 우리의 동기를 정결하게 유지시켜 준다.

하나님을 두려워하면 하나님의 약속 혹은 뜻이 하늘에서처럼 이 땅에서 이루어지게 해 달라고 담대히 간구할 수 있다. 이것이 사도 바울이 이 땅에서의 마지막 순간을 코앞에 두고서 이렇게 쓴 이유가 아닐까? "믿음의 선한 싸움을 싸우라 영생을 취하라."[딤전 6:12] 이것은 전쟁이다. 우리는 영생이 주는 것을 믿음으로 쟁취해야 한다.

P1 성경 구절   그는 자기를 경외하는 자들의 소원을 이루시며 또 그들의 부르짖음을 들으사. 시 145:19

P2 요점   많은 사람이 성경에 비추어 삶을 경험해 나가려 하지 않고, 자신이나 다른 사람들의 경험이라는 렌즈로 성경을 해석한다.

P3 숙고   나나 다른 사람들의 경험 때문에 내 믿음이 성경에 선포된 진리에서 멀어진 적이 있는가? 내 삶, 내 가족, 내가 영향력을 미치는 세상 속에서 아직 이루어지지 않은 약속이 있는가? 나는 하나님의 이런 약속이 이루어지지 않은 삶에 안주하고 있는가? 나는 이런 약속이 이 땅에서 이루어지길 간구함으로 이 약속들을 쟁취할 것인가?

P4 기도   하나님 아버지, 약속이 이루어지지 않은 삶에 만족하고 약속의 성취를 위해 싸우지 않은 영적 게으름을 용서해 주소서. 주님의 뜻이 이 땅에서 확정되도록 분투하지 않고 지난 경험에 발목이 잡혀 있었어요. 회개합니다. 이제 믿음의 선한 싸움을 싸우겠습니다. 주님의 뜻이 하늘에서처럼 이 땅에서 확정되도록 열심히 간구하겠습니다. 예수님의 이름으로 기도합니다. 아멘.

P5 선언   나는 영생이 주는 것을 취할 것이다! 하나님의 뜻이 내가 사는 세상 속에서 확정되도록 믿음의 선한 싸움을 싸울 것이다!

하나님을 두려워하는 사람들은
두려움 없이 삶을 맞는다.
하나님을 두려워하지 않는 사람들은
결국 모든 것을 두려워하게 된다.
리처드 핼버슨

우리는 불안한 세상, 두려움이 가득한 세상 속에서 살고 있다.
사실 예수님은 상황이 점점 더 심해질 것이라고 말씀하신다. 곧 닥
칠 상황에 관한 예수님의 말씀을 보면 정신이 번쩍 든다. "사람들이
세상에 임할 일을 생각하고 무서워하므로 기절하리니."눅 21:26 이런
두려움과 불안은 우리의 마음에서 소망, 평안, 고요를 몰아내고 우
리를 무겁게 짓누른다. 그것은 끝없는 고문과도 같다. 그에 대한 해
독제는 무엇일까?

> 여호와께서 강한 손으로 내게 알려 주시며 이 백성의 길로 가지 말
> 것을 내게 깨우쳐 이르시되 이 백성이 반역자가 있다고 말하여도
> 너희는 그 모든 말을 따라 반역자가 있다고 하지 말며 그들이
> 두려워하는 것을 너희는 두려워하지 말며 놀라지 말고 만군의
> 여호와 그를 너희가 거룩하다 하고 그를 너희가 두려워하며
> 무서워할 자로 삼으라 그가 성소가 되시리라〔너희를 안전하게 지키실
> 것이다, NLT〕.
> 이사야 8장 11-14절

거룩한 두려움은 다른 모든 두려움과 걱정을 제거한다. 그 두려
움의 밑바탕에는 우리를 안전하게 지켜 주신다는 하나님의 약속이

있기 때문이다. 잠시 이 현실을 생각해 보자. 국가의 모든 군대가 당신을 보호하기 위해 집결한다고 상상해 보라. 모든 장군이 직속 부하들에게 당신의 보호가 최우선이라고 말한다. 당신을 보호하기 위해 필요하다면 무슨 조치든 취하라고 말한다. 국가의 모든 최신 무기가 당신이 머물거나 가는 곳마다 배치된다. 거의 상상조차 하기 어려운 일이다. 하지만 이렇게 된다면 분명 당신은 절대적인 안정감을 느낄 것이다. 그런데 이런 보호는 "내가 너희를 안전하게 지켜 줄 것이다"라고 말씀하시는 전능자의 보호에 비하면 아무것도 아니다. 성경에서 다음과 같이 말하는 것도 무리가 아니다.

> **주를 두려워하는** 자를 위하여 쌓아 두신 은혜 곧 주께 피하는 자를 위하여 인생 앞에 베푸신 은혜가 어찌 그리 큰지요 주께서 그들을 주의 은밀한 곳에 숨기사 사람의 꾀에서 벗어나게 하시고 비밀히 장막에 감추사 말다툼에서 면하게 하시리이다.
>
> 시편 31편 19-20절

우리를 해하려는 자들에게서 안전한 '하나님의 임재'라는 피난처에 숨김을 받는다는 약속은 모두에게 주어진 것이 아니다. 그것은 오직 "주를 두려워하는 자"에게만 주어진 넘치는 은혜의 약속이다. 오랜 세월 아내와 나는 우리 부부에게 쏟아지는 거짓말, 비방, 비난, 위협을 견뎌 왔다. 그래서 나는 친구들에게 이런 농담을 자주

했다. "인터넷에서 내 이름 검색하지 마. 날 비방하는 글이 넘치니까." 하지만 우리는 섣불리 나서서 변호하지 않고 침묵하기로 결심했다. 대신, 사람들의 공격을 우리가 두려워하는 분께 내어 맡겼다. 그렇게 했더니 그분은 늘 우리를 철통같이 보호해 주셨다. 물론 그러기가 쉽지는 않았다. 두 손을 컵 모양으로 만들어 세상의 비난과 위협을 하나님께로 올려드리는 동작을 몇 번이나 했는지 모른다. 그때마다 이렇게 부르짖었다. "아버지, 이 문제를 아버지께 드리오니 저희를 보호해 주소서!" 하나님은 우리를 한 번도 실망시키신 적이 없다.

우리가 아는 수많은 사람을 통해서도 거룩한 두려움이 주는 보호를 확인할 수 있었다. 수년 전 고향에서 1,500명에게 메시지를 전한 적이 있다. 예배 중에 많은 사람이 자기 마음속 두려움을 하나님에 대한 두려움과 바꾸었다. 다음 날 저녁, 온갖 두려움에서 해방된 한 모녀가 쇼핑을 마치고 귀가하다가 총과 칼을 든 세 명의 괴한을 만났다. 괴한들은 거친 목소리로 모녀에게 집으로 들어가라고 위협했다. 물건을 훔치고 모녀를 강간한 뒤 살해하려는 것이 분명해 보였다.

어머니는 나중에 이렇게 말했다. "전날 밤 예배가 아니었다면 공포에 얼어붙어 아무 말도 하지 못하고 그자들 요구대로 했을 거예요. 집에 들어가라는 명령을 무시하고 예수님께 구해 달라고 큰 소리로 기도하기 시작했죠. 부르짖을수록 확신과 힘과 평안이 솟아났

어요. 그자들은 흔들리기 시작했죠. 저더러 기도를 그만두라고 윽박질렀어요. 인내력이 바닥난 저들은 길길이 날뛰며 고함을 질렀어요. '그만해! 그딴 기도 그만하라고!'"

세 남자는 이런 대담한 여자들을 만날 줄은 꿈에도 생각지 못했을 것이다. 어리둥절해진 그들이 어머니에게 신경을 쓰는 동안 딸은 집으로 몰래 들어가 도움을 요청할 수 있었다. 어느 순간 딸이 사라진 걸 눈치챈 남자들은 황급히 도망쳤다.

같은 해에 내가 텍사스주 휴스턴에서 사역할 때도 한 젊은 여자가 자신의 두려움들을 거룩한 두려움과 바꾸었다. 그러고 나서 일주일이 채 지나지 않았을 때 그녀가 쇼핑몰에서 나와 차에 탔는데 뒷좌석에 한 남자가 칼을 들고 숨어 있었다. 남자는 시동을 걸고 차를 몰고 가라고 협박했다. 하지만 그녀는 두려움에 굴복하지 않고 예수님께 부르짖기 시작했다. 그녀의 기도는 멈추지 않았다. 차가 움직이는 몇 시간 동안 남자는 입을 다물라고 위협했지만 그녀는 기도를 멈추지 않았다. 마침내 그는 "차 세워!"라고 말했고, 차가 서자마자 뒷문을 열고 도망쳤다.

아람왕이 엘리사 선지자에게 불같이 노해서 그를 잡으러 군대를 보낸 적이 있다. 엘리사의 종이 먼저 군대와 마병, 전차들을 보고 공포에 질렸다.

엘리사는 종을 보고 "두려워하지 말라 **우리와 함께한 자가** 그들과 함께한 자보다 **많으니라** 하고 기도하여 이르되 여호와여 원하건대 그의 눈을 열어서 보게 하옵소서 하니."^{왕하 6:16-17} 하나님이 그렇게 해 주시자 종의 눈에 산을 가득 채운 하늘의 불말들과 불병거들이 보였다.

예수님은 돌을 집어 던지려는 군중을 자주 만나셨다. 한번은 군중이 그분을 낭떠러지 아래로 떨어뜨리려 했지만 그렇게 생명이 위태로운 순간마다 그분은 털끝 하나 다치지 않고 현장을 벗어나셨다.^{눅 4:29; 요 8:59; 10:39}

하나님이 그분을 두려워하는 사람에게 고난을 허락하실 때는 그분의 영광을 위해 위에서 주실 때뿐이다. 하지만 그런 때에도 인간의 두려움을 흩어 버리는 거룩한 두려움에서 오는 확신이 있다. 지구상에서 가장 강력한 왕인 바벨론의 느부갓네살왕 앞으로 끌려간 세 명의 히브리 젊은이를 생각해 보라. 느부갓네살은 거대한 우상을 세우고서 음악이 들릴 때마다 온 백성이 그 앞에 절해야 한다는 칙령을 발표했다.

이 세 젊은이는 하나님을 두려워했기 때문에 왕의 칙령을 따르지 않았다. 결국 그들은 화가 머리 꼭대기까지 오른 왕 앞으로 끌려갔다. 왕의 한마디면 그들은 즉시 풀무불 속에 던져질 수밖에 없었다. 이 젊은이들은 두려웠을까? 그들이 진노한 왕에게 한 말을 보고 알아서 판단하라. "왕이여 우리가 섬기는 하나님이 계시다면 우리를 맹렬히 타는 풀무 불 가운데에서 능히 건져 내시겠고 왕의 손에서도 건져 내시리이다 그렇게 하지 아니하실지라도 왕이여 우리가 왕의 신들을 섬기지도 아니하고 왕이 세우신 금 신상에게 절하지도 아니할 줄을 아옵소서."^{단 3:17-18}

이 얼마나 강한 확신인가! 이 젊은이들은 일말의 두려움 없이 침착했다. 결국 "느부갓네살이 분이 가득하여 사드락과 메삭과 아벳느고를 향하여 얼굴빛을 바꾸"었다.^{19절} 이 젊은이들은 하나님을 두려워했기 때문에 자신들이 살든지 죽든지 하나님이 구원해 주실 줄 믿었다. 그들은 맹렬한 불 속에 던져졌지만 털끝 하나 상하지 않은 채로 나왔다. 심지어 탄 냄새조차 나지 않았다. 그들은 심지어 죽음 앞에서도 두려워하지 않았다.

하나님을 깊이 두려워했던 사도 바울도 비슷한 태도를 보여 주었다. 그는 처형당할 수 있는 상황에서도 이렇게 말했다. "살든지 죽든지 내 삶이 그리스도를 영화롭게 하리라 믿습니다. 내게 삶이란 곧 그리스도를 위해 사는 것을 의미하며, 그분을 위해 죽는 것이 사는 것보다 더 낫기 때문입니다."^{빌 1:20-21, NLT} 어째서 그리스도를 영화롭게 하면서 죽는 것이 사는 것보다 더 나은가? 또 다른 역본에 따르면, 왜 그것이 "훨씬" 나은가? 지혜의 시작인 하나님에 대한 두려움은 이생과 내세를 바라보는 올바른 시각으로 우리를 일깨운다. 이것이 예수님이 이렇게 말씀하시는 이유다. "몸은 죽여도 영혼은 능히 죽이지 못하는 자들을 두려워하지 말고 오직 몸과 영혼을 능히 지옥에 멸하실 수 있는 이를 두려워하라."^{마 10:28}

오래전, 사역지로 이동하던 중에 우리 아이들을 생각하니 두려움이 몰려왔다. 그때 하나님은 내게 이렇게 말씀하셨다. "존, 네 안에 있는 모든 두려움은 네가 아직 십자가 아래에 내려놓지 못한 것을 보여 줄 뿐이다. 넌 삶의 그 영역을 아직도 네 손안에 쥐고 있다." 그날 밤 나는 회개하고 아들들을 전적으로 하나님께 돌려 드렸다. 그때부터 아들들의 안전을 한 번도 걱정하지 않았다. 하나님에 대한 두려움은 모든 것을 예수님께 내어 맡기게 만든다. 그럴 때 우리는 다른 사람들이 몹시 원하지만 찾을 수 없는 것들, 바로 평안, 확신, 두려움에서의 자유를 누리며 살게 된다.

P1 성경 구절 여호와를 경외하는 것은 사람으로 생명에 이르게 하는 것이라 경외하는 자는 족하게 지내고 재앙을 당하지 아니하느니라. 잠 19:23

P2 요점 우리 삶 속의 유익하지 않은 모든 두려움은 우리가 아직 십자가 아래에 내려놓지 못한 것을 보여 줄 뿐이다. 우리는 삶의 그 영역을 아직도 자기 손안에 쥐고 있다.

P3 숙고 나는 삶의 어떤 영역에서 두려움과 싸우고 있는가? 건강? 재정? 결혼 생활? 자녀? 직장? 학업? 거절당하는 것? 신앙으로 인한 핍박? 아니면 다른 영역? 나는 삶의 그 영역을 예수님의 주 되심 앞에 온전히 내려놓았는가, 아니면 여전히 내 손안에 쥐고 있는가?

P4 기도 하나님 아버지, _____을(를) 아버지께 맡기지 못한 것을 용서해 주소서. 제가 여전히 이것을 붙잡고 있다는 것을 깨달았습니다. 제 불안감은 제 삶의 이 영역에서 거룩한 두려움이 부족하다는 증거입니다. 회개하고 이것을 비롯한 제 삶의 모든 영역을 예수님의 주 되심 아래에 내려놓습니다. 예수님의 이름으로 기도합니다. 아멘.

P5 선언 예수님은 내 주님이시다! 내 삶의 모든 영역의 소유권을 그분께 드린다! 나는 내 모든 영역의 모든 일이 그분의 뜻대로 이루어지도록 맡겼다!

마땅히 행할 길을 아이에게 가르치라
그리하면 늙어도
그것을 떠나지 아니하리라.
잠언 22장 6절

거룩한 두려움의 또 다른 큰 유익은 경건한 유산이다. 당신에게 몇 가지만 묻고 싶다. 베네딕트 아놀드 하면 무엇이 떠오르는가? 매국노라는 단어가 가장 먼저 떠오르는가? 마더 테레사는 어떤가? 사랑의 선교 수녀회가 떠오르는가? 아돌프 히틀러는? 수백만 명을 살해한 폭군 독재자가 생각나는가? 앨버트 아인슈타인은? 상대성 이론을 발견한 사람이라는 생각이 드는가?

당신의 머릿속에 떠오른 생각들은 대개 이 유명한 인물들이 남긴 유산일 것이다. 사실 우리 모두는 어떤 식으로든 유산을 남긴다. 따라서 우리가 스스로에게 던져야 하는 질문 중 하나는 "내가 남긴 유산이 기분 좋게 기억될 것인가, 아니면 인상을 찌푸리게 만들 것인가?"다. 하지만 더 중요한 질문은 "하늘에서 내가 남긴 유산을 하나님의 영원한 나라 건설에 유익하게 볼 것인가, 해롭게 볼 것인가?"이다.

메리엄 웹스터 사전Merriam-Webster에 따르면 "유산"legacy의 정의는 "선조나 선배로부터 전해지거나 받는 뭔가"다.[1] 하나님에 대한 두려움은 우리 후대에 어떤 영향을 미칠까? 먼저, 믿음의 조상 아브라함에 관한 이야기로 돌아가 보자. 그 산에서 아브라함이 칼을 들어 아들 이삭을 죽이려는 찰나 천사가 그를 말린 뒤, 하나님은 그에게 이렇게 말씀하셨다.

내가 네게 **복을 주고 있고 복을 줄** 것이며, 네 후손을 **번성하게
하고 있고 번성하게** 할 것이다. ······ 네 씨가 그 대적의 성문을
차지하리라.

창세기 22장 17절, NKJV

나는 오랫동안 이 구절을 읽으면서 이중 표현이 사용된 혹은 같
은 표현이 반복해서 나타나는 이유가 궁금했다. 결국 궁금증을 참
다못한 나는 한 랍비를 찾아가 이런 답변을 얻었다. "유대에서 이
런 식의 이중 표현이 나타나는 것은 언제나 번성을 의미한다. ······
한 동사는 현재시제이고 다른 동사는 미래시제이기 때문에 이 구절
은 아버지 아브라함이 복을 받고 있을 뿐 아니라, 하나님이 그의 후
손들에 대한 복도 약속하고 계심을 보여 준다. 다시 말해, 하나님은
'아브라함아, 지금 네게 복을 줄 뿐 아니라 네 후손을 통해 계속해서
네게 복을 줄 것이다'라고 말씀하고 계신다."

거룩한 두려움은 후대에 유익을 끼친다. "네 씨가 그 대적의 성
문을 차지하리라." 이는 매우 놀라운 진술이다. 이에 관해서는 잠시
뒤에 논하도록 하고, 먼저 여기서 주목해야 할 또 다른 진리가 있다.
거룩한 두려움은 우리가 후손들을 통해서 계속해서 복을 받게 만드
는데, 그 복은 이생을 넘어 영원까지 뻗어 간다.

우리 후손들은 가까운 미래만이 아니라 우리가 내세에 들어간
뒤에도 계속해서 우리를 위해 더 큰 영예와 영향력을 만들어 낸다.

그런 식으로 우리의 영원은 후손들에게 영향을 받는다. 이해하기 쉽게 예를 들어 보겠다. 미식축구 선수 아치 매닝은 열 번의 시즌 동안 미국 프로미식축구에서 뉴올리언스 세인츠New Orleans Saints의 쿼터백으로 활동했다. 그의 공격적인 리더십 아래 팀은 딱 한 번 승률 50퍼센트에 도달했다. 하지만 나머지 아홉 번의 시즌은 형편없었다. 그는 그렇게 사람들에게 잊힐 뻔했지만, 그의 두 아들 페이튼과 엘리는 통산 네 번의 슈퍼볼 우승컵을 들어 올렸고 슈퍼볼과 리그 MVP로 선정되었다. 현재 많은 사람이 그의 아들들 덕분에 아치를 알고 있다. 그는 스포츠 세계에서 선수 생활 당시보다 더 많은 영예와 영향력을 누리고 있다.

영원한 나라에서 많은 신자들이 하나님 나라의 건설을 위한 후손들의 순종 덕분에 더 큰 영예와 영향력을 누릴 것이다. 아브라함이 좋은 예다. 그의 영원한 영향력은 그의 후손들을 통해 더 커질 것이다. 다윗도 예수님도 그의 후손이시다. 그리고 그의 유산은 심지어 지금도 계속해서 형성되고 있다. 이 복은 하나님을 두려워하는 모든 사람에게 적용된다. 그들은 "영원히 기억"될 것이다. 그리고 "그의 뿔이 영광 중에 들"릴 것이다. 시 112:6, 9 하늘에서 모든 것이 처음부터 다시 시작된다고 생각하는 사람이 많다. 하지만 그렇지 않다. 신자로서 우리는 이미 영원한 역사를 형성하기 시작했다. 성경은 이렇게 말하고 있다. "그들의 선한 행위가 영원히 기억될 것이다."시 112:9, NLT

이제 우리 후손들이 정복자들일 것이라는 하나님의 약속을 살펴보자. 그들이 "그 대적의 성문을 차지하리라."창 22:17 좀 더 쉽게 풀어쓰면, 우리 후손들은 하나님을 경멸하는 자들에게 정복당하지 않고 성공적인 리더요 영향력 높은 인물들이 될 것이다.신 28:13 이 것이 아브라함과 그의 직계 후손들에게만 적용되는 약속이라고 생각할 수 있다. 하지만 성경은 이렇게 말한다. "그리스도 예수 안에서 아브라함의 복이 이방인에게 미치게 하고."갈 3:14 이 얼마나 놀라운 소식인가!

> 여호와를 경외하며 그의 계명을 크게 즐거워하는 자는 복이
> 있도다 그의 후손이 땅에서 강성함이여 정직한 자들의 **후손**에게
> 복이 있으리로다.
> 시 112편 1-2절

스가랴는 이렇게 예언했다. "긍휼하심이 **두려워하는 자**에게 대대로 이르는도다."눅 1:50 우리의 자식들만 성공하는 것이 아니다. 이 약속은 세대에서 세대로 이어진다.

18세기 초에 태어난 두 사람의 삶에서 이 역학을 확인할 수 있다. 첫 번째 인물은 맥스 주크스다. 1874년 리처드 더그데일이라는 사회학자는 뉴욕 북부 지방의 13개 카운티 교도소들을 방문했다. 거기서 그는 성은 다르지만 서로 친척 관계에 있는 여섯 명의 죄수

를 발견했다. 호기심이 발동한 그는 그들 가문을 파헤치기 시작했다. 그들의 뿌리는 1720-1740년 사이에 태어난 맥스 주크스라는 초기 네덜란드인 정착자로 거슬러 올라갔다. 더그데일은 열심히 조사한 끝에 주크스의 후손 540명을 찾아냈다. 그들 중에는 유죄 판결을 받은 범죄자가 76명, 포주가 18명, 기초 수급자가 200명 있었다. 이렇듯 세대에서 세대로 흘러간 죄들은 수많은 잘못된 행위를 낳고 현재 가치로 수천만 달러에 이르는 손실을 정부에 안겼다.[2]

이제 주크스를, 같은 시기에 태어난 조나단 에드워즈와 비교해 보자. 에드워즈는 수많은 책을 쓰고 수많은 사람으로 하여금 복음을 들고 전 세계로 나아가게 만든 부흥사였다. 그는 1727년 사라 피어폰트와 결혼했다. 이 부부는 하나님을 심히 두려워했다. 그들 부부는 매일 밤 잠자리에 들기 전에 함께 성경책을 읽고 기도했다. 그들에게는 열한 명의 자녀가 있었는데, 에드워즈는 매일 자녀 한 명 한 명에게 손을 얹고 축복 기도를 했다. 그는 "모든 집은 작은 교회여야 한다"라고 말했다.

이 부부의 알려진 후손 1,394명은 하나님이 그분을 두려워하는 자들에게 주신 약속이 사실임을 보여 주는 산증인들이다. 실로 그들은 대적의 성문을 차지하고 이 땅에서 강성했다. 에드워즈 부부의 후손 중에는 대학 총장이 13명, 대학 교수가 65명, 미국 상원의원이 3명, 판사가 30명, 변호사가 100명, 의사가 60명, 육군과 해군 장교가 75명, 목사와 선교사가 100명, 저명한 작가가 60명 있다. 미

국 부통령 애런 버도 그들의 후손이다. 그들의 후손은 정부에 단 한 푼의 손실도 안기지 않았다.[3]

우리 아이들이 어렸을 적에, 사역하느라 때로 1년에 200일씩이나 집에 들어오지 못하는 이 아빠 때문에 받는 스트레스 혹은 나를 이 일로 부르신 하나님에 대한 원망으로 우리 아이들이 오래 살지 못할지도 모른다는 두려움이 내 안에 있었다. 어느 날 밤, 먼 타지에서 설교를 마친 직후 내가 거룩한 두려움이 없어서 내 삶의 소유권을 예수님께 넘겨드리지 못했다는 것을 깨달았다. 그날 나는 기도 중에 울부짖었다. "아버지, 제 아들은 더 이상 제 것이 아닙니다. 이제 이 아이들은 예수님의 것입니다. 이 아이들을 원하시는 대로 하십시오. 하지만 사탄아, 너는 이 아이들의 털끝 하나도 건드리지 말라!" 그날부터 나는 우리 집 아이들의 생명에 관해 더 이상 두려워하지 않게 되었다.

얼마 뒤 하나님은 말씀을 통해 내게 한 가지 중요한 진리를 밝혀 주셨다. 비느하스는 제사장 아론의 손자다. 그는 하나님과 이스라엘 백성을 향한 열정으로 가득 찬 사람이었다. 그는 거룩한 두려움을 품은 덕분에 다른 신자들은 두려워서 하지 못한 일을 해냈다. 그는 옳은 일을 위해서라면 담대히 일어섰다. 그 모습에 하나님은 이렇게 말씀하셨다. "그러므로 말하라 내가 그에게 내 평화의 언약을 주리니 그와 **그의 후손**에게 영원한 제사장 직분의 언약이라."민 25:12 그의 거룩한 두려움 덕분에 그의 후손들은 하나님과의 더 친밀한 관계를 약속받았다. 성령은 우리 아들들의 안전이 우리 부부의 철저한 순종에 달려 있다는 사실을 보여 주셨다.

오랜 세월이 지난 지금, 우리 아이들은 모두 메신저 인터내셔널 Messenger International에서 일하고 있고 일한 지도 다들 9년 이상 되었다. 그중 두 아들은 책을 써 내기도 했다. 네 아들 모두 리더 자리를 감당하고 있으며, 무엇보다도 모두 하나님에 대한 거룩한 두려움을 품고 살아가고 있다. 사람들은 틈만 나면 우리 부부에게 어떻게 아들들을 그토록 경건한 사람들로 키워 냈냐고 묻는다. 이것은 우리 부부의 지혜와는 아무런 상관이 없다. 부모로서 우리가 한 실수를 다 나열하자면 책 몇 권을 꽉 채우고도 모자랄 것이다. 하지만 우리가 잘한 게 하나 있다. 그것은 높은 수준의 거룩한 두려움으로 살아온 것이다.

우리 아들들이 10대 시절에 잠시 방황할 때 나와 아내는 하나님의 약속이 아이들의 삶 속에서 확정되게 해 달라고 부르짖으며 계속해서 거룩한 두려움 가운데 살았다. 우리는 신앙을 잃지 않았다. 당신도 그러기를 바란다. 당신이 하나님을 두려워한다면 당신의 후손이 이 "땅에서 강성"할 것이다. 시 112:2

P1 성경 구절 네 식탁에 둘러앉은 자식들은 어린 감람나무 같으리로다 여호와를 경외하는 자는 이같이 복을 얻으리로다. 시 128:3-4

P2 요점 우리가 거룩한 두려움 가운데 거하면 중요한 뭔가가 우리 후손들에게 흘러간다. 그들이 영향력 있는 사람들이 될 뿐만 아니라 우리도 그들을 통해 계속해서 복을 받을 것이다.

P3 숙고 나는 내 자녀혹은 미래의 후손들를 어떻게 보고 있는가? 그들의 미래를 걱정하고 있는가? 그들을 예수님의 주 되심 앞에 철저히 내려놓았는가? 나는 자녀 앞에서 거룩한 두려움으로 살아가고 있는가? 자녀의 현재 행동에 따라 자녀를 이해하고 기도하고 말하는가, 아니면 하나님의 약속의 말씀을 따라 그렇게 하는가?

P4 기도 하나님 아버지, 하나님의 말씀은 제가 거룩한 두려움으로 살면 영원한 유산을 얻는다고 약속합니다. 제 자녀가 이 땅에서 강성하고 영향력과 성공을 얻어 하나님의 이름과 제 이름을 높일 것이라는 주님의 약속을 믿습니다. 계속해서 이 약속을 담대히 선포하며 기도하겠습니다. 이 약속이 이루어지길 예수님의 이름으로 간구합니다. 아멘.

P5 선언 내 자녀는 이 땅에서 강성할 것이다! 어디를 가나 성공할 것이다! 대적의 성문을 차지할 것이다!

인간의 참된 지혜를
가장 간단하게 정의하면
'하나님을 경외하는 것'이다.
아우구스티누스

이번 장의 주제는 너무나도 방대해서 이 주제만으로 책 한 권을
써도 모자랄 정도다. 하지만 이 주제를 건너뛰면 이 책의 메시지는
불완전해질 수밖에 없다. 그래서 거룩한 두려움에서 중요한 이 부
분을 간략하게 소개라도 하고 넘어가겠다.

우리를 지으신 창조주의 마음에서 나온 다음 말씀에 귀를 기울
이라. 이는 생명의 말씀, 진리의 말씀, 우리를 보호해 주는 말씀, 해
와 달과 별들이 사라진 뒤에도 영원히 지속될 말씀, 우리가 딛고 서
있는 이 땅보다도 더 확실한 말씀이다.

> 지혜를 얻은 자와 명철을 얻은 자는 복이 있나니 ······ 네가
> 사모하는 **모든 것**으로도 이에 비교할 수 없도다.
> 잠언 3장 13, 15절

이 세상에 지혜만큼 가치 있는 것은 '아무것도' 없다. 아무것도!
이것이 성경에서 이렇게 말하는 이유다. "지혜가 제일이니 지혜를
얻으라."잠 4:7 지혜의 "길은 즐거운 길이요 그의 지름길은 다 평강이
니라."잠 3:17

우리는 결정을 내릴 때마다 하나님의 지혜를 찾아야 한다. 성경
이 이렇게 말하기 때문이다. "그(지혜)를 높이라 그리하면 그가 너를

높이 들리라. 잠 4:8 이 얼마나 놀라운 약속인가. 하나님이 우리를 높이시면 아무도, 그 어떤 상황도 우리를 끌어내리지 못한다! 따라서 지혜는 영원한 높음으로 나아가는 길이다.

지혜는 애써 발견해야 한다. 지혜는 숨겨져 있기 때문이다. 하지만 우리가 찾을 수 없는 곳에 있지는 않다. 이 지혜를 발견하면 막대한 유익이 찾아온다. 그렇다면 지혜를 어떻게 찾아야 할까?

> 여호와를 경외함이 지혜의 **근본**이라.
> 시편 111편 10절; 잠 9:10 참조

여기서 "근본"에 해당하는 히브리어는 매우 중요한 단어다. 이 단어는 성경 바로 첫 구절에서 발견된다. "**태초에** 하나님이 천지를 창조하시니라." 이 단어는 '출발점'이라는 뜻이다. 거룩한 두려움은 지혜의 '원천'이다. 영원한 성공을 위해 필요한 모든 지혜가 가득 찬 창고를 머릿속에 그려 보라. 그런데 이 창고 안으로 들어가는 문과 열쇠는 단 하나뿐이다. 바로 거룩한 두려움이다. 이사야는 하나님에 대한 두려움이 "이 보물의 열쇠"라고 말한다. 사 33:6, NIV

요컨대 하나님에 대한 두려움밖에는 영원한 지혜가 없다. 거룩한 두려움은 영원한 지혜가 솟아나는 원천이다. 하지만 그 유익은 그 출발점에서부터 사방으로 계속해서 흘러간다.

여호와를 경외하는 것은 생명의 **샘**이니 사망의 **그물**에서 벗어나게
하느니라.

잠언 14장 27절

여기서 두 개의 핵심 단어를 강조하고 싶다. "샘"과 "그물"이 그것
이다. "샘"에 해당하는 히브리어는 흐름 혹은 변함없는 원천을 의미
한다. 가끔씩 좋은 결정을 내리는 것이 아니라 지혜로운 결정의 흐름
이 꾸준히 이루어져야 잘 살면서도 영원한 열매를 맺을 수 있다.

두 번째 단어인 "그물"은 덫이나 미끼를 말한다. "이 히브리어
의 적절한 의미는 사냥꾼의 함정에 놓인 미끼다."[1] 모든 훌륭한 사냥
꾼은 효과적인 덫이라면 두 가지가 필요하다는 것을 안다. 일단, 덫
은 짐승이 알아채지 못하도록 숨겨져 있어야 한다. 둘째, 짐승이 덫
의 치명적인 입구로 들어오도록 유인할 미끼가 있어야 한다. 이 핵
심 단어들을 정확히 이해한 상태에서 이번 장에서 논하는 진리를 더
분명하게 밝혀 줄 또 다른 성경 구절을 보자.

여호와를 경외하는 것은 **지혜의 훈계**라.

잠언 15장 33절

이 두 구절의 진리들을 합치면 거룩한 두려움은 하나님의 지혜
의 훈계가 흘러나오는 샘지속적인 흐름이다. 거룩한 두려움은 우리가

삶 속에서 지혜로운 결정을 내리도록 졸지도 자지도 않고 계속해서 지도해 주는 조언자다.

하나님의 지혜에서 벗어나 우리 자신의 힘으로만 살아가면 스스로 옳은 선택을 했다고 생각해도 사실상 해로운 선택을 할 수밖에 없다. 이것은 수천 년 인류 역사를 통해 증명된 사실이다. 죽음과 멸망의 길 역시 사냥꾼의 덫처럼 숨겨져 있으며 미끼를 동반하고 있기 때문이다. 눈에 보기에 좋고 지혜롭고 유익하고 즐거워 보이는 것이 우리를 궁극적으로 어리석고 해롭고 슬픈 것으로 유혹하는 미끼에 불과할 때가 많다. 그러나 하나님에 대한 두려움은 '이런 덫에서 멀어지게 함으로써' 우리를 보호해 준다.

오늘날 사회를 보면 똑똑하다는 사람들이 오히려 어리석은 결정으로 자신이 영향을 미치는 사람들을 파멸로 이끄는 일이 비일비재하다. 그러는 내내 그들은 자신들의 어리석음을 전혀 보지 못한다. 성경은 거룩한 두려움을 거부한 탓에 그들의 "미련한 마음이 어두워졌나니 스스로 지혜 있다 하나 어리석게 되"었다고 말한다. 롬 1:21-22 마음이 어두워지면 시각도 어두워진다. 그러면 죽음이라는 숨은 덫에 걸리는 것은 시간문제다.

하지만 반대 경우도 성립한다. 거룩한 두려움을 크게 가지면 장기적으로 유익한 결정을 내릴 수 있도록 늘 도와주는 지혜의 조언자와 함께하는 셈이다. 우리 스스로 죽음의 숨은 덫을 보지 못할 때도 샘이 부지불식간에 덫에 빠지지 않도록 끊임없이 우리를 보호해 준다.

하나님과 언약을 맺지 않았지만 그분을 두려워했던 한 사람을 보면서 이 원칙을 살펴보자. 그는 바로 그랄 왕 아비멜렉이었다. 그는 아브라함의 아내 사라를 데려갔다. 그로부터 얼마 있지 않아 하나님이 밤에 그에게 찾아와 말씀하셨다. "네가 데려간 이 여인으로 말미암아 네가 죽으리니 그는 남편이 있는 여자임이라."창 20:3

이에 아비멜렉은 이렇게 부르짖었다. "주여 …… 나는 온전한 마음과 깨끗한 손으로 이렇게 하였나이다."4-5절 여기서 "주여"에 관해 이런 자료가 있다. "이 단어는 문자적으로 '나의 주님'을 의미한다."² 아비멜렉이 하나님을 두려워했다는 사실은 그의 반응뿐 아니라 그의 호칭에서도 분명히 드러난다. 이제 하나님이 그에게 어떻게 말씀하셨는지를 들어 보자.

> 네가 온전한 마음으로 이렇게 한 줄을 나도 알았으므로 **너를 막아 내게 범죄하지 아니하게 하였나니** 여인에게 가까이하지 못하게 함이 이 때문이니라.
> 창세기 20장 6절

아비멜렉 자신은 몰랐지만 하나님에 대한 두려움은 그가 죽음의 덫에 걸리지 않도록 막아 주는 조언자였다. 덫은 숨겨져 있었다. 아브라함이 아내를 누이라고 속여서 소개했기 때문이다. 하지만 거룩한 두려움이 아비멜렉을 보호해 주었다. 하나님과 언약을 맺지 않은 이 이방 왕이 기록된 하나님의 말씀도 없이 어떻게 다른 아내를 취했다는 사실 앞에서 떨었을까? 답은 바울의 글에서 찾을 수 있다. "율법 없는 이방인이 본성으로 율법의 일을 행할 때에는 이 사람은 율법이 없어도 자기가 자기에게 율법이 되나니 이런 이들은 그 양심이 증거가 되어 그 생각들이 서로 혹은 고발하며 혹은 변명하여 그 마음에 새긴 율법의 행위를 나타내느니라."롬 2:14-15

이 이방 왕은 다른 아내를 취했다는 생각에 떨었는데, 오랫동안 목회를 해 온 목사나 수년간 교회에 다닌 교인이 불륜에 빠지는 일이 자꾸 일어나는 것은 왜인가? 왜 이런 일이 시간이 갈수록 더 자주 일어나는 것인가? 답은 간단하다. 그런 목사나 교인은 입으로는 예수님께 속했다고 고백하지만 하나님을 전혀 두려워하지 않는다. 성경은 이렇게 말한다.

> 마음은 올무와 그물 같고 손은 포승 같은 여인은 사망보다 더 쓰다는 사실을 내가 알아내었도다 그러므로 하나님을 기쁘게 하는 자는 그 여인을 피하려니와 **죄인**은 그 여인에게 붙잡히리로다.
> 전도서 7장 26절

성경은 '악인'이 덫에 걸리는 것이 아니라 "죄인"이 덫에 걸리고 만다고 말한다. 그는 거룩한 두려움이 없는 탓에 덫에 걸린다. 이 사람은 기독교 신앙을 믿는다고 고백하는 사람을 지칭할 가능성이 높다. 야고보는 신자들에게 이렇게 말하기 때문이다. "**죄인들아** 손을 깨끗이 하라 두 마음을 품은 자들아 마음을 성결하게 하라."^{약 4:8}

서구에서 널리 받아들여지고 있는 복음은 '가짜' 은혜를 가르친 탓에 우리 마음에서 하나님에 대한 두려움이 사라지게 만들었다. 서구 교회는 하나님의 지혜가 아닌 다른 것으로 우리를 훈련시키고 있다. 오늘날 교회의 왜곡된 가르침은 우리를 죄에서 보호해 줄 힘이 전혀 없다. 하지만 진정한 은혜는 거룩한 두려움과 상충하지 않는다.

> 모든 사람에게 구원을 주시는 하나님의 은혜가 나타나 **우리를 양육하시되**〔가르치시되, NKJV〕 경건하지 않은 것과 이 세상 정욕을 다 버리고 신중함과 의로움과 경건함으로 이 세상에 살고.
> 디도서 2장 11-12절

하나님의 진정한 은혜를 하나님에 대한 거룩한 두려움에서 떼어 내서는 안 된다. 이 둘이 하나로 합쳐져 죽음의 덫에 가까이 가지 않도록 '우리를 가르치신다.'

신앙을 고백하는 신자들 사이에서 행해지는 이런 불경한 행위는 전혀 새로운 현상이 아니다. 이스라엘과 교회의 역사 이래로 우리는 같은 패턴을 줄곧 목도해 왔다. 하지만 예수님이 기만이 만연

할 것이라고 말씀하신 말세에는 이 패턴이 훨씬 강하게 나타난다. 거룩한 두려움이 사라지면 사람들의 마음과 영혼이 어두운 가르침에 혹하게 된다. 그런 가르침은 진리처럼 보이지만 실상은 부지불식간에 죄와 죽음으로 이끈다.

현재 우리 사회에서는 불법의 힘이 기승을 부리고 있다. 곡선으로 표현하면 급상승 곡선을 그리고 있다고 말할 수 있다. 가짜 은혜를 널리 받아들인 결과 신자들 마음속에서 거룩한 두려움이 사라지고 있다. 그로 인해 점점 더 많은 신자들이 불법의 기만에 빠질 것이다. 거룩한 두려움의 회복이 절실하다. 거룩한 두려움은 기만에 현혹되지 않도록 우리를 계속해서 보호해 준다. 거룩한 두려움은 다수가 기만을 향해 달려가는 와중에도 우리의 마음을 진리와 나란히 정렬시켜 준다.

거룩한 두려움을 큰 보배로 여기며 받아들이라. 거룩한 두려움을 막대한 돈이나 값비싼 보석, 좋은 집보다도 더 부지런히 지키라. 우리는 귀중품을 은행이나 지하실, 금고에 넣고 경보 장치를 달아서 철저히 보호한다. 하지만 실제로 우리의 가장 큰 보배는 하나님에 대한 두려움이다. 이것이 성경에서 이렇게 말하는 이유다. "모든 지킬 만한 것 중에 더욱 네 마음을 지키라 생명의 근원이 이에서 남이니라." 잠 4:23

P1 성경 구절 지혜가 부르지 아니하느냐 명철이 소리를 높이지 아니하느냐 …… 대저 나를 얻는 자는 생명을 얻고 여호와께 은총을 얻을 것임이니라 그러나 나를 잃는 자는 자기의 영혼을 해하는 자라. 잠 8:1, 35-36

P2 요점 그리스도의 제자로서 지혜를 얻는 것이야말로 우리가 할 수 있는 가장 중요한 일이다. 하나님에 대한 두려움은 지혜가 흘러나오는 샘이다. 이 두려움은 죽음의 덫에 걸리지 않도록 우리를 보호해 준다.

P3 숙고 하나님의 말씀에 반하는 사회의 지혜를 따르지 않기로 굳게 결심했는가? 나는 하나님의 말씀에 대한 믿음과 순종으로 인해 핍박받을 각오가 되어 있는가? 일상적인 결정을 내릴 때마다 예수님의 지혜를 구하려면 어떻게 해야 할까?

P4 기도 하나님 아버지, 아버지의 지혜와 명철을 예수님의 이름으로 간구합니다. 제 눈과 귀를 열어 주님의 지혜와 명철을 보게 해 주소서. 제 자신의 의견을 따르는 어리석은 자가 되고 싶지 않습니다. 세상이 주는 그 어떤 것보다도 우리 주 예수 그리스도의 지혜를 소중히 여기고 그 지혜를 의지하겠습니다. 제 믿음이나 순종으로 인해 핍박을 받더라도 순종을 선택하겠습니다. 예수님의 이름으로 기도합니다. 아멘.

P5 선언 내가 하는 모든 결정에서 내 주 예수 그리스도의 지혜를 찾기로 결심한다!

하나님에 대한 두려움이란
곧 겸손이다.
아우구스티누스

잠언에는 내가 자주 '강력한 쌍둥이'라고 부르는 덕목이 나온다. 이 두 가지 덕목은 서로 짝을 이루며, 성경에서 자주 서로 보완하는 관계로 나타난다. 이 둘은 다음 구절에서 나타난다.

> **겸손과 여호와를 경외함**의 보상은 재물과 영광과 생명〔장수,
> 새번역〕이니라.
> 잠언 22장 4절

진정한 겸손과 거룩한 두려움은 서로 연결되어 있다. 하나님을 두려워하면서 진정으로 겸손하지 않은 사람이나 진정으로 겸손하면서 하나님을 두려워하지 않는 사람은 절대 없다. 여기서 '진정'이란 단어가 중요하다. 다양한 형태의 가짜 겸손이 있기 때문이다. 이 문제는 다음 장에서 더 자세히 다루도록 하자.

앞 구절에서 열거된 세 가지 약속, 재물과 영광과 장수를 살펴보자. "재물"에 해당하는 히브리어는 "오세르"로, 그 정의는 이렇다. "부. 이것은 땅, 재물, 가축, 후손을 비롯한 모든 종류의 부를 의미한다." 그 의미는 분명하며, 성경에서 이 약속이 거룩한 두려움과 연결되어 나타나는 구절은 하나만이 아니다.

시편 기자도 이렇게 말한다.

할렐루야, 여호와를 경외하며 그의 계명을 크게 즐거워하는 자는 복이 있도다 …… **부**와 **재물**이 그의 집에 있음이여 그의 공의가 영구히 서 있으리로다.

시편 112편 1, 3절

여기서도 재물에 대해 히브리어 "오세르"가 사용된다. 이 재물과 관련해서 논쟁이 발생할 소지가 있다. 부와 재물을 경건에 반대되는 것으로 보는 이들이 있기 때문이다. 하지만 성경의 분명한 가르침을 버리고 우리의 전통적인 가르침을 따르는 것은 교만의 증거다. 그것이야말로 거룩한 두려움의 반대다.

나는 오래전에 이 사실을 깨달았다. 사역 초기에 우리 부부는 번영 복음을 전하는 목사들을 보았다. 그로 인해 많은 신자들이 부패한 부를 추구했다. 그 열매는 참담했다. 많은 사람이 우상숭배인 탐욕에 빠져들었다. 정말 많은 사람이 진정한 믿음에서 떠나갔고, 그로 인해 온갖 비극이 발생했다. 그 모습을 본 우리는 반대편 극단으로 치달았다. 우리는 재물이나 부, 번영을 언급하는 가르침이라면 무조건 경멸하게 되었다. 결국 성령이 우리의 미성숙을 바로잡아 주셨다. 우리는 하나님을 진정으로 두려워하는 사람은 탐욕의 덫에 걸리지 않고 부를 적절히 다룰 줄 안다는 사실을 깨닫게 되었다.

부와 풍요의 목적은 무엇인가? 재물은 다른 사람들에게 복을 전해 주기 위한 수단이다. 이 글을 쓰고 있는 시점까지 우리 사역은

5,300만 건 이상에 달하는 책과 코스를 118개 언어로 번역하여 전세계 130개국의 목사와 사역자들에게 제공했다. 우리는 122개 언어로 번역한 제자 훈련 자료가 포함된 '메신저엑스'MessengerX라는 앱도 개발했다. 230개국에서 이 앱을 다운로드했다. 이 프로젝트에 수천만 달러가 들어갔으나 우리는 이용자들에게 비용을 단 한 푼도 부과하지 않았다. 이런 노력을 지원한 사람들이 경건을 가난함이라고 생각했다면? 그랬다면 우리는 수백만 명에게 도움을 주지 못했을 것이다.

탐욕을 부리는 것과 다른 사람들을 돕기 위해 부를 소유하는 것 사이에는 엄청난 차이가 있다. 하나님을 진정으로 두려워하는 이들은 이 차이를 알고 탐욕을 멀리한다. 신약을 보면 예수님이 십자가에 달리신 후 다음과 같은 일이 벌어진다.

> 저물었을 때에 아리마대의 **부자** 요셉이라 하는 사람이 왔으니
> 그도 **예수의 제자**라 빌라도에게 가서 예수의 시체를 달라 하니
> 이에 빌라도가 내주라 명령하거늘.
> 마태복음 27장 57-58절

요셉은 부유했는데 성경은 그를 예수님의 제자로 부른다. 아이러니는 여기서 끝나지 않는다. 예수님의 제자들은 대부분 도망쳐서 숨었지만 이 부자는 유대 지도자들과 로마 당국의 위협을 아랑곳하

지 않고 빌라도를 찾아가 예수님의 시신을 요청할 정도의 담대함을 보였다. 이 담대함은 거룩한 두려움에서 나온 것이었다. 이 얼마나 용감한 사람인가!

오해하지는 말라. 가난하면 거룩한 두려움이 없는 것일까? 전혀 아니다! 성경을 보면 물질적인 부를 소유하지 않은 사람이 많이 나타난다. 그 가난 때문에 그들은 덜 경건했는가? 절대 아니다! 진정한 부는 돈이나 소유물이 아니라 다른 사람들을 돕는 능력을 의미한다. 성경은 다음과 같이 약속한다.

> 너희 성도들아 여호와를 경외하라 그를 경외하는 자에게는
> 부족함이 없도다 젊은 사자는 궁핍하여 주릴지라도 여호와를 찾는
> 자는 모든 좋은 것에 부족함이 없으리로다.
> 시편 34편 9-10절

기도나 음식, 가르침, 제자 훈련, 환대, 섬김 등을 통해 다른 사람들을 도우려는 것은 경건한 바람이다. 재물도 얼마든지 다른 사람들을 돕는 일에 잘 사용할 수 있다. 하나님이 주신 사명을 이루기 위해 충분한 자원을 갖는 것은 좋은 일이다. 경건한 사람들은 하나님 나라의 일을 추구하며, 그 과정에서 개인적으로도 복을 받는다. 교만하고 종교적인 자들은 신자라면 가난해야 한다고 말하지만 성경 어디에도 그런 가르침은 없다.

솔로몬왕은 하나님에 대한 두려움 안에서 백성들을 이끌고 가르쳤다. 그의 치리 당시 "유다와 이스라엘 사람들은 단에서 브엘세바까지 모두 안전하게 살 수 있었으며 각자 **자기 집과 정원**에서 편히 쉴 수 있었다."^{왕상 4:25, 새번역} 또한 당시 사람들이 "먹고 마시며 즐거워"했다.^{왕상 4:20} 나라 전체에 실직이나 가난이 없었고 국가 복지에 의지하는 사람이 없었다. 모두가 풍요로웠다! 하나님에 대한 두려움은 그 영향력 아래에 있는 모든 이들에게 유익을 끼치는 지혜를 낳는다. 이 경우에는 나라 전체가 복을 누렸다. 우리 국가의 모든 리더가 하나님에 대한 두려움을 품는다면 어떤 일이 벌어질까?

마지막으로, "재물"의 약속은 우리가 기도하며 쟁취해야 할 약속이 아니다. 이는 이삭이 리브가의 태가 열리는 기적을 쟁취해야 했던 것과 다른 경우다. 예수님은 이렇게 약속하신다. "너희는 먼저 그의 나라와 그의 의를 구하라 그리하면 이 모든 것을 너희에게 더하시리라."^{마 6:33}

다음 약속인 "영광"을 보자. 이번 장을 열면서 인용한 구절에서 "영광"에 해당하는 히브리어는 "카보드"다. 이 단어는 "영예, 영광, 위엄, 부"로 정의된다. 모세가 하나님의 영광을 보기를 요청할 때 사용한 단어다. 이 단어는 직함이나 지위가 아니라 인격에서 비롯하는 무게와 권위를 함축한다. 이 영광, 이 기품이 거룩한 두려움이 주는 또 다른 놀라운 유익이다. 거룩한 두려움은 우리를 기품 있는 사람으로 변화시킨다. 이 유익을 언급하는 성경은 잠언만이 아니다.

시편 기자도 하나님을 두려워하는 이들에 대해서 같은 히브리어 단어를 사용한다. "그의 의가 영구히 있고 그의 뿔이 **영광** 중에 들리리로다."시 112:9

잠언에서 말하는 덕이 많은 여성에 관해 생각해 보라. 그녀는 훌륭한 특성들을 지니고 있다. 그녀는 믿을 만하고, 지혜롭고, 부지런하고, 활동적이며, 열심히 노력하고, 번영하고, 부유하고, 친절하고, 힘든 사람들을 돕고, 힘이 없는 자들을 옹호해 준다. 자주 간과되는 또 다른 놀라운 특성은 우리가 논의하는 것과 관련이 있다. "능력과 존귀로 옷을 삼고."잠 31:25 다시 말해, 그녀의 기품이 옷처럼 모든 사람에게 분명히 드러난다. 그녀의 마지막 덕목은 무엇일까?

> 고운 것도 거짓되고 아름다운 것도 헛되나 오직 **여호와를**
> **경외하는** 여자는 칭찬을 받을 것이라.
> 잠언 31장 30절

바로 거룩한 두려움, 하나님을 경외함이다! 놀라운 약속이다. 하나님을 두려워하는 사람은 누구나 이 여인과 같은 기품을 풍긴다. 나는 오랫동안 세계를 누비면서 위대한 리더들을 비롯해 많은 사람을 만났다. 그들은 사회에 막대한 영향을 미쳤다. 그런데 그들이 이룬 어떤 성과보다도 더 내 관심을 사로잡은 것은 그들에게서 풍겨져 나오는 기품이다. 그들의 존재에는 무게감이 있다. 빛, 사랑,

영광, 고귀함을 발한다. 그들의 자녀는 그들을 사랑하고 존경하며, 동료와 친구들은 그와 가까이하기를 원한다. 흥미롭게도, 그들 중 상당수는 대중에게 잘 알려진 인물이 아니다. 비결이 무엇일까? 그들은 하나님을 두려워한다!

이 책을 열면서 인용한 구절의 세 번째 약속은 "장수" 곧 오래가는 생명력이다. 이 약속은 진정한 겸손과 밀접하게 연관이 있다. 이 약속에 관해서는 다음 장에서 자세히 살펴보자.

P1 성경 구절 여호와를 경외하는 것은 악을 미워하는 것이라 …… 나를 사랑하는 자들이 나의 사랑을 입으며 나를 간절히 찾는 자가 나를 만날 것이니라 부귀가 내게 있고 장구한 재물과 공의도 그러하니라. 잠 8:13, 17-18

P2 요점 거룩한 두려움과 겸손은 재물과 영광과 오래가는 생명력을 약속한다. 진정한 부는 돈이나 소유물의 양이 아니라 다른 사람들을 돕는 능력을 의미한다. 영광은 직함이나 지위가 아닌 인격에서 나온다.

P3 숙고 나는 부를 건강한 시각에서 바라보는가? 불안감이나 두려움, 탐욕에서 부를 추구하고 있는가? 어떻게 해야 내가 거룩한 두려움을 추구하고 다른 사람들을 돕기 위해 부를 추구할 수 있을까? 어떻게 해야 존귀로 옷을 입을 수 있을까?

P4 기도 하나님 아버지, 진정한 겸손과 거룩한 두려움을 추구하면 다른 사람들을 섬기는 사명을 이루기 위한 재물과 영광과 오래가는 생명력을 누리게 된다는 약속을 이루어 주소서. 예수님의 이름으로 기도합니다. 아멘.

P5 선언 거룩한 두려움과 진정한 겸손을 추구하면 내 하늘 아버지께서 재물과 영광과 오래가는 생명력을 주실 줄 믿는다!

명철한 사람은
옳은 길에서 벗어나지 않는다.
잠언 15장 21절, NLT

잘 마무리하는 법을 논하지 않는다면 잘 사는 길에 관한 논의는 불완전하다. 18장에서도 오래가는 생명력에 관해 다루긴 했지만 하나님에 대한 두려움과 겸손이 장수에서 어떻게 중요한 역할을 하는지 좀 더 탐구해 보자.

> 겸손과 여호와를 경외함의 보상은 재물과 영광과 **생명**〔장수,
> 새번역〕이니라.
> 잠언 22장 4절

거룩한 두려움이 주는 놀라운 유익 중 하나는 오래 사는 것, 오래가는 생명력이다. 성경은 이렇게 말한다. "여호와를 경외하면 장수하느니라."잠 10:27 이 얼마나 놀라운 약속인가! 이 약속은 성경에서 한 번만 등장하지 않는다. 성경은 거룩한 두려움의 지혜를 얻으면 "네 날이 많아질 것이요"라고 말한다.잠 9:11 성경은 우리의 날이 길어질 뿐 아니라 생산성이 높아질 것이라고 약속한다.

십계명 중 하나에서도 장수를 약속한다. 하나님을 두려워하면 부모를 무조건적으로 공경하고, 그러면 "잘되고 땅에서 장수"할 것이라고 밝힌다.엡 6:3 이 구절도 장수와 함께 생산성을 약속한다. 이 것들은 우리가 기도로 요청할 수 있는 약속들이다.

삶의 질이 동반되지 않으면 오래 살아 봐야 무슨 소용인가. 솔로몬은 비관론에 빠져 있던 세월 중에 이런 글을 남겼다. "죽는 날이 출생하는 날보다 나으며."전 7:1 그가 이 글을 쓰던 시기에는 인생이 즐겁지 않았던 것이 분명하다. 무엇이 삶의 질을 보장해 주는가? 진정한 겸손과 하나님에 대한 두려움이다.

오래전 나는 기도하던 중에 다음 구절을 읽었다.

> 웃시야왕이 죽던 해에 내가 본즉 주께서 높이 들린 보좌에
> 앉으셨는데 그의 **옷자락**은 성전에 가득하였고.
> 이사야 6장 1절

이사야는 영광이 충만한 중에 나타나신 하나님을 보았다. 앞서 논했듯이 그는 보좌에 앉으신 전능자와 거대한 천사들, 그들의 외침으로 요동치는 문설주를 보았다. 이 경험으로 그의 삶은 크게 달라졌다.

이 구절을 읽고서 나는 기도로 부르짖었다. "하나님, 저도 이것이 필요합니다. 예수님을 새롭게 보기를 원합니다!"

그때 성령이 내 마음에 속삭이셨다. "성경을 다시 펴서 이 구절의 앞부분을 다시 읽어 보라."

나는 어리둥절했지만 지시대로 따랐다. 그랬더니 이번에는 "웃시야왕이 죽던 해"라는 대목이 눈에 들어왔다.

이어서 다시 성령의 음성이 들려왔다. "웃시야는 이사야가 나에 관한 새로운 비전을 얻기 전에 세상을 떠났다."

당시 나는 웃시야란 인물을 잘 몰랐다. 그가 이스라엘이나 유다의 많은 왕 중 하나라는 것 정도만 알았을 뿐이다. 그래서 그의 삶을 조사해 보니 흥미로운 사실들이 보였다. 그는 겨우 열여섯 살의 나이에 유다의 왕좌에 올라 52년간 나라를 다스렸다. 생각해 보라. 내가 이 글을 쓰고 있는 지금, 지난 52년 사이에 열 명의 미국 대통령이 있었다. 그러고 보면 웃시야는 정말 오랫동안 왕 노릇을 했다.

열여섯 살에 수백만 명을 다스리는 왕좌에 오른 그는 지혜롭게 행동했다. 바로, 하나님을 찾은 것이다. 성경은 이렇게 말한다. "그가 여호와를 찾을 동안에는 하나님이 형통하게 하셨더라."대하 26:5 역시나 그는 성공 가도를 달렸다! 하나님의 지혜 덕분에 그는 위대한 왕으로 우뚝 솟았다. 그는 경제를 튼튼히 했고, 성들을 회복시켰으며, 강한 군대를 육성했고, 선조들이 빼앗긴 영토를 수복했다. "그의 이름이 멀리 퍼짐은 기이한 도우심을 얻어 강성하여짐이었더라."대하 26:15

하지만 하나님에 대한 두려움이 그의 보배가 아니었다. 성경은 그로 인한 비극적인 말로를 기록하고 있다.

그가 강성하여지매 그의 마음이 **교만하여** 악을 행하여.
역대하 26장 16절

어느 순간 그는 처음에 가졌던 겸손과 거룩한 두려움을 잃었다. 여기 중요한 진리가 있다. 이 강력한 쌍둥이 덕목들은 생산성의 운동력을 만들어 낸다. 이는 처음 그 운동력을 일으킨 덕목들이 사라진 뒤에도 대개 성공 가도는 어느 정도 지속된다는 뜻이다. 이어서 흥미로운 내용이 나타난다.

> 그의 하나님 여호와께 범죄하되 곧 여호와의 성전에 들어가서
> 향단에 분향하려 한지라.
> 역대하 26장 16절

성령은 내게 한 가지 질문을 하셨다. "아들아, 교만이 마음속에 들어왔을 때 웃시야는 '더' 영적으로 되었겠느냐, 아니면 '덜' 영적으로 되었겠느냐?" 나는 답이 반직관적이라는 것을 즉시 알아챘다. 원래 나는 교만이 마음속에 들어오면 덜 영적으로 된다고 생각했다. 하지만 웃시야는 성전으로 들어가 하나님 앞에서 영적 활동을 했다. 성령이 그 질문을 하시지 않았다면 이 점을 전혀 깨닫지 못했을 것이다.

나는 충격 속에서 큰 소리로 대답했다. "그는 '더' 영적으로 되었습니다!"

성령은 내 마음속에 다시 속삭이셨다. "교만의 영과 종교의 영은 짝을 이룬다. 이 둘은 서로를 숨겨 서로를 강화해 준다." 교만은

자신이 종교적으로 변했다는 사실을 인정하지 못하게 만들고, 종교는 영적인 활동으로 교만을 숨긴다.

그때 예수님 당시의 바리새인들이 생각났다. 웃시야와 마찬가지로 이 리더들도 처음에는 하나님을 향한 진정한 사랑과 거룩한 두려움을 품었을지 모른다. 하지만 어느 순간, 교만이 그들의 마음속에 들어왔다. 그때부터 그들은 하나님에게서 점점 멀어지고, 대신 영적 활동에만 매달리기 시작했다.

웃시야는 제사장들에게 제지를 당했다. 제사장들은 그의 비성경적인 행위를 지적했다. 이에 웃시야는 제사장들에게 몹시 성냈다. 겸손을 잃었다는 또 다른 증거 그 순간, 그의 이마에서 나병이 나타났다. 결국 이 왕에게 주어진 남은 삶은 비극적으로 막을 내렸다. 그는 고립된 집에서 살아야 했다. 그는 아들에게 왕권을 넘기고 나서 나병으로 생을 마감했다.

이 사건을 대중의 눈을 통해 바라보자. 유다와 예루살렘 사람들 눈에는 그저 왕이 나병에 걸렸다는 사실밖에는 보이지 않았을 것이다. 그들은 그저 왕이 나병에 걸렸다는 사실을 안타까워했을 뿐, 그 병이 찾아온 이면의 상황을 전혀 알지 못했다. 하지만 우리는 성령을 통해 내막을 알고 있다. 그것은 거룩한 두려움과 겸손을 잃은 탓에 벌어진 사건이었다.

나는 이 점을 생각하면서 하나님께 우리 시대의 상황에 관해 물었다. 몰락한 수많은 리더를 생각하자니 가슴이 찢어졌다. 불륜으로 인한 몰락이 가장 많지만, 알코올 중독이나 마약 중독, 탐욕 같은 악과 부적절한 행위로 몰락한 사례도 적지 않다. 그들 대부분은 예수님께 영광을 돌리겠다는 불타는 열정으로 목회를 시작했다. 그런 사람들이 어떻게 그토록 어두운 행위에 빠질 수 있는가? 같은 패턴을 따르다가 몰락한 다른 이들을 보지 못한 것인가?

성령이 내게 다시 말씀하셨다. "아들아, 이 몰락한 리더들은 호르몬 문제가 있었던 게 아니다. 그들의 문제는 바로 교만이었다." 우리가 볼 수 있는 것은 그들의 이마에 나타난 나병에 불과하다. 그들을 몰락시킨 불륜 같은 악한 행위들은 겉으로 드러나 있다. 하지만 거룩한 두려움과 겸손을 밀어내고 그들의 마음속을 차지한 교만은 우리 눈에는 보이지 않는다. 그런 일이 어느 시점에 일어났는지는 오직 하나님만이 아신다. 심지어 그들 자신도 그것을 모르기 십상이다. 교만은 희생자가 상황을 분명히 보지 못하도록 눈을 가리기 때문이다.

성공이 일으킨 추진력으로 바삐 앞으로 달리느라 무엇이 처음 우리를 그 길에 올려놓았는지를 망각하기 쉽다. 겸손과 거룩한 두려움을 품고서 부지런히 하나님을 찾은 덕분에 성공의 길이 시작되었다는 사실을 잊어버리기 쉽다. 이것이 성공을 맛보는 시기에 예수님의 이 말씀을 늘 눈앞에 두고 살아가는 것이 그토록 중요한 이유다. "나를 떠나서는 너희가 아무것도 할 수 없음이라."요 15:5

그날 성령이 내게 하신 말씀을 정리하자면 이렇다. "존, 네 안에서 교만이 죽는 만큼 예수를 새롭게 볼 수 있을 것이다." 우리에게는 변화가 반드시 필요한데, 예수님에 대한 새로운 비전이 없으면 그분을 닮아 가기란 불가능하다. 인류 역사상 많은 위대한 사람들이 마무리를 잘하지 못했다. 그들은 겸손과 거룩한 두려움이 없어도 아무런 문제가 없을 것이라고 믿었다. 우리는 속지 말자. 진정한 겸손을 꼭 붙잡고 예수님을 철저히 의지하며 거룩한 두려움을 우리의 보배로 삼자. 우리가 이렇게 하면 하나님은 재물과 영광과 오래가는 생명력 곧 장수를 약속하신다.

P1 성경 구절 들으라 내 말을 받으라 그리하면 네 생명의 해가 길리라. 잠 4:10

P2 요점 우리 안에서 교만이 죽는 만큼 예수를 새롭게 볼 수 있다. 진정한 겸손은 거룩한 두려움에서 비롯한다. 진정한 겸손은 예수님을 떠나서는 아무것도 할 수 없음을 아는 것이다. 그럴 때 우리는 전적으로 예수님을 의지하게 된다.

P3 숙고 내 삶 가운데 진정한 겸손이 있는가? 스스로 해낼 수 있다고 생각하는 영역이 있는가? 나는 하나님께 묻지 않고 마음대로 계획을 세우는가? 나는 내면에서 하나님의 지혜를 구하지 않고 멋대로 결정을 내리는가? 그렇다면 어떻게 해야 이런 접근법을 바꿀 수 있을까? 감사하는 마음은 어떻게 담대함과 겸손함을 함께 유지해 주는가?

P4 기도 하나님 아버지, _____ 영역에서 제 교만을 용서해 주소서. 저를 의지하고 저를 다른 사람들보다 높게 여겼던 것을 회개합니다. 예수님의 피로 저를 깨끗하게 씻어 주소서. 주님 앞에 저를 낮추고, 다른 사람들을 저보다 더 중요하게 보겠습니다. 예수님의 이름으로 기도합니다. 아멘.

P5 선언 나는 겸손과 하나님에 대한 두려움으로 살아갈 것이다!

나는 자주 이렇게 기도한다.

"오, 하나님, 회개와 주님에 대한 두려움이
온 땅에서 강하게 회복되게 하소서.
그리하여 저희가 살아남아
주님을 영화롭게 하기를 원합니다."

A. W. 토저

거룩한 두려움의 복

거룩한 두려움의 유익은 책 한 권에 다 담지 못할 만큼 많다. 그 유익들을 자세히 논하려면 족히 책 몇 권은 필요할 것이다. 나는 거의 30년간 성경을 공부해 왔지만 성령의 도움으로 성경에서 새로운 것을 깨달을 때마다 여전히 깊은 경이감에 사로잡힌다. 그래서 몇 가지 약속을 더 살펴보면서 이 책을 마무리하고자 한다. 여기서는 간단히 소개만 할 뿐이고, 각자 더 탐구하고 발견하기를 바란다. 성경에 나온 이 약속들을 마음에 새기라. 이 약속들에 관해 읽고만 넘어가지 말고 하나님께 다시 말씀드리기를 바란다. 하나님을 두려워하는 이들에게 이 약속들은 열심히 찾고 손에 꼭 쥐어야 할 보배다.

> 여호와를 경외하며 그의 길을 걷는 자마다 복(기쁨)이 있도다 네가 네 손이 수고한 대로 먹을(즐길) 것이라 네가 복되고(기쁘고, NLT) 형통하리로다.
> 시편 128편 1-2절

단 두 구절에서 '기쁨'에 해당하는 단어가 세 번이나 등장한다! 하나님을 진정으로 두려워하는 사람에게는 기쁨이 넘친다. 여기서는 특별히 노동의 기쁨을 이야기한다. 1980년대 초 IBM에서 엔지니어로 일할 때 경험했던 인생 변화의 순간을 지금도 잊을 수 없다. 우리는 한 동료 엔지니어의 38년 근속을 축하하고 있었다. 그날 아침 10여 명이 그의 사무실에 모였다.

축하를 받던 동료는 어느 순간 불쑥 이런 말을 했다. "38년 동안 이 건물로 들어올 때마다 정말 싫었습니다." 다들 너털웃음을 터뜨리며 고개를 끄덕였다.

나는 그곳에서 일한 지 몇 개월밖에 되지 않은 신입 직원이었기 때문에 혼란스러워서 물었다. "왜요?"

그가 사무실 안에 있는 모든 사람과 함께 내 쪽으로 고개를 돌리던 그 순간, 그의 얼굴에서 웃음기가 싹 사라졌다. 그는 나를 보며 빈정거렸다. "이봐, 일이라는 게 다 그렇지. 먹고살려면 어쩔 수 없잖아." 다른 사람들 표정을 보니 같은 심정인 것이 분명했다. 뭐라 할 말은 없었지만 그들이 지혜로운 사람들처럼 보이지는 않았다.

내가 엔지니어링을 공부한 유일한 이유는 연봉이 높은 직장을 놓칠까 두려웠기 때문이다. 그가 한 말은 내 건강하지 못한 두려움을 끄집어냈다. 그날 나는 38년 뒤에 그와 같은 말을 하지 않으리라 결심했다. 건강하지 못한 두려움에 이끌려 살고 싶지 않았다. 하나님을 신뢰하고 싶었다. 그날 이후 내가 노동의 열매를 즐겼노라 말할 수 있어서 무척 기쁘다. 이 약속은 하나님을 두려워하는 모든 이들을 위한 것이다.

시편 기자는 계속해서 이렇게 말한다.

네 집 안방에 있는 네 아내는 결실한 포도나무 같으며 네 식탁에 둘러앉은 자식들은 어린 감람나무 같으리로다 **여호와를 경외하는 자는 이같이 복을 얻으리로다.**

시편 128편 3-4절

하나님을 두려워하면 노동의 열매를 즐기고 배우자가 번영하며 자녀가 우리와 함께하고 싶어 하게 된다. 이 구절에 나오는 복들을 누리지 못하는 사람들이 너무도 많다. 돈을 많이 벌면서도 삶을 즐기지 못하는 이들도 수두룩하다. 그들은 배우자와 잘 지내지 못하고, 자녀들은 집에 들어오길 싫어한다. 그들의 가족들은 번영하는 것이 아니라 시들어 가고 있다.

하지만 하나님이 주시는 참된 소망이 있다. 이 약속의 소망은 특별하고도 놀랍다. 그런데 이 약속은 교회에 다니는 모든 사람, 심지어 예수님과의 관계를 고백하는 모든 사람에게 주어지는 약속도 아니다. 성경은 "여호와를 경외하는 자는 이같이 복을 누리로다"라고 분명히 말한다.

이 메시지를 따라가는 여행이 거의 끝나 간다. 지금쯤 당신은 하나님을 두려워하기로 선택했을 줄로 믿는다. 그렇다면 이 약속은 당신이 기도로 요청할 수 있는 약속이다. 거룩한 두려움에 딸린 이 약속들이 이루어지게 해 달라고 이삭처럼 하나님께 부르짖으라. 우리 부부는 이 약속들이 우리 가정에서 이루어지지 않은 채 몇 개월

이 그냥 흘러가는 답답한 시기를 경험했다. 도무지 아무런 변화가 눈에 보이지 않았다. 하지만 우리는 소망을 굳게 부여잡고서 기도로 부르짖었다. 이제 이 약속들이 우리 가정에서 이루어진 상태가 몇 년 동안 지속되고 있다.

하나님을 두려워하는 자들에게 약속을 선포하는 또 다른 시편을 보자.

> 여호와를 경외하며 그의 계명을 크게 즐거워하는 자는 복〔기쁨, NLT〕이 있도다 그의 후손이 땅에서 강성함이여 정직한 자들의 후손에게 복이 있으리로다.
> 시편 112편 1-2절

이 구절도 거룩한 두려움을 '기쁨'과 연결시킨다. 기쁨은 영적힘이다. 진정한 기쁨은 진정한 행복과 마찬가지로 인생이 처한 상황과 상관이 없다. 진정한 기쁨은 하나님의 영원한 말씀에서 비롯한다. 이 기쁨은 우리의 힘이다. 이 기쁨은 우리의 생산성을 높여 더많은 열매를 맺게 해 준다.

이 구절에서도 거룩한 두려움이 우리 후손들에게 지대한 영향을 미친다는 사실을 확인할 수 있다. 우리만 성공하는 것이 아니라 우리 자녀와 후손에 대한 성공도 약속되어 있다. 계속해서 보자.

부와 재물이 그의 집에 있음이여 그의 공의가 영구히 서

있으리로다 …… 그는 영원히 흔들리지 아니함이여 의인은 영원히

기억되리로다그는 흉한 소문을 두려워하지 아니함이여 여호와를

의뢰하고 그의 마음을 굳게 정하였도다 그의 마음이 견고하여

두려워하지 아니할 것이라 그의 대적들이 받는 보응을 마침내

보리로다.

시편 112편 3, 6-8절

최근 한 신자와 이야기를 나누었는데 그는 언젠가 우리가 죽게
되면 영원이 시작된다고 말했다. 즉시 나는 반박했다. "그렇지 않아
요. 거듭난 사람에게는 영원이 이미 시작되었답니다." 우리가 현재
하는 사랑의 노력은 영원히 남을 것이다. 하지만 거룩한 두려움이 없
는 자들에게는 이 약속이 해당되지 않는다. 그들의 상황은 오히려 정
반대다. "그들의 사랑과 미움과 시기도 없어진 지 오래이니."전 9:6

하나님을 두려워하는 이들은 "흉한 소문"을 두려워하지 않는다.
SNS를 비롯한 온갖 미디어에서 각종 뉴스와 가십을 내보내는 지금,
나쁜 소식은 전에 없이 넘쳐 난다. 그래서 많은 사람들이 어떤 일이
벌어질지 두려워하고 있다. 하지만 하나님을 두려워하는 사람들에
게는 미래에 대한 그 어떤 두려움도 없다. 그들은 두려움 없이 확신
만 넘친다. 성경은 분명 말하고 있다.

여호와를 경외하는 자에게는 **견고한 의뢰**〔강한 확신, NKJV〕가 있나니
그 자녀들에게 피난처가 있으리라.

잠언 14장 26절

거룩한 두려움에는 내적 확신이 딸려온다. 이 확신은 많은 사람이 원하지만 좀처럼 손에 넣지 못하는 것이다. 내 친구 존 하지는 텍사스주에서 목회를 하는 저명한 목사다. 그는 내가 만난 그 어떤 리더보다도 하나님을 두려워하는 사람이다. 1973년 한 남자가 그의 교회에 들어와 그에게서 2-3미터 떨어진 지점까지 다가왔다. 그러더니 38구경 권총을 꺼내 여섯 발을 쐈다. 하지만 하지 목사는 눈 하나 깜짝하지 않고 그대로 서 있었다. 여섯 발 모두 그를 비껴갔다. 그는 50년이 지난 지금까지도 살아서 여전히 복음을 전하고 있다. 이런 상황에서 대부분의 사람들은 극심한 공포감에 비명을 지르며 바닥에 엎드리거나 뭔가의 뒤로 숨을 것이다. 하지만 하지는 조금도 움직이지 않고서 끝까지 범인을 응시했다. 성경은 이렇게 말한다.

여호와의 천사가 주를 경외하는 자를 둘러 진 치고 그들을
건지시는도다.

시편 34편 7절

하나님을 두려워하는 자들을 보호하려고 천사들이 배치되어 있

다. 나중에 수사한 결과, 총알의 절반은 하지 목사의 몸 왼쪽으로 15센티미터 정도 빗나갔고 나머지 절반은 오른쪽으로 15센티미터 정도 빗나갔다. 범인은 겨우 2-3미터밖에 떨어져 있지 않았다! 총을 처음 잡아 본 사람이라도 2-3미터 앞에서는 여섯 발 전부 명중할 것이다. 우리는 하나님의 천사가 총알의 방향을 틀었다고 확신한다.

유다의 여호사밧왕은 "전심으로 여호와의 길을 걸어"간 사람이었다. 대하 17:6 그는 통치 3년째에 전국의 모든 마을에 제사장들을 보내 백성들에게 하나님의 말씀을 가르치게 했다. 성경은 그 결과를 이렇게 기록한다.

> 여호와께서 유다 사방의 모든 나라에 두려움을 주사 여호사밧과
> 싸우지 못하게 하시매.
> 역대하 17장 10절

거룩한 두려움으로 살면 철통 같은 보호를 받는다. 성경에 나오는 또 다른 사례는 야곱이다. 그는 가족들이 하나님을 두려워하고 우상을 버리도록 이끌었다. 그 결과는 이와 같았다. "그들이 떠났으나 하나님이 그 사면 고을들로 크게 두려워하게 하셨으므로 야곱의 아들들을 추격하는 자가 없었더라."창 35:5

하나님을 전심으로 두려워하는 이들에게는 정말 많은 것이 약속되어 있다. 다음 구절을 보라.

네 마음으로 죄인의 형통을 부러워하지 말고 항상 여호와를
경외하라 정녕히 네 **장래**(보상, NLT)가 있겠고 네 **소망**이 끊어지지
아니하리라.

잠언 23장 17-18절

여기서 두 단어에 주목해야 한다. 첫째, "소망"을 찾아보기 힘든
시대에 많은 영적 리더들은 격려에만 초점을 맞추고 하나님의 말씀
은 곁가지로 다룬다. 진지한 교인들의 취향을 고려해서 성경 한두
구절을 언급하긴 하지만 어디까지나 위로와 격려의 메시지를 담은
이야기가 주를 이룬다. 이런 이야기는 단기적으로는 사람들에게 유
익하고 감동도 주지만 그렇다면 이는 감동적인 할리우드 영화와 별
다르지 않다. 그런 이야기에는 거룩한 두려움이 지닌 영원한 "보상"
이 약속되어 있지 않다.

하나님에 대한 두려움은 우리에게 수만 가지 보상을 안겨 준다.
예를 들어, 소원 성취,^{시 145:19} 믿을 만한 친구들,^{시 119:63, 74, 79} 몸의
치유,^{잠 3:7-8} 정체성,^{시 60:4} 수많은 사람이 바라는 삶의 방향 같은 보
상이 있다.

여호와를 경외하는 자 누구냐 그가 택할 길을 그에게
가르치시리로다 그의 영혼은 평안히 살고 그의 자손은 땅을
상속하리로다.

거룩한 두려움을 소중히 여기지 않는 사람들이 왜 그토록 많은 지 이해할 수 없다. 당신이 이 두려움을 소중히 여길 뿐 아니라, 여 호사밧왕처럼 당신의 영향력 아래에 있는 모든 사람에게 하나님을 두려워하도록 가르치기를 간절히 바란다.

거룩한 두려움을 구하라

30년도 더 전에 하나님은 내게 이 시대에 나타나는 그분의 마지 막 역사가 거룩한 두려움을 불어넣는 것이라고 말씀해 주셨다. 이 각성으로 인한 큰 유익은 예수님이 돌아와 혼인하실 신부의 유일 한 요건을 갖추게 되는 것이다. 성경에는 단 한 가지 요건을 언급한 다. 그 신부는 '시대의 흐름에 발맞추는' 교회가 아니다. 물론 잃은 자 들에게 다가가려면 시대의 흐름에 발맞추는 것도 중요하지만 말이 다. 그 신부는 '리더십이 이끄는' 교회가 아니다. 물론 건강한 교회 를 세우기 위해 리더십이 중요하지만 말이다. 그 신부는 '공동체 교 회'가 아니다. 사람이 홀로 지내는 것이 좋지 않기 때문에 공동체가 중요하기는 하지만 말이다.

예수님이 돌아와서 혼인하실 신부에 관해 성경에서 유일하게 제시하는 요건은 다음과 같다.

자기 앞에 영광스러운 교회로 세우사 티나 주름 잡힌 것이나 이런 것들이 없이 **거룩하고** 흠이 없게 하려 하심이라.
에베소서 5장 27절

그 신부는 바로 '거룩한' 교회다! 거룩함은 하나님에 대한 두려움 속에서 완전해지기 때문에 당신이 이 위대한 각성 운동의 리더가 되는 것이 하나님의 간절한 바람이다. 따라서 거룩한 두려움을 키우는 법을 논하면서 우리의 논의를 마치는 것이 적절하다.

'Day 18'에서 소개한 말레이시아에서의 그 놀라운 예배로 돌아가 보자. 하나님의 장엄하고 강한 임재가 나타나는 동안 나는 거룩한 두려움으로 떨며 속으로 이렇게 생각했다. '행동이나 말 하나라도 잘못하지 않도록 극도로 조심해야 한다!'

이런 생각을 하며 단 위를 서성이고 있는데 갑자기 내가 한 번도 들어 보지 못한 말이 내 입에서 나왔다. 전에는 생각해 본 적도 없는 말이었다. 나는 담대히 이렇게 선포했다. "이것은 거룩한 두려움의 영이십니다!"

갑자기 눈앞이 훤해졌다. 나는 속으로 외쳤다. '바로 이거야! 바로 이거라고! 이것은 성령님이 나타나시는 방식 중 하나야.' 전에는 이 점을 전혀 몰랐지만 성경은 예수님에 관해 다음과 같이 말한다.

그의 위에 여호와의 영 곧 지혜와 총명의 영이요 모략과 재능의

영이요 지식과 여호와를 경외하는 영이 강림하시리니 그가
여호와를 경외함으로 즐거움을 삼을 것이며 그의 눈에 보이는 대로
심판하지 아니하며 그의 귀에 들리는 대로 판단하지 아니하며.
이사야 11장 2-3절

　이 구절에 성령이 나타나시는 방식들이 나열되어 있고 예수님
은 이 모든 방식을 완벽히 보여 주셨다. 하지만 예수님이 기뻐하시
는 것은 거룩한 두려움이다. 그렇다면 우리는 어떻게 해야 거룩한
두려움, 곧 "여호와를 경외하는 영"을 받을 수 있을까? 예수님은 이
렇게 말씀하신다. "너희가 악할지라도 좋은 것을 자식에게 줄 줄 알
거든 하물며 너희 하늘 아버지께서 구하는 자에게 성령을 주시지 않
겠느냐 하시니라."눅 11:13

　그저 우리의 하늘 아버지께 구하기만 하면 된다. 단, 그냥 편한
마음으로 구해서는 곤란하다. 무조건 응답을 받고야 말겠다는 각오
로 마음 깊은 곳에서부터 부르짖어야 한다. 예수님은 이 말씀을 하시
기 직전에 이렇게 말씀하셨다. "구하라 그러면 너희에게 주실 것이요
찾으라 그러면 찾아낼 것이요."눅 11:9 이 구절은 끈질김을 강조한다.

　'Day 2'에서 이야기한 1994년으로 돌아가 보자. 미국 남동부의
그 교회 목사는 내가 하나님에 대한 두려움에 관해 설교한 것을 지
적했다. 이튿날 아침 한 건설 현장에서 나는 무엇을 잘못했는지를
깨닫게 해 달라고 기도하기 시작했다. 하지만 결국 거룩한 두려움

을 달라고 큰 소리로 부르짖게 되었다. 그 부르짖음은 반드시 응답 받고야 말겠다는 필사의 각오로 하는 간구였다. 당시 나는 그 순간의 중요성을 깨닫지 못했다. 하지만 지금 와서 보면 그 순간은 내 인생에서 가장 중요한 순간 중 하나였다. 지금도 나는 내 하늘 아버지께 거룩한 두려움의 영을 부어 달라고 거의 매일같이 간절히 기도한다. 우리가 하는 논의와 큰 관련이 있는 또 다른 성경 구절을 보자.

> 내 아들아 네가 만일 나의 말을 받으며 나의 계명을 네게 간직하며
> 네 귀를 지혜에 기울이며 네 마음을 명철에 두며 지식을 불러
> 구하며 명철을 얻으려고 소리를 높이며 은을 구하는 것같이
> 그것을 구하며 감추어진 보배를 찾는 것같이 그것을 찾으면
> 여호와 경외하기를 깨달으며 하나님을 알게 되리니.
> 잠언 2장 1-5절

거룩한 두려움을 달라고 간절히 부르짖을 뿐 아니라 잃어버린 결혼반지나 금붙이를 찾듯이 부지런히 찾아야 한다. 보물 사냥꾼에 관한 프로그램이나 영화를 본 적이 다들 한 번쯤은 있을 것이다. 보물을 찾는 탐험가들은 하나같이 누구도 못 말리는 끈질김을 보여 준다. 〈내셔널 트레져National Treasure〉는 그런 영화 중 명작으로 꼽힌다.[1] 2004년에 개봉한 이 영화의 주인공은 1700년대에 숨겨진 보물 더미를 평생 찾아온 벤자민 게이츠라는 인물이다. 그는 그 보물을

찾기 위해 자신의 모든 시간과 에너지를 쏟아부었다. 심지어 자신의 평판과 자유까지 모든 것을 걸었다. 비록 그가 찾은 것은 언젠가 모두 소멸할 테지만 그의 끈질긴 추구만큼은 본받아야 마땅하다.

이런 의지로 하나님의 말씀, 지혜, 뜻, 거룩한 두려움을 추구한다면 더없이 큰 복을 받을 것이다. 거룩한 두려움은 영원히 소멸되지 않는 하나님의 보배다. 하나님은 그 보배를 우리'에게서' 숨기신 것이 아니라 우리를 '위해' 숨겨 놓으셨다. 하나님은 우리가 그 보배를 찾도록 응원하고 계시며, 우리가 그것을 찾을 때 더없이 기뻐하신다. 또한 우리가 그 보상을 누릴 때 하나님은 축하해 주신다.

그날 아침 그 건설 현장에서 내 안에서 탄생한 것이 성령의 도우심으로 당신 안에서도 탄생하게 되는 것이 내 간절한 소원이다. 그날 내 안에서 탄생한 것은 바로 하나님에 대한 두려움을 얻으려는 강렬한 열망이다. 하나님에 대한 두려움을 당신의 가장 큰 자산으로 소중히 여겨 굳게 부여잡으라. 그럴 때 하나님이 사랑하시는 것을 사랑하고 하나님이 미워하시는 것을 미워하게 될 것이다. 하나님께 중요한 것이 당신에게도 중요하게 될 것이다. 다른 사람들을 깊이 사랑하고, 그들을 망가뜨리는 죄를 깊이 미워하게 될 것이다. 당신의 영향력이 미치는 세계를 변화시킬 것이며, 그 사실에 영원토록 흐뭇해하게 될 것이다.

명심하라. 중요한 것은 이 경주를 어떻게 시작하느냐가 아니라 어떻게 마치느냐다. 이 경주에서 우리에게 소망과 능력을 주는 두 구절을 소개한다.

> 능히 **너희를 보호하사 거침이 없게 하시고** 너희로 그 영광 앞에
> 흠이 없이 기쁨으로 서게 하실 이.
> 유다서 1장 24절

> 주께서 너희를 우리 주 예수 그리스도의 날에 책망할 것이 없는
> 자로 **끝까지 견고하게** 하시리라.
> 고린도전서 1장 8절

마무리를 잘하는 것이야말로 잘 사는 삶의 가장 중요한 측면이다. 그리고 하나님은 우리가 그럴 수 있도록 거룩한 두려움을 주셨다. 이 보배를 당신에게 소개하는 것은 크나큰 영광이었다. 부디 이 보배를 당신만 간직하지 않기를 바란다. 이 보배를 들고 가야 할 곳이 많다. 이 메시지를 당신의 영향력이 닿는 사람들에게 나누라. 그렇게 하면 앞으로 몰락하는 사람이 더 적어지고 교회가 더 건강해질 것이다.

거룩한 두려움은 신랑의 귀환을 위해 신부를 준비시켜 준다. 이 두려움으로 강력한 **변화**를 이루는 운동에 동참하라. 밖에서 구경만 하지 말라. 거룩한 두려움을 품으면 우리의 신랑이신 분과 깊이 친밀해지고 구원을 이루고 많은 열매를 맺으며 영원한 유산을 남기게 된다.

P1 성경 구절 능히 너희를 보호하사 거침이 없게 하시고 **너희로** 그 영광 앞에 흠이 없이 기쁨으로 서게 하실 이 곧 우리 구주 홀로 하나이신 하나님께 우리 주 예수 그리스도로 말미암아 영광과 위엄과 권력과 권세가 영원 전부터 이제와 영원토록 있을지어다 아멘. 유 1:24-25

P2 요점 마무리를 잘하는 것이야말로 잘 사는 삶의 가장 중요한 측면이다. 하나님은 거룩한 두려움이라는 선물을 통해 우리를 끝까지 강하고 흠이 없게 붙들어 주신다.

P3 숙고 어떻게 해야 내 삶에서 거룩한 두려움을 키울 수 있을까? 나는 내가 거룩한 두려움을 보배로 여겨 부지런히 찾고 있는가? 거룩한 두려움을 가장 귀한 소유물 중 하나로 굳게 부여잡고 있는가? 거룩한 두려움을 유지하기 위해 내가 주기적으로 해야 할 것은 무엇일까?

P4 기도 하나님 아버지, 제 안에 여호와의 영, 지혜의 영, 총명의 영, 모략의 영, 재능의 영, 지식의 영, 여호와를 경외하는 영을 가득 채워 주시기를 간절히 기도합니다. 우리 주 예수 그리스도의 날에 흠이 없이 설 수 있도록 저를 끝까지 강하게 붙들어 주소서. 예수님의 이름으로 기도합니다. 아멘.

P5 선언 하나님에 대한 두려움, 즉 하나님을 경외함이 내 보배다!

보너스 콘텐츠 링크

다음 자료가 포함된 보너스 콘텐츠를 보려면 아래 QR 코드를 스캔하라.

o 각 장의 핵심 진리를 정리한 42개의 짧은 영상을 담았다. 이 영상들은 더 깊고 더 개인적인 여행으로 당신을 이끌어 줄 것이다.

o 특히 소그룹이 공동체를 이루고 지역 교회가 튼튼해지도록 돕는 스터디 가이드와 영상 커리큘럼 정보를 준비했다.

o 하나님에 대한 거룩한 두려움을 품는 방법을 보여 주는 또 다른 자료들도 있다.

우리가 믿는 하나님은

이스라엘 역사 속 한순간, 하나님은 다음과 같은 질문으로 그분 백성들의 거룩한 두려움을 한 단계 끌어올리셨다.

너희가 나를 누구에게 비교하여 나를 그와 동등하게 하겠느냐.
이사야 40장 25절

지금이야말로 이런 질문에 관해 깊이 고민해야 할 시대다. 요즘에는 SNS와 텔레비전을 비롯한 많은 미디어에서 끊임없이 인간의 '위대함'을 이야기하고 있다. 우리는 유명한 운동선수나 아름다운 스타 배우, 재능이 뛰어난 뮤지컬 배우, 성공한 기업가, 카리스마 넘치는 리더 같은 대단한 인물들에 관한 찬사를 매일같이 듣는다. 매일같이 그들을 찬양하는 소리가 들린다. 인간의 성취에 관한 이런 정보는 얼핏 보기엔 별로 해롭지 않아 보인다. 하지만 인간의 영광에 관한 끊임없는 찬사는 우리가 하나님의 영광에 관해 깊이 생각하

는 것을 방해한다.[1]

아내와 나는 약 25년 전 네 아이를 키우다가 이 현실을 직시하게 되었다. 당시에는 앱이나 SNS가 없었기 때문에 정보의 흐름이 지금만큼 광범위하고 급속도로 이루어지지 않았다. 그럼에도 불구하고 우리 아들들이 특정 프로 농구선수에게 지나치게 열광한다는 사실을 발견했다. 당시 그 선수는 미국에서 가장 유명한 운동선수였고, 많은 사람의 우상이었다. 수십 년이 지난 지금도 그의 명성은 여전하다.

우리 가족은 동부 해안 지역에서 사역을 하고 있었고, 해안에 있는 한 호텔에서 묵었다. 우리는 해변에서 몇 시간 놀다가 막 호텔 방으로 돌아온 상태였다. 아이들은 거친 대서양의 파도에 이리저리 뒹굴며 바다의 힘에 기쁨과 경이로움을 제대로 느낀 후였다.

나는 첫째, 둘째, 셋째 아들과 앉아서 이야기를 나누었다. 나는 거실 유리문 밖을 가리키며 아이들에게 질문을 던졌다. "얘들아, 저긴 정말 거대한 바다지?"

그러자 아이들이 한목소리로 대답했다. "맞아요, 아빠."

"그런데 우리는 바다를 기껏해야 몇 킬로미터까지만 볼 수 있단다. 하지만 실제 저 바다는 몇 천 킬로미터까지 끝없이 펼쳐져 있어."

아이들은 목욕 타월을 두른 채로 대답했다. "우아!"

"게다가 이건 가장 큰 바다도 아니야. 훨씬 큰 바다가 따로 있지. 태평양이라는 바다야. 그리고 이 두 바다 말고도 두 개가 더 있어."

아이들은 모두 고개를 끄덕이며 다시 경이감에 빠져들었다. 열린 문 밖에서 바위를 때리는 강한 파도 소리가 계속해서 들려왔다.

당시에는 미국 프로농구 플레이오프가 한창 진행 중이었다. 그 농구 슈퍼스타의 성과가 연일 매스컴을 탔다. 우리 아들들과 친구들도 입만 열면 그 선수 얘기였다. 우리 아이들은 그가 농구공을 너무도 쉽게 한 손으로 잡는 모습을 신기해했다. 아이들이 내가 방금 이야기한 바다의 엄청난 크기를 어느 정도 이해했다고 판단한 나는 이렇게 물었다. "얘들아, 하나님이 저기 보이는 물은 물론이고 아빠가 얘기한 다른 모든 바다의 물을 손바닥으로 떠서 무게를 재셨다는 걸 아니?"사 40:12 아이들의 얼굴에 놀라움이 가득해졌다.

이어서 나는 바다의 크기뿐 아니라 힘에 관해 최대한 쉽게 설명했다. 나는 지름 1.5킬로미터의 별똥별이 뉴욕시 해변에서 수백 킬로미터 떨어진 대서양 한복판에 떨어지면 미국 동해안과 카리브해 전체, 그리고 남미 대서양 쪽 해안 상당 부분의 모든 도시 구조물을 쓸어버릴 만큼 큰 파도가 일어난다고 말했다.[2] 게다가 그 파도는 바다를 건너 유럽과 아프리카의 몇몇 해안 도시들도 망가뜨릴 것이다. 하지만 이 파도의 높이도 대서양의 깊이에 비하면 아무것도 아니다. 나는 아들들에게 이렇게 물었다. "바닷물 전체 무게가 인류를 덮치면 어떤 일이 벌어질까? 바다에는 엄청난 힘이 있단다. 하지만 하나님은 그 물을 한 방울도 빼지 않고 모두 그분의 손바닥 위에 놓고 무게를 재셨지!"

곧바로 나는 밤하늘에 관한 이야기로 넘어갔다. 나는 이제 내 이야기에 완전히 사로잡혀서 귀를 기울이는 아들들에게 물었다.

"성경은 하나님의 위대하심에 관해 또 뭐라고 말하는지 아니?"

"뭔데요, 아빠?"

"하나님은 뼘으로 우주를 재실 수 있단다."사 40:12 나는 아들들 앞에 내 손을 보여 주면서 한 뼘이 엄지손가락 끝에서 새끼손가락 끝까지의 거리라고 말했다. 그날 내가 우리 아들들에게 던진 질문을 당신에게도 던지고 싶다. "우주의 크기에 관해 생각해 본 적이 있는가?" 그 크기는 우리의 머리로 상상할 수 있는 수준을 초월한다. 우주의 방대함을 살펴보면 하나님의 영광이 얼마나 엄청난지를 새삼 느낄 수 있다.

내가 이제부터 전하려는 내용은 다소 전문적이지만 우리 아들들에게 하는 것처럼 최대한 쉽고 간단하게 설명할 테니 계속해서 읽어 가길 바란다. 이런 사실을 생각하면 우리 안에 하나님의 위대하심에 관한 경외심이 솟아난다. 그래서 성경은 이렇게 말한다. "하늘이 하나님의 영광을 선포하고."시 19:1

과학자들은 우주에 수십억 개의 은하계가 존재하고, 각 은하계에는 약 1억 개나 되는 별이 있는 것으로 추정한다. 더군다나 이 은하계들의 크기는 그 은하계들 사이에 존재하는 공간에 비하면 매우 작다.

우리 태양은 이런 은하계 중 하나 속에 존재한다. 우주는 실로 방대하다. 그래서 우리가 밤에 하늘을 보면 우주 전체가 아니라, '은하수'라 불리는 우리가 사는 작은 은하계만 겨우 볼 뿐이다. 사실, 은하수도 전체를 보는 것이 아니라 일부만 볼 뿐이다. 우리 은하계의 별 대부분은 인간의 눈으로 보기에는 너무 멀리 떨어져 있기 때문이다.

그렇다면 우리가 밤마다 맨눈으로 '볼 수 있는' 별들에 관해 이야기해 보자. 태양 외에 지구에서 가장 가까운 별도 무려 4.3광년이나 떨어져 있다. 별로 감이 오지 않는 사람들을 위해 좀 더 설명해 보겠다. 빛은 초속 30만 킬로미터를 여행한다. 시속이 아니라 '초속'이다. 시속으로는 약 10억 킬로미터다. 보통 비행기는 시속 약 800킬로미터로 날아간다. 보다시피 빛은 상상할 수 없을 만큼 빠르다!

빛이 얼마나 빠른지 감을 잡기 위해서, 당신이 여객기를 타고 태양까지 날아간다고 해 보자. 내가 사는 곳에서 동쪽에 있는 아시아까지 비행기로 가면 약 23시간이 걸린다. 같은 비행기를 타고 내가 쉬지 않고 태양까지 날아간다면 약 21년이 걸린다! 당신이 21년 전에 어디에 있었는지 생각해 보라. 그러고 나서 그때부터 지금까지 내내 한 비행기 안에 있다고 상상해 보라. 운전을 아주 좋아한다고 해도, 차로는 불가능하다. 주유소나 휴게소에 들르는 시간을 빼고도 약 200년이 걸릴 테니까 말이다! 그렇다면 빛이 태양에서 지구까지 오는 데 얼마나 걸리는지 확인해 보자. 8분 20초!

태양을 떠나 가장 가까운 별로 가 보자. 앞서 말했듯이 지구에서 거기까지의 거리는 4.3광년이다. 지구, 태양, 가장 가까운 별의 축소 모형을 제작해 보자. 지구를 후추 열매의 크기로 줄이면 태양은 지름 약 20센티미터의 공 크기가 될 것이다. 이 모형으로 계산하면, 지구에서 태양까지의 거리는 24미터 정도가 된다. 축구장 길이의 4분의 1쯤 되는 셈이다. 그런데 모형 비행기가 그 24미터를 여행하려면 무려 21년 이상이 걸린다.

자, 이 모형에서 우리의 후추 열매 지구에서 가장 가까운 별은 얼마나 떨어져 있을까? 100미터? 200미터? 1.5킬로미터쯤? 어림도 없다. 후추 열매 지구에서 가장 가까운 별은 무려 6,500킬로미터나 떨어져 있다! 후추 열매 지구를 뉴욕시에 놓으면 비행기로 21년이 걸리는 태양은 뉴욕시에서 고작 24미터 떨어져 있는 반면, 가장 가까운 별은 로스앤젤레스를 지나고도 태평양으로 1,600킬로미터 더 간 지점에 놓일 것이다. 그리고 가장 가까운 이 별까지 비행기로 가면 510억 년이 걸린다! 쉬지 않고 곧장 가도 말이다! 무려 510억 년! 하지만 이 어마어마한 거리가 빛으로는 불과 4.3년밖에 걸리지 않는다!

범위를 더 확장해 보자. 우리가 밤하늘에 맨눈으로 보는 별들은 대부분 지구에서 100광년에서 1,000광년 정도 떨어져 있다. 하지만 우리가 맨눈으로 볼 수 있는 몇몇 별은 무려 4,000광년 정도 떨어져 있다. 이것들조차 우리의 작은 은하계에서 가장 먼 별들이 아니다. 지구에서 비행기로 그런 별 중 하나까지 도달하는 데 걸리는 시간은 계산할 엄두도 나지 않는다. 하지만 생각해 보라. 오늘 밤 우리가 밖에 나가 4,000광년 떨어진 이런 별 중 하나를 보면 그것은 아브라함이 사라와 결혼한 시대 즈음에 그 별을 떠나서 한 번도 속도를 늦추지 않고 시속 10억 킬로미터로 달려온 빛을 보는 것이다!

잊지 말라. 이것들은 은하수라고 부르는 작은 우리 은하계의 별들일 뿐이다. 우리는 아직 다른 수십억 개의 은하계를 향해 나아가지도 않았다! 그리고 이 은하계들 사이에는 실로 방대한 공간이 존재한다는 사실을 잊지 말라. 예를 들어, 우리 은하계에서 매우 가까운 이웃 은하계의 이름은 안드로메다다. 안드로메다는 지구에서 약 230만 광년 떨어져 있다. 생각해 보라. 빛이 시속 10억 킬로미터로 달려도 지구에서 그 은하계까지 도달하는 데 200만 년 이상 걸린다! 하물며 이것은 지구에서 가장 가까운 이웃 은하계다. 이외에도 다른 은하계가 수십억 개나 존재한다! 어떤가? 상상이 가는가?

다시 말하지만 이사야는 하나님이 이 우주를 엄지손가락에서 새끼손가락 사이에 두고서 길이를 재셨다고 선포한다! 솔로몬은 하나님의 영으로 이렇게 선언한다. "하나님이 참으로 땅에 거하시리이까 하늘과 하늘들의 하늘이라도 주를 용납하지 못하겠거든."왕상 8:27 우리가 지금까지 어떤 분에 관해 이야기하고 있었는지 이제 조금이나마 감이 잡히는가?

내가 우리 아들들에게 이런 사실을 알려 주니 아이들 마음속에서 그 농구 스타는 본래의 크기로 쪼그라들었다. 우리 창조주의 위대하심에 관해 생각한 뒤 아이들은 더 이상 그 농구 선수의 재능에 건강하지 않은 경외심을 품지 않게 되었다.

하지만 독자들을 위해서 여기서 한 걸음 더 나아가고 싶다. 하늘에 계신 우리 아버지는 거대한 규모로만 놀라운 역사를 행하시지 않았다. 그분의 세밀함도 역시 그분의 영광을 선포한다. 과학자들은 이 자연 세계를 연구하기 위해 수많은 시간과 막대한 자금을 쏟아부었다. 하지만 아직 하나님의 창조에서 작용된 지혜의 극히 일부만 겨우 엿보았을 뿐이다. 아직 답을 찾지 못한 질문이 무궁무진하다. 하나님의 설계와 구성 요소들은 여전히 많은 부분 불가사의로 남아 있다.

모든 형태의 창조된 생명체는 세포를 기반으로 이루어져 있다. 세포는 인간의 몸, 식물, 동물을 비롯한 모든 생명체의 구성 요소들이다. 엔지니어링의 끝판왕이라고 할 수 있는 인간의 몸은 약 100조 개의 세포로 구성되어 있다. 이 숫자가 감이 잡히는가? 세포의 숫자만 많은 것이 아니라 종류도 더없이 다채롭다. 하나님은 놀라운 지혜 가운데 이 세포들이 특별한 작업들을 수행하도록 설계하셨다. 이 세포들은 그 설계대로 성장하고 증식하다가 결국 죽는다.

맨눈에는 보이지 않지만 세포가 지금까지 파악된 가장 작은 입자가 아니다. 세포는 분자라고 하는 수많은 작은 구조들로 구성되어 있고, 분자는 다시 원소라고 하는 더 작은 구조들로 구성되어 있다. 그리고 원소 안에는 원자라고 하는 더 작은 구조들이 있다.

원자는 너무 작아서, 이 문장 끝에 붙은 마침표에만도 10억 개 이상의 원자가 포함되어 있다. 원자는 이토록 작은데도 거의 빈 공간으로 이루어져 있다. 원자 중심에는 양성자와 중성자가 합쳐져 아주 작고 극도로 밀도가 높은 핵을 형성하고 있으며, 전자라고 하는 작은 에너지 덩어리들은 빛의 속도로 이 핵 주위를 돌고 있다. 이것들이 만물을 형성하는 핵심적인 구성 요소들이다.

그렇다면 원자는 어디에서 에너지를 얻는가? 그리고 어떤 힘이 이 활동적인 입자들을 뭉친 상태로 유지시켜 주는가? 과학자들은 전자기력과 핵력을 이야기한다. 하지만 이것들은 아직 완전히 설명할 수 없는 현상을 기술하기 위한 과학 용어에 불과하다. 하나님은 이미 "그의 능력의 말씀으로 만물을 붙드시며"라고 알려 주셨다.^히 ^{1:3} 골로새서 1장 17절도 비슷한 말을 한다. "만물이 그 안에 함께 섰느니라."

잠시 생각해 보라. 우리가 아버지라 부르는 영광스러운 창조주가 계신다. 우주조차 온전히 그분을 담아낼 수 없다. 그분은 뼘으로 우주를 재실 수 있다. 동시에 이 작은 우주와 그 안에 돌아다니는 생명체들에 관한 그분의 설계는 실로 세밀하고 정교하다. 오죽하면 현대 과학자들이 수십 년 동안 연구하고도 해결되지 않은 질문이 끝이 없을 정도다. 시편 기자가 다음과 같이 고백하는 것도 무리가 아니다.

주의 손가락으로 만드신 주의 하늘과 주께서 베풀어 두신 달과

별들을 내가 보오니 사람이 무엇이기에 주께서 그를 생각하시며

인자가 무엇이기에 주께서 그를 돌보시나이까.

시편 8편 3-4절

짐작컨대 시편 기자는 하나님의 보좌 주변에 있는 거대한 천사들 중 한 천사의 생각을 표현한 것이 아닐까 싶다. 그 천사들은 하나님의 엄청나심으로 인해 끊임없이 "거룩하다"를 외치고 있다. 이 존재들은 그분이 광활한 우주와 복잡한 세상을 지으시는 모습을 보고 나서 인간의 창조를 보며 이렇게 외쳤다. "도대체 왜? 왜 하나님은 이 작은 행성 위의 이 작은 인간들에게 그토록 관심을 쏟으시는가?"

그날 나와의 대화가 끝난 뒤로 우리 아들들 눈에 요즘 유명인들의 영광은 더 이상 이전만큼 대단해 보이지 않게 되었다. 아이들은 우리 하나님의 위대하심에 비하면 지구상의 그 어떤 위대한 것도 빛이 바랜다는 사실을 이해했다. 이 부록 글을 읽고 나서 당신도 그렇게 되었기를 바란다. 지금까지 읽은 내용에 비추어, 하나님이 이사야 선지자를 통해 그분의 백성들에게 던지셨던 질문을 다시 묵상해 보라. "너희가 나를 누구에게 비교하여 나를 그와 동등하게 하겠느냐."사 40:25

물론 하나님이 창조하신 세상의 경이와 지혜만을 주제로 많은 책을 쓰고도 남는다. 하지만 여기서 내 의도는 그것이 아니다. 내 목

적은 하나님이 손수 지으신 작품들에 대한 놀라움과 경이감을 일깨우는 것이다. 실로 그 작품들은 그분의 큰 영광을 선포하고 있다!

이 책을 여행하는 법

1. 소그룹이나 교회 전체가 함께 '하나님에 대한 경외'(The Awe of God) 영상을 보라. 존 비비어를 당신의 안내자로 삼아 하나님에 대한 두려움에 관한 성경의 가르침을 더 깊이 파헤치고 이런 건강하고 거룩한 덕목에 따라 사는 법을 배우라. '하나님에 대한 경외 성경 공부 가이드 + 스트리밍 동영상'(The Awe of God Bible Study Guide + Streaming Video)을 서점에서 찾으라. ChurchSource.com에서 단체 할인이 가능하고 온라인 설교와 교회 자료를 구할 수 있다.

서문

1. Spurgeon, Charles. "Charles H. Spurgeon Quote," Quotefancy. 2022년 11월 15에 확인. https://quotefancy.com/quote/786372/Charles-H-Spurgeon-The-fear-of-God-is-the-death-of-every-other-fear-like-a-mighty-lion-it.

Day 3

1. Webster, Noah. "Awe." In Webster' 1828 American Dictionary of the English Language. Editorium, 2010.

Day 5

1. 히브리서 12장 29절은 하나님이 "소멸하는 불"이시라고 말한다. 반면 로마서 8장 15절은 하나님이 "아빠 아버지"이시라고 말한다.

Day 6

1. *Butler' Lives of the Saints: Concise Edition Revised & Updated, Michael Walsh* 편집. (New York: HarperSanFrancisco, 1991), 29-30.

Day 8

1. "How Many Grains of Sand Are in One Square Inch?" WikiAnswers, 2022년 9월 10일에 확인, https://math.answers.com/other-math/How_many_grains_of_sand_are_in_one_square_inch.

Day 11

1. Johannes P. Louw and Eugene Albert Nida, *Greek-English Lexicon of the New Testament: Based on Semantic Domains* (New York: United Bible Societies, 1996), 684.
2. Louw and Nida, *Greek-English Lexicon of the New Testament: Based on Semantic Domains*, 540.
3. "Signs of Decline & Hope among Key Metrics of Faith: Barna Access." barna.gloo.us, 2021. https://barna.gloo.us/articles/signs-of-decline-and-hope.

Day 12

1. Louw and Nida, 765.

Day 13

1. 눅 5:14; 요 6:15; 빌 2:7; 히 5:4; 사 42:2 참조.

Day 15

1. Spiros Zodhiates, *The Complete Word Study Dictionary: New Testament* (Chattanooga, TN: AMG Publishers, 2000).
2. Louw and Nida, 433.

Day 16

1. Louw and Nida, 429.
2. Leon Morris, *The Gospel according to Matthew*, The Pillar New Testament Commentary (Grand Rapids, MI; Leicester, England: W.B. Eerdmans; Inter-Varsity—Press, 1992), 175.

Day 19

1. C. S. Lewis, Clyde S. Kilby, *C. S. Lewis: Letters to an American Lady* (Grand Rapids, MI: Eerdmans, 1997). C. S. 루이스, 《메리에게 루이스가》(비아토르 역간).

Day 20

1. Louw and Nida, 662.

Day 29

1. "Intimate Definition and Meaning: Collins English Dictionary," Intimate definition and meaning | Collins English Dictionary (HarperCollins Publishers Ltd), 2022년 11월 15일에 확인, https://www.collinsdictionary.com/us/dictionary/english/intimate; "intimus"-ordSense Online Dictionary (2022년 11월 15일) URL: https://www.wordsense.eu/intimus/

Day 35

1. Louw and Nida, 375.
2. 요 3:1-2; 6:26, 66; 12:42; 19:38; 마 26:14-16 참조.

Day 38

1. Merriam-Webster.com Dictionary, s.v. "legacy," 2022년 11월 1일에 확인, https://www.merriam-webster.com/dictionary/legacy.
2. Richard Louis Dugdale, *The Jukes: A Study of Crime, Pauperism, Disease and Heredity*, Georgia State University College of Law Reading Room, 1969년 1월 1일, https://readingroom.law.gsu.edu/cgi/viewcontent.cgi?article=1000&context=buckvbell.
3. Robert Alan Ward, "The Descendants of Jonathan Edwards," White Mountain Independent, 2019년 9월 27일, https://www.wmicentral.com/community_beat/religion/the-descendants-of-jonathan-edwards/article_9e54e16d-59c5-cf2-a99f-dea187da978a.html.

Day 39

1. 이 히브리어 단어에 대한 적절한 이해는 사냥꾼의 덫에 놓인 미끼다. Warren Baker

와 Eugene E. Carpenter, *The Complete Word Study Dictionary: Old Testament* (Chattanooga, TN: AMG Publishers, 2003), 585.

2. Baker, Carpenter, *The Complete Word Study Dictionary: Old Testament*, 18.

Day 42

1. Jon Turteltaub 감독, National Treasure, (2005; Burbank, CA: Walt Disney Entertainment), 2005, DVD.

부록 2

1. 내가 오래전에 쓴 책 *A Heart Ablaze*, 4장 "The Glory of the Lord" (Nashville, TN: Thomas Nelson, 1999), 31-44에서 가져온 내용. 존 비비어, 《열정》(두란노 역간).

2. 이 글을 처음 쓴 뒤로 더 좋은 과학적 모델이 구축되었다. 연구에 따르면 별똥별이 바다 한복판에 떨어져도 해변 도시들은 무사할 수 있다. 하지만 어떤 상황이 벌어질지는 아무도 확신할 수 없다. 다음은 그 상황을 추측한 흥미로운 글들이다. https://www.nytimes.com/1998/01/08/us/what-if-huge-asteroid-hits-atlantic-you-don-t-want-to-know.html, https://www.space.com/35081-asteroid-impact-ocean-computer-simulations-solar-system.html.